本书系教育部规划基金项目"新时代美好生活的精神家园向度研究"(项目编号:18YJA710024)、温州市哲学社会科学规划课题(项目编号:18wsk330)、校级重点课题(项目编号:WZY2016011)的阶段性研究成果

善的支撑

中西传统道德之信仰基础比较研究

李华忠 ◎ 著

Shande Zhicheng

Zhongxi Chuantong Daode Zhi
Xinyang Jichu Bijiao Yanjiu

中国社会科学出版社

图书在版编目(CIP)数据

善的支撑:中西传统道德之信仰基础比较研究/李华忠著.—北京:中国社会科学出版社,2018.10
ISBN 978-7-5203-2945-3

Ⅰ.①善… Ⅱ.①李… Ⅲ.①道德—信仰—对比研究—中国、西方国家 Ⅳ.①B82

中国版本图书馆 CIP 数据核字(2018)第 180655 号

出 版 人	赵剑英
责任编辑	田 文
责任校对	张爱华
责任印制	王 超
出 版	中国社会科学出版社
社 址	北京鼓楼西大街甲 158 号
邮 编	100720
网 址	http://www.csspw.cn
发 行 部	010-84083685
门 市 部	010-84029450
经 销	新华书店及其他书店
印 刷	北京君升印刷有限公司
装 订	廊坊市广阳区广增装订厂
版 次	2018 年 10 月第 1 版
印 次	2018 年 10 月第 1 次印刷
开 本	710×1000 1/16
印 张	16.5
插 页	2
字 数	246 千字
定 价	69.00 元

凡购买中国社会科学出版社图书,如有质量问题请与本社营销中心联系调换
电话:010-84083683
版权所有 侵权必究

道德建设的深层思考
——代序言

李华忠博士的专著《善的支撑——中西传统道德之信仰基础比较研究》出版，这是作者在博士论文基础上，经过几年的补充、打磨所形成的理论著作。本书所思考和研究的是伦理实践中的重大问题，对于我们建设中国特色社会主义的现代文化具有很强的针对性和启发性。

本书深入地讨论了道德与信仰的关系。道德是社会规范，是行为准则。道德告诉人们什么是善，什么是恶，什么应该做，什么不应该做，所以早在2500年前，苏格拉底就说："美德是知识。"换句话说，道德作为知识，作为是非对错，告诉我们什么是好。但是，道德解决不了一个根本问题：人为什么要好？人为什么要善？这是信仰要回答的问题。洛克曾经举例说："你如果问一个基督徒，人为什么要善，他着眼于来世，他会说掌着悠久生死权的上帝需要我们那样做。"洛克的观点明确，宗教徒的道德源于信仰。洛克还举了霍布斯主义者和其他文化的例子，说明信仰是伦理的根据和支撑。同样，马克思主义者的善也源于信仰。以人类解放为理想和信仰，使马克思主义者成为高尚的人，有道德的人，有益于人民的人。海涅在《德国哲学与宗教的历史》书中，曾经讲了一个故事，康德用他理性的手术刀杀死了上帝，回头看见他的仆人老兰培瑟瑟发抖，心里想，这个可怜的人需要一个上帝，否则他不会幸福，于是，康德在实践理性（道德）的领域里又使上帝和天国复活了。这是海涅对康德哲学的深刻解读，信仰是道德的支撑。这是本书的基本观点，以此为出发点，李华忠博士主张建设现代精神家园，加强信仰建设是道德建设的重要立足点。

　　中西文化体系有巨大差异，同样，道德的支撑也差异巨大。西方文化的人性设定是性恶论，人生而有罪，而且不能自赎自救，因而，需要神，需要救世主，是上帝要求人类向善，人类道德的支撑是超越世界之外的上帝。在西方文化体系中，宗教是伦理的基础和前提，宗教信仰是西方社会稳定结构的必备要素。与此相反，中国文化的人性设定是性善论，人之初，性本善，每个人都具有与天理相一致的善良本性，即天良。中国人不需要世界之外的超越的神，只要保持自己的善良本性，就可以上无愧于天，下无愧于地，中无愧于人，就可以堂堂正正地立于天地间。中国人的信仰也具有超越性，但这种超越性不是神，而是天道、天理，是人的天性、心性。西方人的上帝时刻监视着人的道德实践，对恶行给以惩罚；中国人自动地使自己的道德实践符合人的天性、本性，在现实道德实践中同时可以获得一种超越的满足感。西方社会需要法治，中国社会提倡德治、礼治，辅以法治。整个20世纪，在中国救亡图存、追赶世界的过程中，由于急于发展和实现现代化，中国社会长时间忽略甚至否定传统文化，使我们在社会转型过程中加重了道德危机。尽管如此，中国传统文化仍然顽强地发挥着作用，规范着人们的行为，维系着社会稳定。随着现代化的逐渐实现，人们愈发意识到传统文化的价值，提出"建设中华民族精神家园"，国学复兴，推动了中国特色社会主义现代文化体系的建设。

　　按照马克思的观点，道德作为社会意识同生产方式是相适应的，进一步说，道德规范必须适当，不能提倡脱离实际的道德要求，否则反而会伤害社会道德建设。从中华人民共和国成立到改革开放，我们提倡了脱离人们现实生活的道德要求，适得其反。全心全意为人民服务是对的，但是毫不利己、专门利人则不合理，也做不到。集体主义是对的，但是，十来岁的孩子为了几只羊冻掉了腿则不应该，不应提倡。英雄主义是对的，但是十来岁的孩子去救山火而牺牲则不应该，也不应提倡，同样，不应提倡金训华为抢救一根木头而牺牲生命。中国历来讲究自修，但要求人们"狠斗私字一闪念"则不合理。长时间不符合现实生活的道德说教不仅没有提高人们的道德状况,反而培养了虚伪和两面性,最后的结果是造神失败,并导致道德滑坡。党的十一届三中全会以来,随着实事求是优良传统的恢复,肯定人们的合理的现实利益,在法治和现实主义的基础上提炼道德规范,使我们社会的道德状况逐渐恢复和重建。

尽管我国当前的文化具有多元性,但从整体来看,我们的信仰内容主要有两个方面,一是传统文化的"天人合一"的天道人性信仰,二是马克思的人类解放的社会理想。传统文化的信仰虽有变化,但在人们的心中是比较恒定的。人类解放的理想同中国特色社会主义事业的现实实践联系在一起,需要认真地思考和论述。由于社会主义事业是崭新的实践,必然会遭遇失误和挫折,如果不能恰当地理解,就会动摇人们对马克思主义信仰的坚定性。斯大林的失误,苏联领导层对社会主义事业的抛弃,社会主义国家之间民族主义的兴起,中国的人民公社和大跃进的失败,以阶级斗争为纲和文化大革命的错误,苏联的社会帝国主义政策,所有这一切导致社会主义阵营的崩溃和社会主义事业的重大挫折。西方社会欢庆社会主义的失败和"历史的终结",鼓吹自由主义是"普世价值"。以邓小平为代表的中国共产党人坚韧不拔、力挽狂澜,使中国特色社会主义独步天下。中国的实践向全世界宣告,历史没有终结,也不会被终结,社会主义事业没有失败,人类解放的理想仍然是人类的未来。在当代,以美国为代表的西方国家视自由、民主、人权为"普世价值",声称这是人类的最终状态。但是西方社会的两极分化和社会动荡,西方社会对落后国家的态度和政策,充分证明西方价值观不是人类的最终理想,资本主义只是一种历史的剥削制度。马克思的理想是消灭私有制,使人类事实上获得自由和解放,生活于"自由人联合体"的状态。在人类历史上,在给人类指出一种社会理想方面,没有人超过马克思。社会主义是实现马克思理想的必经阶段。当代中国共产党人肩负着前所未有的历史使命,要为人类走出一条区别于西方的解放之路,这是光荣的,这是先进的,这是我们的理想和信仰。邓小平说,这是几代人、十几代人、几十代人的事业,这等于说,社会主义事业是人类的千年伟业,足以成为我们奋斗的理想和精神的支撑,成为我们的信仰,在此基础上,社会主义的实践者们是高尚的、道德的、纯粹的人。

  李华忠博士的著作,包含着这种对我国道德建设的深层思考,希望人们能够从本书中吸取营养,以有助于中国特色社会主义的思想文化事业。

高文新
2018 年春于吉林大学东朝阳宿舍

目 录

导 论 …………………………………………………………（1）
  一 写作的缘起 ……………………………………………（1）
  二 中西传统道德之信仰基础比较的历史文化背景………（4）
  三 学术界对该领域的研究 ………………………………（8）
  四 本书的学术、现实与方法论意义 ……………………（26）
  五 研究的基本方法 ………………………………………（27）
  六 基本框架结构与创新性 ………………………………（30）

第一章 道德的形上价值基础 ……………………………（34）
第一节 人为什么要有道德 ………………………………（34）
  一 道德释义 ………………………………………………（34）
  二 道德的形上追问 ………………………………………（37）
第二节 信仰的特性与价值 ………………………………（39）
  一 信仰的特性 ……………………………………………（39）
  二 信仰的价值 ……………………………………………（43）
  三 人为什么要有信仰 ……………………………………（47）
第三节 道德的信仰基础 …………………………………（50）
  一 形上支撑价值 …………………………………………（52）
  二 道德价值的依托和载体 ………………………………（53）
  三 道德的精神动力 ………………………………………（55）
  四 道德评价的终极价值标准 ……………………………（56）

第二章 西方传统道德的宗教信仰基础 ……………………（58）
第一节 西方传统道德的逻辑起点 ……………………………（58）
　　一　人性恶预设 ……………………………………………（59）
　　二　性恶论与宗教信仰 ……………………………………（63）
　　三　立基于上帝信仰的宗教道德 …………………………（65）
第二节 西方传统道德的宗教根基 ……………………………（68）
　　一　西方宗教道德传统 ……………………………………（68）
　　二　上帝的道德形上支撑价值 ……………………………（76）
　　三　西方宗教信仰的外在超越性特点 ……………………（78）
第三节 康德的道德宗教 ………………………………………（82）
　　一　道德基础的"哥白尼式革命" …………………………（82）
　　二　"圆善"与上帝公设 ……………………………………（84）
　　三　善的信仰支撑 …………………………………………（87）
第四节 建设性后现代主义的宗教信仰反弹倾向 ……………（90）
　　一　传统道德基础与现代性批判 …………………………（91）
　　二　现代性信仰危机与后现代主义批判 …………………（93）
　　三　后现代道德的宗教信仰基础回归趋向 ………………（94）

第三章 中国传统道德的"天人合一"信仰基础 …………（99）
第一节 中国传统道德的逻辑起点 ……………………………（100）
　　一　人性善预设 ……………………………………………（100）
　　二　性善论与"天人合一"信仰的内在逻辑 ………………（104）
　　三　立基于"天人合一"信仰的道德实践 …………………（109）
第二节 道德形上论的"天人合一"心性学 ……………………（112）
　　一　"天人合一"心性学之道统 ……………………………（114）
　　二　天为人德之本 …………………………………………（135）
　　三　天人合德 ………………………………………………（141）
　　四　"天人合一"信仰模式的特点 …………………………（145）
第三节 "五四"新文化运动对传统道德信仰基础的瓦解 …（156）
　　一　"五四"新文化运动对传统道德信仰基础的冲击 ……（157）

二　走不出传统的"怪圈"现象……………………………（161）
　　三　马克思主义的广泛传播…………………………………（164）
　第四节　现代新儒家对儒学的复兴与创新……………………（168）
　　一　儒学的复兴与创新………………………………………（168）
　　二　现代新儒家对儒家伦理内在精神根据的辩护…………（176）

第四章　中西传统道德之信仰基础价值评析………………（181）
　第一节　中西传统道德之信仰基础异同概略…………………（181）
　　一　形式与内容差异…………………………………………（181）
　　二　基本思路相同……………………………………………（183）
　第二节　传统道德建构逻辑理路的现代价值…………………（186）
　　一　中西传统道德建构逻辑理路……………………………（186）
　　二　传统道德建构理路的现实启示价值……………………（190）

第五章　社会主义道德建设的信仰逻辑进路思考…………（194）
　第一节　中国现当代道德与信仰之离合………………………（194）
　　一　基于马克思主义信仰的道德……………………………（195）
　　二　新时期信仰缺失与道德失范……………………………（198）
　第二节　社会主义道德建设的信仰逻辑进路思考……………（202）
　　一　弘扬马克思主义信仰的伦理向度………………………（203）
　　二　构筑儒学与马克思主义相融合的现代精神家园………（212）
　　三　积极引导宗教信仰与社会主义道德建设相适应………（224）

结语　道德形上价值基础的意义、难题与出路……………（230）

参考文献………………………………………………………（233）

后　记…………………………………………………………（250）

导　论

一　写作的缘起

本书写作，主要是基于长期以来对道德问题的现实与历史考量：一方面是基于对现实道德困境的思考；另一方面是基于历史上中西传统道德发展理路的启发。历史与现实的鲜明对照，激发了我对该问题的写作兴趣。

从现实的角度看，当前中国社会道德问题日益凸显，人的道德意识淡化，道德失范现象时有发生，道德生活边缘化，道德作用力愈来愈小，"道德的场大为弱化"[①]。近年来，无论是在家庭这样的私人领域，还是在单位、社会等公共场所时常发生一些有悖伦理道德的事件。有的是日常生活中的小私小利引发的道德纠纷，有的则是触目惊心、丧尽天良的缺德行为，如大家熟悉的地沟油、毒奶粉、瘦肉精、黑心棉等一系列的坑蒙拐骗事件。实际上，这些行为已经突破了伦理底线，难怪有人发出"人心不古，世风日下"的感叹。不可否认，当代人道德下滑到了一个比较严重的地步，这也深深刺痛着我们每个人的心灵，我们不禁要问：人们的道德到底怎么了？我们应该怎么办？国家富强、民族振兴、人民幸福离不开与之相匹配的德性修养。一个真正强大的国家，离不开高素质的国民和强有力的道德力量。习近平总书记强调，"国无德不兴，人无德不立"[②]。实现中华民族伟大复兴的中国梦，需要

[①] 卢风：《现代人为什么不重视美德》，《道德与文明》2010年第2期。
[②] 《习近平在北京大学考察时强调：青年要践行社会主义核心价值观与祖国人民同行努力创造精彩人生》，《人民日报》2014年5月5日第1版。

2　善的支撑

强有力的道德支撑，弘扬真善美，传播正能量，不断激发广大人民群众崇德向善的意愿，鼓励全社会形成积善成德、明德惟馨的良好社会风气。严峻的现实道德问题时刻警醒着我们，要深入地思考这种非正态道德状况的深层原因是什么，根源在哪里。只有找到问题的症结所在，才能彻底改善当前的道德状况。从大的社会背景看，我国正处于大变革、大发展、大转折的社会转型期，由传统的自然经济向现代工业经济转变，由封闭的传统社会向开放的现代社会转变。社会转型必然带来结构性的变化和相应的体制、机制变革。传统的家庭结构、伦理关系、文化观念也发生了相应的变化。社会转型所带来的结构性变化和观念性变革，不断冲击、消解着原有的道德支撑体系，以致使其丧失殆尽。而且，新的支撑体系又尚未建立起来，在这种情况下，不可避免地引发各种各样的道德问题。尽管国家下了很大的宣传力度，在道德教育方面出台了一系列具体措施，如公民道德建设实施纲要、社会主义核心价值体系、社会主义核心价值观教育等，从最基本的方面着手，明确指出应该坚持什么、抵制什么，然而，一些人说归说，做归做，表里不一，知行脱节。可见，这不是简单的道德说教能够解决的问题，因为我们并不缺乏完备的道德规范和基本的道德价值取向引导。知善与行善是完全不同的两回事，要真正实现从知到行的转变，必须诉诸道德的形上价值探索，"现代性的价值序列的转换与人的实存状态抹去了人的精神的内在本质，现代人的伦理道德因此发生了重大的转折。在人的精神本质物化和既定化中，道德的形上价值基础抽空了，现代人的伦理只有落到身体感觉的基础上"[1]。这就不可避免地导致道德的滑坡与现实生活中的道德困境。"中国目前道德的困境与人们信仰的失落有着密切的关联，在以往的历史上，当道德状况好的时候，一定是某种信仰或共同信念将人们的善激励了出来；反之，当这信仰或信念消失的时候，人们的善得不到鼓舞，道德也就随之消退。道德如果失去了信仰的支撑，将会维系的非常艰难。"[2] 虽然道德表现为自

---

[1] 金生鈜：《德性与教化》，湖南大学出版社2003年版，第12页。
[2] 徐以骅：《基督教学术：宗教、道德与社会关怀》，上海古籍出版社2004年版，第66页。

觉自律，但这并不能保证人抑恶向善，因此，还需要深层的内在精神信仰支撑。从当前中国核心软实力看，其整体上还比较薄弱，虽有社会主义核心价值体系与社会主义核心价值观的引领，但毕竟价值观还需要一个长期的宣传、教育、吸收、内化的过程。这就不难理解道德领域中出现的各种问题。杜维明在谈到中国社会出现了一些问题但还有元气时指出，"恢复'元气'的可能性很大。主要问题在于'心'。信仰、态度和行为互为作用，行为靠态度来支撑，态度靠信仰来支撑，信仰靠内心深处的精神价值来支撑。现在我们在行为上出现了一些问题，这也和态度、信仰有关系，所以最核心的问题是从最基本的信仰和人生价值入手"①。由此可见，现实道德问题的解决不能不诉诸道德的形上支撑价值。正是源于对现实道德困境问题的不断思考与追问，笔者对道德的探究由形下层面不断向形上层级延伸，以期通过对道德的形上价值即道德的信仰基础的深入研究，探索当前社会善的支撑力量。

当然，这种对现实道德问题思考与追问的形上思维方式，不仅仅要从理论逻辑的角度讲得通，而且还要有历史的依据。这本身就是一个逻辑与历史相统一的问题。从历史的角度看，在对中西传统道德发展脉络的梳理中，我们可以清晰地看到这样的发展理路：无论是西方追求外在超越的宗教信仰，还是中国追求内在超越的"天人合一"信仰，实质上都为人的心灵找到了最终的归宿，为其提供了信仰的空间，使人的道德有了终极意义的价值支撑。然而，回顾"五四"新文化运动以来百余年的历史，中国人的信仰经历了曲折的发展过程。这期间经历了传统道德的信仰基础瓦解，马克思主义信仰的确立以及马克思主义信仰主导地位弱化等几个阶段，直到今天，信仰缺失的危机，道德失范的现实一直困扰着人们。历史是一面镜子，历史是最好的老师，我们应该从历史中借鉴、吸收有价值的思想和思维方式，为今天的道德建设提供指南。虽然，我们生活在现代社会，但并不能与

---

① 杜维明：《社会"病"了，但"元气"尚存》，《国际先驱导报》2010年7月16日第20版。

传统完全割裂,"传统意味着许多事物,就其中最明显、最基本的意义看,它的含义仅只是世代相传的东西,即任何从过去延传或相传至今的东西"①。"传统"延续在现代的事态之中,并作为现在把握的对象而发挥作用。历史新时期加强思想道德建设,是一项艰巨而复杂的社会系统工程。我们不仅要从历史的优秀传统文化中汲取营养,而且要从世界各民族优秀文明成果中取长补短。中西传统道德都有信仰基础作为支撑,这对于当前中国道德建设不无启发意义。这就要对中西传统道德的信仰基础作深入的比较研究,厘清其内在的逻辑理路,分析其各自道德基础形成的原因、特点、作用以及发展趋势等,进一步从中挖掘出有价值的思想以供借鉴。本书希望通过对中西传统道德的信仰基础比较分析,进一步厘清传统道德建构的基本逻辑理路、内在价值及其启示意义,从而为当前社会主义道德建设提供理论依据和方法论的指导。

二 中西传统道德之信仰基础比较的历史文化背景

中西传统道德都有其各自形成的历史文化条件,同样,作为传统道德的信仰基础也是在漫长的历史长河中积淀而成的,深深地打上了历史、文化、民族的烙印。正如马克思所指出的那样,"人们自己创造自己的历史,但是他们并不是随心所欲地创造,并不是在他们自己选定的条件下创造,而是在直接碰到的、既定的、从过去承继下来的条件下创造"②。为了更加深入地理解中西传统道德及其信仰基础体系生成、演化的过程,及其自身体系结构特点、作用等,我们有必要从其赖以生存的社会历史文化土壤以及思维模式等方面着手考察。因此,在对中西传统道德的信仰基础作比较分析的时候首先要对各自的历史文化背景做简要的回顾。

中西传统道德及其信仰基础体系都是在一定的时空中形成的。首先对本书中使用的中西传统道德概念加以界定,"中"指中国,"传

---

① [美] 爱德华·希尔斯:《论传统》,傅铿等译,上海人民出版社1991年版,第15页。
② 《马克思恩格斯选集》第1卷,人民出版社1995年版,第585页。

统"的时间截至"五四"新文化运动。"西"主要指西方欧洲国家,"传统"的时间截至启蒙运动。本书正是在这样一种时空跨度下使用中西传统道德概念的。中国传统文化是一种"天人合一"文化,由先秦至宋明无不贯穿着"天人合一"这一文化主线。西周的宗教文化可以在类型上归结为"天民合一"的天命观,周公提出"以德配天"的思想,将德与"天"结合起来。周公利用"天命"告诫统治者应注意人事,特别作为统治者自身要端正自己的德行,"皇天无亲,唯德是辅"①。作为"群经之首"和"大道之源"的《易经》在内容方面涵盖了天道、人道、地道,以及关于人类在天地之间安身立命的思想学说。孔子的仁学思想是"天人合一"心性学的最初表现形式。孔子以后的儒者对孔子的思想加以继承和发展,对"天人合一"心性论进行了深入的研究和论述,提出了心、性、天合一的命题,使儒家"天人合一"心性论思想更加系统和完善。中国传统道德就是在这种"天人合一"文化系统中,生成、发展和完善的。从历史过程看,中国传统道德萌发于唐虞三代,《尚书》里有"尧克明峻德,以亲九族;平章百姓,协和万邦"等修己及人的思想,这为以后中国传统伦理思想的形成奠定了基础。春秋战国时期,中国传统伦理思想基本形成,这一时期伴随着奴隶社会向封建社会的过渡,社会经济、政治、文化处于空前的活跃状态,出现了百家争鸣的现象,代表各派力量的伦理思想家纷纷登台表演,儒、墨、道、法、阴阳、杂家等学派的伦理思想都在不同程度上为我国古代伦理思想的形成作出了贡献。西汉时期,董仲舒提出"罢黜百家,独尊儒术",儒家思想被确立为封建社会的正统思想,儒家伦理道德长期占据主导地位,规范和影响着中国人的行为模式和思维方式,儒家伦理对中国传统社会生活和人们的道德具有根本性的影响。尽管在历史上曾有过儒道互补、外儒内法、儒释道三足鼎立、融合的时期,但儒家伦理思想在传统社会的主导地位一直没有被撼动。即便是少数民族入主中原的时代,由于其自身文化的局限或者被儒家文化同化,最终不得不借助于儒家的思想实

---

① 《尚书·蔡仲之命》。

现其政治统治。正如恩格斯所说:"由比较野蛮的民族进行的每一次征服,不言而喻,都阻碍了经济的发展,摧毁了大批的生产力。但是在长期的征服中,比较野蛮的征服者,在绝大多数情况下,都不得不适应由于征服而面临的比较高的'经济情况';他们为被征服者所同化,而且多半甚至不得不采用被征服者的语言。"① 这也就是所谓的"征服者被征服"的文化寓意。同样,佛教传入中国以后,它也在不断吸收着儒家的思想。我们知道佛教是提倡人的出世的,它强调一切皆空,人要超凡脱俗追求彼岸的世界。但受到儒家思想的影响,佛教把儒家的忠孝思想融入其教义之中。由此可见,儒学伦理思想在传统社会发挥着潜移默化的影响力,以致"百姓日用而不知"②。经过各种思想的反复碰撞与交融,到了宋明时期,儒家伦理思想达到鼎盛时期,无论程朱理学,还是陆王心学都在前人的基础上做出了进一步的发展,使之更加理论化、系统化。近代以来,伴随着民族危机和社会危机的不断加深,制度化的儒学逐渐退出历史舞台,但儒家伦理思想作为一种传统仍旧在延续。

西方传统文化是一种宗教文化,宗教精神贯穿于古希腊、罗马以及漫长的中世纪。西方传统道德与宗教交织在一起。众所周知,西方文化根植于两希文化——古希腊文化和古希伯来文化。古希腊文化为西方文化奠定了理性认识的基础,古希伯来文化则为西方文化奠定了宗教基础。黑格尔曾经说过:"一提到古希腊这个名字,在有教养的欧洲人心中,尤其在我们德国人心中,自然会引起一种家园之感。"③ 欧洲古代哲学,实质上就是古希腊人创造的哲学。古希腊文化追求永恒和绝对的精神实体,为后来基督教神学的发展奠定了理论基础。西方文化向来体现着人们对永恒价值的无限追求,这一点在古希腊理性文化和西方宗教文化中体现得特别明显。在西方"任何人生哲学都要以一种形而上学为基础。人们不可能把人生寄托在一种变幻不定而没有绝对实在性的主观现象之上,而一定要寄托在一种永恒性之上。伦

---

① 《马克思恩格斯选集》第3卷,人民出版社1995年版,第526—527页。
② 《易·系辞传》。
③ [德]黑格尔:《哲学史讲演录》第1卷,商务印书馆1959年版,第157页。

理学作为人生的知识，是一种经验性；而宗教作为人生的信仰，是一种超验性。对超验信仰的否定会动摇经验伦理的基础"①。随着古代后期社会的没落，无论是上层的统治阶级，还是社会下层都会为了摆脱现实世界的苦难而转向寻求灵魂的慰藉。这样，从东方传来的基督教为摆脱苦难的人们带来了福音。恩格斯曾经写道："所有这些彼此利益各不相同甚至互相冲突的不同的人群的共同出路在哪里？……这样的出路找到了。但不是在现世。在当时的情况下，出路只能是在宗教领域内。于是另一个世界打开了。肉体死后灵魂继续存在，就渐渐成为罗马世界各地公认的信条。死后的灵魂将为其生前的行为受到某种报偿或惩罚这一信念，也越来越为大家所接受。但报偿是相当靠不住的；古代世界具有强烈的自发唯物主义，它把人世生活看得比冥土生活宝贵得多；希腊人把死后的永生还看成是一种不幸。于是，基督教出现了。它认真地对待彼岸世界的报偿和惩罚，造出天国和地狱。一条把受苦受难的人从我们苦难的尘世引入永恒的天堂的出路找到了。事实上，也只有靠对彼岸世界获得报偿的希望。"② 基督教作为犹太教的分支，依赖于古希腊哲学理论的支持，很快建立起一套神学理论，这样就使得基督教摆脱了原始自发的状态，最终成长为世界性宗教。在漫长的中世纪，基督教神学处于绝对的统治地位，渗透于社会意识形态的各个领域，哲学、政治、法律、艺术、道德等无不打上宗教的烙印。基督教宣扬仁慈、公正和博爱，倡导容忍、服从和禁欲，宣扬天国、来世和报应，并形成了系统的基督教世界观、教义及其伦理思想。基督教的伦理思想提倡"三主德"，爱、信和希望，人们只要遵循这样的道德原则去做，就能够实现来世的幸福，求得永生之幸福。西方传统道德及其信仰基础主要是在基督教文化氛围中培育和生成的。对此，霍克海默宣称，"至少在西方，任何与道德有关的事物最终都源自神学……若抽离了对圣经的上帝的信仰，过往一千五百年中培养的道德责任感，几乎是不可思议的。"③ 最后，需要说明

---

① 高文新：《欧洲哲学史研究》，人民出版社2016年版，第266页。
② 《马克思恩格斯选集》第4卷，人民出版社1995年版，第473—474页。
③ 参见罗秉祥、万俊人《宗教与道德之关系》，清华大学出版社2003年版，第37页。

的是，本书虽然研究的是中西传统道德领域的核心问题，但是研究的视野并没有仅仅停留在传统的范围内，而是向后延伸至今日。中西社会道德一直是向前发展的，尽管现在尚未定型，但也初显一些苗头和趋势。为了更好地把握发展的态势，我把中西比较的核心问题置于中西方整个历史发展大环境中审视、研究。因此，在研究西方传统道德的信仰基础过程中，并没有把时间线索停留在中世纪，而是沿着历史发展的脉络分析了西方文艺复兴、启蒙运动以来，理性主义、科学主义、人类中心主义等思想与信仰的冲突和矛盾。西方进入现代社会，宣扬理性至上，没有给人的信仰留有位置，道德失去了原有的宗教信仰基础，游离于理性和功利主义的世界中，现代社会不仅面临着严重的"存在"危机，而且面临着空前的精神危机。西方宗教信仰的大厦被理性主义的洪流冲倒了，理性主义占据了上风，然而精神世界的危机跌宕起伏，后现代主义者认识到现代性的危机不能依靠自身加以修复，于是，建设性后现代主义者逐渐意识到精神危机的重要性，重新肩负起回归信仰的重任。同样，对中国传统道德的信仰基础研究并未止于辛亥革命——制度硬体的崩溃，因为价值系统的软体仍处于"死而不亡"①的状态。沿着历史发展的脉络进一步分析了"五四"新文化运动，在科学与民主的旗帜下，传统道德及其信仰基础不断瓦解崩溃。现代新儒家不甘于中国传统伦理精神就此退出历史舞台，从人的精神寄托角度重申了中国传统伦理精神之神髓——心性学的价值。时至今日，人们道德领域出现的各种各样的问题，精神世界的危机，仍是一个棘手的问题。因此，大力弘扬优秀传统文化，不断增强文化自信，建设好人的精神家园仍是一项未竟的事业。

三　学术界对该领域的研究

前人的研究成果既为本书的研究提供了借鉴与启示，也为我对此问题的进一步深入探讨提供了线索与空间。国内外学术界对相关问题的研究主要分为以下五个方面。

---

① 余英时：《现代危机与思想人物》，生活・读书・新知三联书店2012年版，第9页。

(一) 关于道德基础的基本认识

道德从产生以来并不是孤立存在的，总是要建立在一定基础之上。从国内外学者对道德基础的基本认识看，主要归为两个层面：一是形下的经验、实证层面；一是形上的超验或先验层面。伦理学作为一种实践哲学包括两个方面的问题，第一是"应当"的问题，它是关于什么样的行为是"道德的"；第二是"应当之应当"的问题，即我们为什么要"应当"的问题，这就是道德的基础问题。N. 哈特曼认为："伦理学的第二个基本问题在重要性上超过了第一个基本问题。它表现出是无限优先的，制约着其他问题。"①

西方社会长期以来形成一种两分的思维方式，将人分为感性主体和理性主体，由此在对道德基础认识的方面形成了两种不同的观点，即理性主义基础和感性主义基础。以苏格拉底为代表的理性论认为，人是有理性的，人在思考这个世界时发现世界最本质的不是个别，是共相、理念。苏格拉底认为，"对于美德也是一样，不论它们有多少种，而且如何不同，它们都有一种使它们成为美德的共同本性；而要回答什么是美德这一问题的人，最好是着眼于这种共同本性"②。这种观点认为，在这个世界上只有理性靠得住，感觉经验是靠不住的，依靠理性才能获得对事物本质和规律的普遍必然性的知识。因此，在伦理观上，只有符合理性的东西才是善的，道德建立在理性主义基础之上。柏拉图就试图为道德建立一个纯粹先验的绝对善的理念基础。虽然从道德内容看比较空洞和形式化，但这种思想对后来伦理学的发展形式影响深远，为超越经验领域建立绝对普遍的法则奠定了基础。亚里士多德既看到了道德的理性认识基础作用，同时，在批判的基础上渗入了经验的成分，强调道德的实践。他认为，"我们通过做公正的事而成为公正的人，通过节制成为节制的人，通过做勇敢的事成为勇敢的人"，"一个人的实现活动怎样，他的品质也就怎样。所以，我们应

---

① 参见董世峰《价值：哈特曼对道德基础的构建》，光明日报出版社 2006 年版，第 32 页。
② 北京大学哲学系外国哲学史教研室编译：《古希腊罗马哲学》，商务印书馆 1982 年版，第 153 页。

当重视实践活动的性质，因为我们是怎样的就取决于我们的实践活动的性质"①。这样，亚里士多德的道德基础有了实质内容的经验根据，但本质上仍是以理性主义为基础的。中世纪的道德基础完全是建立在宗教信仰的基础上的，道德源于全能、全知、全善的上帝，信仰上帝、忏悔、救赎成为道德的主要内容。康德将道德的基础建立在人类普遍的理性上，在先验的领域为道德寻找根基，他认为经验领域不可能建立绝对的道德法则，因而要排除感性、经验的东西，到纯粹的理性概念中去寻找。"全部道德概念都先天地坐落在理性之中，并且导源于理性……从纯粹理性中汲取道德概念和规律，并加以纯净的表述，以至规定整个实践的或者纯粹理性知识的范围，也就是规定整个纯粹实践理性能力的范围，不仅是单纯思辨上的需要，同时在实践上也是极其重要的。"② 实质上康德为道德设置了无情感内容的先验基础。

按照两分的思维方式，以普罗泰格拉为代表的感性主义认为，"人是万物的尺度，是存在的事物存在的尺度，也是不存在的事物不存在的尺度"③。人是万物尺度的命题意味着个人的感觉、欲望、经验对人的行为起决定性作用，道德是以个人的欲望和利益作为基础的。到了近代，经验主义者认为感觉经验是人认识外部世界的唯一途径，是人的一切知识或认识的来源，这是唯一真实可靠的，以实际功效或利益作为道德的标准，提倡追求"最大幸福"，由此形成了功利主义伦理学。除此之外，还有休谟以道德感为基础的伦理学。

通过对以上两种思维方式下的道德基础认识的分析可以看出，道德基础无非是建立在经验或先验的基础上，沿着感性主义认识路线，在经验的基础上就强调现实性如功利主义、实证主义；沿着理性主义认识路线，在先验的基础上，就强调为道德建立一个先验的基础，如理性、信仰等。从西方道德发展的轨迹上看，无论是理性主义道德、

---

① ［古希腊］亚里士多德：《尼各马可伦理学》，廖申白译，商务印书馆 2003 年版，第 36—37 页。
② ［德］康德：《道德形而上学原理》，苗力田译，上海人民出版社 2005 年版，第 29 页。
③ 周辅成：《西方伦理学名著选辑》上卷，商务印书馆 1987 年版，第 29 页。

宗教道德还是功利主义伦理，都能看到这种两分思维方式的印迹。

对于道德的基础，也有学者从心理学和精神分析的角度探讨了人类的深层心理、行为表现及人性问题。英国的乔治·弗兰克尔在《道德的基础》一书中，从大脑的生理结构方面说明了道德的物质基础，并对前人非理性宗教信仰的道德观给予肯定，而对理性加以批判，他认为："理性和科学的态度使我们摒弃了前人的世界观，我们认为这些观念导致了人类无休止的战争、压迫和偏见，成千上万的人因此陷入贫困……我们已经颠覆了旧的信念，却没有创造出新的目标来代替它。"① 他提出重建上帝，"因为上帝知道我们如何思考和行动，因此道德的观念与他的期望有关，而我们的行为皆为他所知，并接受他的评判"②。很显然他反对现代以来的理性与科学观念完全占据了人的信仰空间，有着一定的宗教情怀。亨利·黑兹利特《道德的基础》一书中谈到宗教信仰是道德的一个必要的基础，西方社会在过去的20世纪没有宗教，道德是不可能的。但同时历史上的道德规则和习俗一直还有一个世俗的基础。詹姆斯·蕾切尔斯《道德的理由》一书中认为，道德首要的是向理性咨询的问题。道德上正当的事，在任何条件下，都是有最充分理由去做的事。在这里作者虽然从理性的角度也强调了道德的基础问题，但研究的角度侧重于对人道德理由的说明，认为人的每种道德行为都有理由，而且，理由应该充分。汤姆·L.彼彻姆《哲学的伦理学》一书中对道德的确证做了论述，并从宗教信仰和理性的角度，对"为什么我应当是有道德的"这个问题的终极确证深入探讨。他认为："终极确证的要求迫使我们永无休止地继续去寻求一个更一般的原则……由于确证的整个过程是由一个层次不断地上升到更高的层次，所以，不管我们达到了什么样的确证层次，我们总是不能穷尽对原则的探究。"③ 不论终极确证的原则能否

---

① ［英］乔治·弗兰克尔：《道德的基础》，王雪梅译，国际文化出版公司2007年版，第1页。
② 同上书，第179页。
③ ［美］汤姆·L.彼彻姆：《哲学的伦理学》，雷克勤等译，中国社会科学出版社1990年版，第491页。

找到，道德终极确证过程本身都是在试图为道德寻求基础。

马克思认为："道德的基础是人类精神的自律。"① 道德从本性上看是主体的一种自觉自律意识，但这种自觉自律意识的形成不是一蹴而就的，是循序渐进的内化过程。马克思强调道德的基础是人类精神的自律，这是与宗教的他律相比较提出的观点。实质上，他并不是要把道德建立在超脱一切利益欲望的某种意志的基础上。从马克思关于"正确理解的利益是整个道德的基础"②的论述中可以知道利益关系对道德的基础性作用。道德根源于人类的社会物质生活条件，道德在某种程度上是一定利益关系的反映。正如恩格斯所说："人们自觉地或不自觉地，归根到底总是从他们阶级地位所依据的实际关系中——从他们进行生产和交换的经济关系中，吸取自己的道德观念。"③ 阎献晨《关于道德基础》一文，从道德的社会基础、生存土壤和利益关系的角度论证了道德的基础，认为道德的基础扎根于现实社会生活，社会存在决定社会意识。④ 显然，在这种思想指导下，道德的基础扎根于社会物质生活。虽然，近代的功利主义者也从人本身，从人们的现实的物质生活出发，将道德的基础建立在利益关系基础上，例如爱尔维修认为，"人永远服从他的理解得正确的或不正确的利益"，"利益是我们的唯一动力，人们好像在牺牲，但是从来不为别人的幸福牺牲自己的幸福。河水是不向河源倒流的，人们也不会违抗他们的利益的激流"⑤。但是，这种利益观完全是建立在主观性和纯粹利己主义基础之上的，忽视了一定的社会关系，结果只能导致人们只顾自己的自私自利状态。

学术界对道德基础的研究从形上与形下角度都有不同的论述，由于社会发展阶段不同，人们对道德基础认识的侧重点也有所差异。但也有学者试图将两者结合起来研究道德的基础，尼古拉·哈特曼就是

---

① 《马克思恩格斯全集》第 1 卷，人民出版社 1995 年版，第 119 页。
② 《马克思恩格斯全集》第 2 卷，人民出版社 1957 年版，第 167 页。
③ 《马克思恩格斯全集》第 20 卷，人民出版社 1971 年版，第 102 页。
④ 阎献晨：《关于道德基础》，《哲学研究》1998 年第 11 期。
⑤ 北京大学哲学系外国哲学教研室：《十八世纪法国哲学》，商务印书馆 1963 年版，第 536—537 页。

其中富有代表性的一个。哈特曼将伦理学研究的重心放在道德基础问题上，设法为伦理学重新奠基，并将其进一步转化为价值问题。他曾指出，道德形而上学缺乏根基，这就是价值现象学，或者，亦可称作道德价值学。这是伦理学首要的、也是主要的观点。① 他基于对历史上道德资源的深刻批判与继承，广泛综合，试图建立一个既有实质内容，又有先验性的道德基础。他的思想出发点是正确的，就是要克服前人研究的片面性，要为道德建立一个全面的道德基础，这是我们应该借鉴的地方。

（二）关于道德的信仰基础

研究道德的信仰基础必然涉及对两者关系的理解和把握，道德与信仰是一个什么样的关系，学术界的观点有一致的地方，当然也存在着很大的分歧。在对道德的信仰基础分析之前有必要对学术界关于道德信仰的研究加以说明。关于道德信仰概念的界定有多种表述，可以概括为以下几种观点：

第一种观点认为道德是信仰的对象或笃信的目标。贺麟先生认为："道德的信仰为对于人生和人性的信仰，相信人生有意义，相信人性之善；对于良心或道德律的信仰，相信道德律的效准、权威和尊严。又如相信德福终可合一，相信善人终可战胜恶人，相信公理必能战胜强权等，均属道德信仰。"② 而且他认为在某种意义上道德的信仰就是宗教的信仰。李德顺认为，道德信仰是"对某种道德目标及其理论的信服与崇拜。按性质可分为两大类，即有认识基础的科学道德信仰以及无认识道德基础的盲目道德迷信"③。任建东《道德信仰的两重规定及其限度》一文认为，道德信仰就是对道德的信仰，表现为对善的终极追求。④ 实际上，对道德的信仰与对善的终极追求在一定意义上是同一的。黄明理《社会主义道德信仰研究》一书认为，道

---

① 参见董世峰《价值：哈特曼对道德基础的构建》，光明日报出版社2006年版，第3—6页。
② 贺麟：《文化与人生》，商务印书馆2002年版，第92页。
③ 李德顺：《价值学大词典》，中国人民大学出版社1995年版，第90页。
④ 任建东：《道德信仰的两重规定及其限度》，《伦理学研究》2004年第1期。

德信仰就是主体基于社会存在发展价值的认识，在道德现实与道德理想张力作用下对道德的崇敬，并将其作为人生的理想目标。应该说把道德作为信仰的对象或笃信的目标是人类的理想追求和愿望，但在现实生活中，这种理想目标若没有他者的前提很难实现或维持，这也是在道德上强调由他律到自律过程的必要性。

第二种观点认为道德与信仰是完全不同的范畴，不存在所谓道德信仰。张康之认为，道德生成的是信念而非信仰，由于人们混淆主观信念与外在信仰才会有道德信仰的说法。他把世俗的道德行为称为信念行为，而把宗教的道德行为称为信仰行为。而且他认为信仰行为造成的道德化结果并非真正的道德行为。① 这在一定意义上忽视了信仰对道德的积极作用。

第三种观点认为道德信仰是指道德的形而上学基础。荆学民认为，要分别解构"信仰"与"道德"两个范畴，从道德中探求信仰的因素，从信仰中探求道德的因素。"所谓道德信仰是指道德的形而上学之基础，应包括两个含义，一是指道德形成的前提性精神基础；二是指道德的终极向往即道德的最高目标和最高境界。"② 这种观点不但把道德作为信仰的对象，而且认识到道德形成的前提性基础即信仰的作用。

尽管有学者认为道德信仰中已经预设了形而上学基础，但并没有把道德与信仰作为两个相对独立的范畴看，从一定意义上说，信仰与道德是相分的，信仰不能代替道德，道德也不能代替信仰。就此意义而言，信仰对道德有着基础性的作用。目前，从查阅的文献资料看，从这个角度深入研究的著作还比较少。有个别学者从道德的信仰基础角度思考，把信仰看作道德的精神基础，例如肖立斌《多维度诠释道德的信仰基础》一文认为，信仰为道德提供精神支撑和动力保障，人的道德观念由信仰提供，因此，个体道德从信仰起步。③ 杨乐强《信仰乃

---

① 张康之：《论信仰、道德与德治》，《甘肃社会科学》2003 年第 4 期。
② 荆学民：《当代中国社会信仰论》，人民出版社 2008 年版，第 198 页。
③ 肖立斌：《多维度诠释道德的信仰基础》，《河南师范大学学报》（哲学社会科学版）2006 年第 5 期。

道德之本》一文认为，信仰是个体道德的根源，信仰为人提供安身立命之基，个体作为道德之在是源于他作为信仰之在的，信仰高于道德，一切道德行为及其模式均由信仰界定。① 此外，还有一些学者虽然没有明确说出信仰对道德的基础性作用，但从形上学层面表达了相同的意思。王为全认为，道德的形上之维是道德生活的精神内核，它为人的道德活动提供终极价值依据和价值尺度。② 张世英教授认为，"人为什么要讲道德，道德的根据何在？此乃人生不可回避的一个严重问题。各民族的进化史上大都有一个很长的时期把道德置于宗教的基础之上，以对神的敬畏作为道德的根据。西方传统主要在'上帝'那里找道德的根据，中国传统主要在'天'（'天理'）那里找道德的根据"③。王晓朝教授认为，道德的归宿是信仰，但并不意味着宗教信仰是道德的唯一宿主，因为信仰化与神圣化并不等同于宗教化。因此，这个宿主可以是宗教信仰也可以是非宗教信仰，要由具体文化环境而定。④

学者在道德信仰方面的论述较多，侧重点仍然是把道德作为信仰的对象，虽然从境界上看比较高，但从其约束力来看比较弱，要完全依靠人的自觉，在现实生活中就会遇到蹩脚的难题。道德不能离开人的生活现实，从现实生活信仰的缺失、道德的失范中更能深刻体会到道德需要信仰的支撑，或者说人类所祈盼的善更需要信仰的支撑。总体看，虽然学术界对道德的信仰基础有所研究，但还是处于起步阶段，基本围绕理论层面的论述。从"道德"与"信仰"相对独立而又内在有机联系的视野分析信仰对道德的基础作用的研究还不够深入。正如孔润年在其《试论信仰与道德的关系》一文中认为的那样，长期以来，伦理学的研究与宣传只重视道德的经济基础，而忽视了道德的信仰基础。⑤ 人需要信仰，同时也需要道德，笔者在这里不想用

---

① 杨乐强：《信仰乃道德之本》，《现代哲学》2001年第3期。
② 王为全：《对当代中国道德建设中的形上缺失的分析》，《理论与改革》2004年第3期。
③ 张世英：《道德与宗教》，《江苏社会科学》2005年第2期。
④ 王晓朝：《宗教学基础十五讲》，北京大学出版社2003年版，第273页。
⑤ 参见王玉樑《理想·信念·信仰与价值观》，陕西人民出版社2001年版，第339页。

道德信仰去代替信仰，而是要探明信仰对于道德的基础价值以及个人生存的意义。人不仅是只会逻辑思维的理性机器，而且还是有情感、欲望等精神因素的复杂个体，因此，人需要实证科学知识之外的精神信仰来提供价值、善良和终极关怀。① 对于个人而言，信仰成为其生存的重要精神支柱。正如捷克思想家哈维尔所说，人没有信仰是很难想象的，那些无信仰的人只会关心眼前的利益和暂时的享乐，对其他一切麻木不仁，缺少崇高的精神追求。同样，对于一个国家和民族而言，信仰构成凝聚国民心智的民族精神。所以德国伟大诗人歌德认为，世界历史的真正主题是信仰与不信仰的冲突。在信仰居于统治地位的时代，无论对当代还是后代人来说都是硕果累累、光辉灿烂的；反之，信仰不占统治地位的时代，则只能取得微弱的成就，即便有暂时的光芒，也会转瞬即逝。因为没有了信仰，人们对其他的一切都漠不关心。② 这充分说明信仰在社会发展过程中起着重要的作用。

（三）关于西方传统道德基础

西方传统文化是一种宗教文化，"它的重心在相当长的一段历史时期（至少是在漫长的中世纪）是落在虚幻的神人关系之上，从而使得超现实的信仰祈度和超经验的形而上学成为推动西方文化发展的一个重要的精神杠杆"③。长期以来宗教成为人安身立命的根基。威廉·巴雷特的形象概括更能说明这一点，他认为宗教对于中世纪的人来说不仅仅是个神学体系，而且是一种坚实的心理基质，环绕着个体从生到死的全部生活。④ 在宗教传统文化的氛围中，人的道德通过宗教信仰发挥作用，宗教信仰对道德起着基础性作用。麦金太尔认为，西方社会从古希腊到中世纪，从诸神崇拜的多神教到一神崇拜的基督教的历史嬗变过程看，信仰作为一种共同的价值理想，一直发挥着重要的作用，

---

① 高文新：《中国传统哲学宗教的特点与新哲学的建构》，《吉林大学社会科学学报》2004年第6期。

② 参见［德］弗里德里希·包尔生《伦理学体系》，中国社会科学出版社1990年版，第363页。

③ 赵林：《西方宗教文化》，武汉大学出版社2005年版，第1页。

④ ［美］威廉·巴雷特：《非理性的人——存在主义哲学研究》，段德智译，上海译文出版社1992年版，第25页。

并保持着它自身的内在连续性和外在有效性。① 康德虽然将道德建立在普遍的绝对理性上，但是他也意识到在实践理性领域如果离开信仰很难达到至善或者圆善（德福统一）。康德著名的"三大公设"——上帝存在、灵魂不朽、意志自由，就是认识到形上学是人类实践理性的自然趋向。这样，上帝在人的精神世界中复活了，成为人类实现至善的保证。基督教文化强调灵肉分离，认为人生来就有罪性，也称为原罪。因此，人在本性上就有罪恶的趋向，即便是刚出生的婴儿也是有罪的。基督教教父奥古斯丁认为，在上帝面前没有任何人是纯洁无罪的，即使是刚出生的婴孩也是如此。那么，人如何摆脱罪性呢？只能依靠上帝的救赎、赦免，通过神来管理这个罪恶的世界。人只有皈依于上帝，才能使自己的灵魂有所寄托，在这种文化体系中，神是最根本的。人只有在神的管理、教育之下，才能有道德。② 道德的宿主必然是人信仰的上帝。弗里德里希·包尔生也认为，"在摩西的法典中，宗教、道德和法律的义务完全是作为上帝的一个法则的完全同质的部分出现的。它们全都具有同等的约束力，都来自上帝的意志，对每一违反的惩罚都被民族看作一个宗教的义务。对上帝的畏惧是道德的基础；虔敬和善、不敬和恶，是一些同义语。基督教和伊斯兰教都接受了这一观点。我们也在希腊人和罗马人、印度人和波斯人、埃及人和亚述人中发现同样的观点。个人和社会的全部生活都是由宗教来控制的，所有国家和社会的制度，所有支配个人生活的风俗和惯例都有一个宗教的基础"③。西方传统道德就建立在宗教基础之上。所以，宗教与道德关系密切。道德为了获得神圣性要趋向于宗教，同样宗教也离不开道德，离开道德的宗教往往走向邪教。所以黑格尔认为，如果从宗教中取走了道德的动因，那么宗教就变成了迷信。④ 这一点在基督教的教义和教

---

① 万俊人：《信仰危机的"现代性"根源及其文化解释》，《清华大学学报》（哲学社会科学版）2002 年第 1 期。

② 高文新：《对〈基督教经典译丛〉总序的几点讨论》，《社会科学战线》2010 年第 11 期。

③ ［德］弗里德里希·包尔生：《伦理学体系》，何怀宏等译，中国社会科学出版社 1988 年版，第 354—355 页。

④ ［德］黑格尔：《黑格尔早期神学著作》，贺麟译，商务印书馆 1988 年版，第 10 页。

规中具有明显的体现,池田大作、威尔逊《社会与宗教》一书认为,宗教不仅既在教义中直接阐述基本的伦理道德思想,而且还以教义为依据,间接地制定各种道德规范。宗教在现实社会中所表现出的影响力主要在于它的道德规范。道德是抑恶扬善的主要手段,然而无论有多少道德知识,也难以把它直接变为行动,因为人的行动除了受理性支配外,还受感情和情绪所左右,从日常生活经验看,被理性所支配的伦理意识往往被情感的冲动所践踏。为了克服感情冲动与伦理意识要求的矛盾,必须要建立支撑伦理的基础,这个基础就是宗教。[①] 在基督教道德中,践行道德就是对上帝恩典的回应,因此,信仰上帝与道德实践紧密联系,出于对上帝的信仰,才有善良的道德行为。

此外,人作为有限的个体自然趋向于无限的信仰,以为其提供终极的支撑力量。人作为一个有限的个体,本质上是趋向无限的。信仰在本质上就是有限个体对自身超越,达于无限的精神追求。德国现代神学家M.舍勒在《死·永生·上帝》一书中认为,"任何一个有限意识,如果他在没有上帝之实际的自行传达的情况下存在,就必然地具有一种形而上学,亦即他必然将一个源自有限本质状态之整体意指地加入到一个各自所指的绝对之域中。所谓不可知论,只不过是这样一种形而上学的一个极限情形——虚无之形而上学"[②]。所以,人本质上必然是个形而上学家。人的宗教意向性就是源于个体的有限性。如果人的心里没有上帝,人就不能超越自己的有限性。人在不断地向外超越,有限向无限接近的过程中,也就是人的道德实践过程。宗教信仰关涉人性的终极关怀和终极归宿,使人超脱于现实生活,追求一种永恒的精神价值,因此,它为个体的生命存在提供终极的价值支持。赵林《西方宗教文化》一书认为,"人毕竟是一种有灵性的生命,他不可长久地生活在一种无信仰的精神荒漠中,他需要灵魂的生活正如同他需要物质的生活一样。对于人类来说,天国理想的真正含

---

① [日]池田大作、[英]威尔逊:《社会与宗教》,梁鸿飞等译,四川人民出版社1996年版,第375—414页。
② [德]M.舍勒:《死·永生·上帝》,孙周兴译,中国人民大学出版社2003年版,第16页。

义并不在于它最终是否会奇迹般地在大地上实现，而在于它对人类精神的感召作用。'天国理想'实际上是人类对一种更美好的生活前景的企盼，只是由于有了它，尘世生活才获得了自我超越的精神动力"①。总之，心灵的世界要建立在某种意义的根基上，否则，失去了意义支撑和信念支撑的世界将变成一个混乱失调的世界。难怪伏尔泰认为，即使你管理一个农场，也需要一个宗教，没有上帝，也要创造一个上帝。他之所以保留宗教，与其说是对宗教的认同，毋宁说是认识到宗教维系人心的道德功能。长期以来，宗教成为西方人道德的基础，罗秉祥、万俊人《宗教与道德之关系》一书认为，"至少在西方，人和与道德有关的事物最终都源自神学……若抽掉了对《圣经》的上帝的信仰，过往一千五百年中培养的道德责任感，几乎是不可思议的"②。宗教信仰成为道德的根基，是人道德的动力和保障。所以，宗教信仰为人的道德提供了根据和终极的支撑力量。

在西方，宗教不仅对传统道德发挥基础性作用，即便是在经历了现代社会批判、洗礼之后，在后现代社会还是出现了某种程度的复归倾向。西方进入现代社会以来，现代性对传统的宗教信仰进行了彻底批判，虽然，信仰在理性知识膨胀的挤压下不断萎缩，但是在理性的王国，靠冷冰冰的理性法则非但不能为现代人指明生活意义，反而加速了人与现实的疏离。现代人在世俗生活中失去了崇高与神圣的追求，科技拜物教、商品拜物教、金钱崇拜成为个人的精神动力。的确，当现代社会将注意力集中于自我、理性的同时，也就丧失了许多值得保留的东西，如对自然崇拜以及精神世界中对超越性信仰的执着追求，最终导致一种现代性信仰危机。张世英教授认为，文艺复兴以来，由于基督教上帝的逐渐隐退，传统道德的宗教根基开始动摇，很难有立足之地。尽管如此，在很多人（包括一些大思想家）眼里，道德仍然离不开神。伏尔泰、卢梭、康德等人在强调人的道德本性的同时，还是要在人的本性中安置一个上帝。③ 现代性对传统宗教信仰

---

① 赵林：《西方宗教文化》，武汉大学出版社2005年版，第7页。
② 罗秉祥、万俊人：《宗教与道德之关系》，清华大学出版社2003年版，第37页。
③ 张世英：《道德与宗教》，《江苏社会科学》2005年第2期。

的批判所导致的现代性信仰危机与道德危机在激进后现代主义批判的否定声中并没有得到解决，反而又面临失去权威后的后现代道德危机。批判一切、否定一切的破坏性并不能从根本上解决问题。作为建设性后现代主义者大卫·雷·格里芬认为，"文明的历史表明，'破'从来都不是进步的终极目标和结果，对旧事物的批判所企望的并不是文化的废墟，而是要迎接、寻求或建构一个新世界"①。为此，建设性的后现代主义以其建设性的态度从人与人、人与世界的整体关系入手，探索宗教信仰对于现代人摆脱精神危机的重要意义，重立信仰价值，为人的精神世界寻求归宿。贝尔认为，"后工业社会在使人面临重重危机的同时，也提供了一种重建信仰的契机。因为人们需要从物质压抑和精神的虚无中超脱出来，并借助于信仰重新达到对于死亡、爱、忠诚等现象的彻悟"②。所以，他要重建信仰的大厦。建设性后现代主义思想主要由当代的神学家倡导和推行，如格里芬、汉斯·昆、蒂利希等。他们担当起对后现代人世界观重建的重任。卓新平在《后现代思潮与神学回应》一文中认为，后现代神学家将其神学立意注入到后现代主义理论框架之中。现代社会的发展导致世界与自然的祛魅，结果精神危机日益严重，拯救的措施就是重新建立一个附魅的世界，再现神秘，重建神圣。③ 所以，这些神学家力图使宗教信仰的神圣之途达到某种意义上的恢复。赵凯荣《后现代主义与人文精神的重建》一文认为，从本质上说，后现代主义转向具有浓厚宗教情节的人文精神，将文艺复兴时期被驱逐出的宗教从后门放了进来。④ 面对后现代社会人的精神状况，宗教的作用尤为突出，它为人提供终极的价值。蒂利希充分认识到这一点，他说："宗教是人类生活所有机能的基础，它属于人类精神整体中的深层……宗教指向人精神生活中终

---

① [美] 大卫·雷·格里芬：《后现代宗教》，孙慕天译，中国城市出版社2003年版，第3页。
② 刘宗坤：《等待上帝还是等待戈多》，中国社会科学出版社1996年版，第18页。
③ 卓新平：《后现代思潮与神学回应》，《中国社会科学院研究生院学报》1997年第3期。
④ 赵凯荣：《后现代主义与人文精神的重建》，《武汉大学学报》（人文社会科学版）2000年第3期。

极的、无限的、无条件的一面,宗教就这个词最广泛和最根本的意义而言,是指一种终极的眷注。"① 建设性的后现代主义者格里芬反驳了激进后现代主义所宣扬的解构主义及其无意义性,认为后现代应该否定现代范式对宗教的消极态度,表现出对终极关怀的渴求,也就是格里芬所说的"向前回归"。汉斯·昆曾引用马克斯·霍克海默的观点来说明宗教信仰在后现代社会中发挥的积极作用。因为霍克海默相信:"没有'完全的他者',没有'神学',没有对上帝的信仰,生活中就没有超越纯粹自我持存的精神";"没有宗教,在真与伪、爱与恨、助人和唯利是图、道德和非道德之间就不可能有确有依据的区别";"没有我们称之为上帝的最终的、原初的、最实在的现实……我们对安慰的渴求就依然不能得到满足"②。在宗教、伦理以及生活方面,海森伯认为:"宗教是伦理的基础,而伦理是生活的先决条件。因为我们每天必须作出决定,我们必须知道决定我们行动的价值(伦理标准)或者至少隐约地想到它们。在这里我们看到了真正的宗教(在其中精神世界,万物的中心的精神秩序起着主要的作用)。"③ 而且他还认为相对于仅从直接可见的经验的观察推论而得出的道德规范,"宗教本身并不讲规范,而是讲指导性理想,我们用这些指导性理想指导我们的行为,而且我们至多也只能接近这些理想。而这些指导性理想并不是以直接可见的世界为基础,而是以在它之后的'王国'为基础,这个王国柏拉图称之为理念的王国,而《圣经》的说法是'上帝就是一种心灵'"④。宗教在后现代社会对人深层精神生活的满足仍扮演重要的角色,人的道德依然没有离开宗教。

学者对于西方传统道德立基于宗教信仰之上,或者说宗教信仰对人的道德起着基础性作用这一观点比较赞同。但自现代社会以来,对于道德基础的说法不一,有的认为是理性,有的认为是信仰,甚至有

---

① [美] 保罗·蒂利希:《文化神学》,陈新权等译,工人出版社1988年版,第7页。
② [瑞士] 汉斯·昆:《神学:走向"后现代之路"》,转引自王岳川等《后现代主义文化与美学》,北京大学出版社1992年版,第165页。
③ [西德] W. 海森伯:《物理学和哲学》,范岱年译,商务印书馆1981年版,第165页。
④ 同上。

些人否认基础，摧毁一切基础与形而上学。事实上，道德能否完全脱离信仰而存在是需要慎重思考的问题，后现代社会表现出的某种程度的宗教复归倾向似乎更能说明问题。

（四）关于中国传统道德基础

对于中国传统道德基础问题，目前学术界并无统一的结论，因为在中国传统社会信仰问题上或信仰的有无方面存在分歧。这样，中国传统道德基础是建立在信仰之上，还是建立在世俗性上一直存有争论。

有的学者认为，与西方传统的宗教道德不同，儒家道德建立在世俗性基础之上。① 邓晓芒认为，中国传统社会也没有什么信仰，中国自古以来就具有人文精神，但是一直没有过真正的信仰，若有的话充其量是一种信念罢了。他区分了信仰与信念，认为一些所谓的传统信仰只是信念，中国传统社会的"天道""天理"并不神秘，也不是什么超越的概念，只是一些世俗性的概念而已。真正的信仰仅存在于黑格尔所说的"自由宗教"中。② 包括黑格尔在内的许多国外学者都认为中国哲学仅是一些"处事格言""普通常识"，缺乏终极关怀。

中国传统文化的确具有世俗性的特点，中国没有给人以信仰寄托的宗教，"非宗教性与致用性共同构成中国传统文化的世俗性特征"③。但能否因为中国传统文化的世俗性特点就认为中国人没有信仰，学者对此莫衷一是。陈启云在《中西文化传统和信仰》一文中认为，"中国人确是有信仰的……中国传统信仰，由祖宗崇拜、祖庙办学到跪拜神像，到大同、小康理想……都有其深厚的宗教学、人类学、哲理分析、心理分析、价值分析上的学理体系和意义"④。高文新教授认为，在中国传统文化中，哲学形上学不发达，宗教理念薄弱，以至于许多西方学者误以为中国人缺乏信仰，缺乏超越性的崇高

---

① 杨玉昌：《后现代主义与儒家道德的基础问题》，《天津社会科学》1998年第1期。
② 邓晓芒：《中西信仰观之辨》，《东南学术》2002年第2期。
③ 高文新：《论中国传统哲学与文化的世俗性》，《吉林大学社会科学学报》2002年第5期。
④ 陈启云：《中西文化传统和信仰》，《社会科学战线》2009年第3期。

精神与神圣感。实际上,中国人在日常道德实践过程中同样能够获得一种与天道合一的超越性体验,这与西方宗教文化生活中获得的精神满足是一致的,儒家的道德哲学同时具有宗教的功能,具有人的内在精神生活的特质,以满足人的信仰和感情需求。① 当代新儒家在对传统儒家伦理分析中,认识到世俗伦理的根源,从而追溯到先验或超验的天道、天理。牟宗三等人在《为中国文化敬告世界人士宣言》中指出,"对于中国文化,好多年来之中国与世界人士,有一种普遍流行的看法,即以中国文化是注重人与人之间伦理道德,而不重人对神之宗教信仰的。这种看法,在原则上并不错。但在一般人的观念中,同时以中国文化所重的伦理道德,只是求现实的人与人关系的调整,以维持社会之秩序;同时意味中国文化中没有宗教性的超越感情,中国之伦理道德思想,都是一些外表的行为规范的条文,缺乏内心之精神生活上的根据。这种看法,却犯了莫大的错误"②。现代新儒家认为中国传统文化中的"天人合一""天人合德"思想都包含着超越性的信仰因素,人性与"天道""天理"是完全一致的。《中庸》的"天命之谓性"就是说人性是天赋予的,这是天理、天道。儒家人伦的背后是天命之伦,也就是一种终极价值。为道德提供终极价值指向的无疑是"天""天理""天道"。所以,牟宗三等人认为,"从中国人对于道之宗教性信仰,便可转到论中国之心性之学……此心性之学,正为中国学术思想之核心,亦是中国思想中之所以有天人合德之说之真正理由所在"③。这样,现代新儒家就对中国没有信仰说给予反驳,并且强调心性学在中国传统文化中的主导地位——"中国文化之神髓"。在此前提下,中国传统道德则有其立论的基础。"此心性之学中自包含一形上学。然此形上学,乃近乎康德所谓道德的形上学,是为道德实践之基础。"④ 牟宗三《心体与性体》一书认为,儒

---

① 参见高文新《中国传统哲学宗教的特点与新哲学的建构》,《吉林大学社会科学学报》2004 年第 6 期。
② 牟宗三等:《为中国文化敬告世界人士宣言》,转引自张君劢《新儒家思想史》,中国人民大学出版社 2006 年版,第 563 页。
③ 同上书,第 567 页。
④ 同上书,第 569 页。

家在表示"现实自然生命以上,种种外在利害关系以外,有一超越的道德理性标准,此即仁义、礼义、本心等字所表示,这超越的标准如展为道德法则,其命于人而为人所必须依之以行动,不是先验普遍的,是什么?"① 余英时《内在超越之路》一书也认为,不同于西方文化"外在超越"的价值系统,中国文化价值系统的突出特点是"内在超越","中国人相信价值之源在于一己之心,而外通于他人及天地万物,所以,翻来覆去地强调'自省''自返''反求诸己''反身而诚'之类的功夫"②。人通过内求、反省就能实现"下学而上达",达到"天人合一"的境界。可见,传统道德是与天相联系的人间正道。这种道德哲学同时具有信仰的功能,正如李泽厚《论语今读》一书中所认为的,儒家道德本身远不止是一种简单的格言、常识,而是有着对人的终极关切的,即对超越世俗伦理道德的"天地境界"的体认和追求。这种终极关切成为个体安身立命,精神皈依的归宿。③

(五) 关于中西传统道德的信仰基础比较

从对中西传统道德比较研究看,研究的内容和侧重点集中于形下的层面较多,而从形上学差异研究的较少。黄建中先生《比较伦理学》一书认为中西道德差异有以下几个方面,分别为政治伦理与宗教伦理、家族本位与个人本位、义务平等与权利平等、私德与公德、尚敬与尚爱、恕道与金律等。从比较的内容和方法看,正如黄建中先生所认为的:前两者是关于道德制度的差异;后三者是关于道德观念的差异。这种比较研究主要集中于对中西道德在现实生活中的实然状态比较,而对于背后的深层形上分析较少。章海山在其《中西伦理思想比较研究初探》一文中认为中西伦理思想比较是多方面的,他主要立足于中国传统伦理思想与欧洲近代伦理思想比较,当然也涉及古希腊伦理思想,从经济形态、国家起源方式、伦理思想的人性理论前提、伦理和政治的关系等几个方面比较,概括出主静内求与主动外向,家

---

① 牟宗三:《心体与性体》,上海古籍出版社 1999 年版,第 102 页。
② 余英时:《内在超越之路》,中国广播电视出版社 1992 年版,第 43 页。
③ 李泽厚:《论语今读》,商务印书馆 2004 年版,第 5 页。

族伦理与本位伦理，道德目的论与道德工具论，政治伦理一体化与双轨化，整体主义与个人主义，重义轻利与利即义等特点。黄伟合、朱贻庭《论中西传统伦理思想之差异》一文把中西伦理思想差异概括为家族主义和个人主义、道义论和功利主义、德性主义与自然主义。该文没有完全沿袭以往单一的对道德基本特征比较的思维方式，而是从家族主义入手，为道义论寻找理论依据，最后回到人性问题上。分析中西传统道德差异不能离开人性论的逻辑起点，这种研究问题的思路具有很大的启发性。陈战国的《比较伦理学》一书对中西伦理思想的背景、发展的路数、思想的基本内容以及发展趋势加以比较，比较的内容宽泛，史实的一般性叙述多，分析的较少。李昌军的《中西伦理思想比较》一书以中西伦理思想发展史为基本内容，在此基础上分析了中西传统道德的基本特征。这种分析和概括基本上是对传统比较思维方式的继承。肖立斌《中西传统道德信仰比较》一书，是当前关于中西传统道德信仰领域比较研究的系统著作，作者比较了中西传统道德信仰的历史演变、道德信仰的对象、道德信仰的心态、道德信仰的依据以及道德信仰的积极成分和缺陷等几个方面的不同。这应该说是从微观领域进行比较的一部系统著作。但作者主要是把道德信仰作为一个整体概念的角度进行比较，而没有从道德与信仰相对分离的角度论述。从学者对中西传统道德比较研究看，研究的侧重点多集中于中西传统道德基本特征的差异，而从中西传统道德形上角度对比分析研究的还很少。

总之，国内外学者虽然从不同的角度阐述了道德的信仰基础价值，但还比较零散，局限于中西方相对独立的领域。从学者对中西传统道德比较研究看，研究的侧重点多集中于中西传统道德基本特征的差异，而从中西传统道德形上层面对比分析研究的还很少。本书研究的着眼点并不是要对中西传统道德再作重复性的一般比较，而是在前人研究基础上另辟蹊径，立足中西比较的视野，坚持历史与逻辑相统一的方法，从中西传统道德的逻辑起点入手，把中西传统道德的信仰基础当作一个历史过程加以分析，重点对中西传统道德的信仰基础生成、演变、作用、特点进行系统的比较分析，从而把中西传统道德建构的逻辑理路清晰地展示出来。虽然中西传统道德建构逻辑理路在表现形式方面有一定的差异，但基本思路还是有相同之处的。在此基础上，进一步阐明其对于当前社会主义道德建设的现实启示意义。

四 本书的学术、现实与方法论意义

从学术上说，中西传统道德的信仰基础比较研究是一个有待学术界进行深入研究的崭新课题。长期以来，伦理学界和德育界偏重于对中西传统道德的基本特征、基本思想内容方面的比较，比较范式多集中于就道德比道德、就信仰比信仰的层面上，而把道德与信仰结合起来，以道德的信仰基础作为比较切入点研究的还是空白，有待学者们对此作深入探讨和系统研究。因此，本书研究跳出了传统的比较分析模式，而是站在一个新的视角重新审视中西传统道德，并借鉴其对当前社会主义道德建设的启示意义，这是对中西传统道德比较理论的进一步深化。

本书通过对中西传统道德的信仰基础比较研究，旨在进一步深化对道德与信仰内在关系的认识，进一步从信仰的维度把握道德的形上支撑价值。从道德的形上价值分析入手可以弥补仅注重形下建设研究的不足，从而避免缺乏形上学道德说教的虚无性结果，因为"失却道德形上的价值理想力量，道德和伦理将很难保持并发挥其自身独特的社会批判能力和精神引导功能"[①]。从道德的形上价值之维重新审视现实道德问题，可以进一步深化对道德与信仰关系的认识，进而从宏观的高度研究当前道德建设的根本理路。社会主义道德建设不能偏废某一个方面，而应是形上与形下的结合，这可以进一步丰富社会主义道德建设理论。此外，通过对中西传统道德的信仰基础比较，一定程度上凸显出儒学信仰的独特价值，可以进一步加深人们对传统儒学文化优秀特质内容的认识，这对当前弘扬中华优秀传统文化，增强文化认同感，树立文化自信心具有重要的推动作用。

---

① 万俊人：《人为什么有道德?》下，《现代哲学》2003年第2期。

从现实来看，本书研究具有很强的问题意识和现实针对性，出发点和落脚点都集中于对现实道德问题的思考。中西传统道德的信仰基础及其展示的道德建构逻辑理路对于社会主义道德建设具有借鉴意义和启示价值。本书为从根源上解决现实生活中道德说教乏力、道德缺失、道德困境等棘手问题提供了可行性的参考方案；从道德的形上逻辑理路入手，提出加强精神家园建设，这有利于解决当前人的精神世界空虚、道德失范等问题；本书提出社会主义道德建设应该把形下建设与形上建设相结合，为新时期道德建设提供指南，这有利于推动社会主义道德实践向纵深发展。

从方法论上看，本书在方法论上侧重从下至上与从上至下的双向研究路线，即从现实道德问题的思考出发，进而追溯历史上中西传统道德发展理路。然后，又从历史的启发回到现实问题的解决。完成了从现实到历史、又从历史回到现实的循环过程。研究过程中，笔者始终坚持史论结合、论从史出的研究方法，做到逻辑与历史相统一。这种思考问题的角度、研究路线以及复合性的研究方法对于此类相关问题的研究具有借鉴意义。

五　研究的基本方法

在研究方法方面，本书坚持以马克思主义的唯物辩证法和历史唯物主义基本原理和方法为指导，对中西传统道德的信仰基础生成、演变、作用、特点进行系统的研究和整体把握。在此过程中，综合运用以下四个方法。

（一）逻辑与历史相统一的方法

本书对中西传统道德的信仰基础内部结构、特点做逻辑的分析，并从中总结、归纳出传统道德建构的一般逻辑理路。逻辑的分析以历史的考察为基础，历史的考察以逻辑分析为依据，以达到全面客观揭示事物本质和规律性。本书以历史上中西传统道德的信仰基础为依据，按照逻辑与历史相统一的方法深入分析，进而为解决当前道德困境提供新思路。在课题研究过程中始终坚持论从史出，史论结合，做到有理有据，使本书的观点在对历史线索的梳理中清晰呈现出来。马克思主义认为道德是一定社会历史背景下经济关系的产物,"人们自觉或不自觉地,归根到底总是从他们阶级地位所依据的实际关系中——从他们进行生产和交换的经济关系中,获得自己的伦理观念"①。所以,研究中西传统道德的信仰基础,不能孤立地抽象地从"人的形上价值本性"中寻找答案,而必须把它放在相应的历史背景环境中加以考察,把它作为历史演变过程加以梳理,并联系当时所处的自然环境、社会环境、生产生活方式、风俗习惯、文化传统等自然、社会历史条件,加以分析,力求做到客观、具体。只有坚持唯物史观的基本原则研究中西传统道德的信仰基础,才能从纷繁复杂的现象中发现一般规律性的东西,抓住问题的实质,从而得出比较合乎实际的结论。道德建构诉之于形上支撑价值的逻辑理论在中西传统道德的发展历史长河中充分展现出来,体现了历史与逻辑的有机统一。正如高清海先生在论述历史与逻辑一致思想时指出,"逻辑与历史在根本内容上是一致的。没有处在发展进程以外的哲学理论,每一种哲学理论都是历史发展的产物,也都在一定程度上反映着哲学认识发生发展的历史过程。哲学的历史是哲学理论的基础,哲学理论是哲学认识历史发展的总结和概括。逻辑与历史处于相互渗透的统一联系之中。逻辑中包含着历史的内容,历史中贯穿着逻辑的联系"②。中西传统道德发展的历史过程本身就蕴含着道德建构的逻辑理论,两者完全是一致的。

(二) 辩证分析的方法

中西传统道德的信仰基础经历数千年历史演变,内容体系宏大,线索纷繁复杂。在研究过程中需要查阅大量相关的文献资料,面对如此庞杂的资料数据,既不能被无法穷尽的枝节材料所束缚,又要在分析具体思想来龙去脉的基础上,把握贯穿中西传统伦理思想的主线。任何事物都是多样性与统一性的统一,文化也是如此,每种文化都有其多样性,但多样性的背后是贯穿其中的主导精神,即共同本质规律

---

① 《马克思恩格斯选集》第3卷,人民出版社1995年版,第434页。
② 高清海:《欧洲哲学史纲新编》,吉林人民出版社1990年版,第2页。

的东西，并直接或间接地影响着文化的多样性，渗透于文化的不同层面。本书研究过程中，始终坚持把握住中西传统道德形上之维这一关键主线，同时又要厘清非重点材料，把握其辅助作用。坚持两点论与重点论相统一。同时，在对中西传统道德的信仰基础比较过程中，无论是西方传统道德的宗教信仰基础，还是中国传统道德的"天人合一"信仰基础，都采取了辩证分析的态度，不能简单地评价孰优孰劣，应该说在各自的历史传统中，都曾经起过积极的作用。所以，要辩证地分析，理性地对待，以历史事实为依据。这也是今天我们在进行社会主义道德建设过程中，应该从传统伦理文化资源中汲取有益思想，为我所用的辩证态度。

（三）跨文化比较的方法

中西传统道德的信仰基础都是在一定的历史文化背景条件下形成的，本书在比较的过程中，始终把中西传统道德的信仰基础的诸多差异性与独特性放在具体的文化背景条件下分析其产生的原因和特点。西方文化与中国文化有诸多差异，如西方的宗教文化与中国的"天人合一"哲学伦理文化，西方人信仰世界之外的绝对存在的超验性与中国人"天人合一"信仰的现实性，"天人合一"内在超越性和现实性等。这种差异首先表现在伦理文化方面。如果没有对各自文化背景的全面把握和分析，对研究的问题认识就不深刻，甚至造成以偏概全和主观片面化的倾向。因此，在对中西传统道德信仰基础异同比较和价值评估时，立足于对两者生成和发展的诸多因素作历史的把握和客观的分析，力求在差异中梳理出共有相通的规律和特点，以达到比较研究的目的。

（四）描述性研究法

中西传统道德的信仰基础与中西传统伦理思想有内在的联系，同时又有一定的区别。中西传统道德的信仰基础是其中的一个重要组成部分。为了避免主观化的倾向，在比较分析时，采取了描述性的研究方法，把中西传统道德的信仰基础作为一个历史过程，对其自身生成、演变、特点、作用等加以客观的叙述和解释，不是简单地以价值取代事实，而是在事实的基础上进一步归纳总结，提炼出有价值的规律性的东西，从而进一步作出价值判断，这就使得比较研究更加客观、具体。

六 基本框架结构与创新性

中西传统道德由于逻辑起点不同，存在诸多差异，道德的信仰基础是其中一个比较突出的方面，具有很强的可比性。西方传统道德以宗教信仰为基础，中国传统道德立基于"天人合一"信仰之上，不同的信仰模式凸显了各自不同的特点。无论是西方宗教信仰的外在超越，还是中国"天人合一"信仰的内在高扬，实质上都为人的心灵找到了最终归宿，使人的道德有了终极的价值依据，为善提供了支撑的力量。反观我国现当代社会道德与信仰离合之进程，不难发现一个共同的现象：当道德与信仰联系密切，以信仰作为其形上支撑价值时，人们的道德素养就比较高；相反，信仰与道德疏离或者信仰走向极端化，那么，道德也必然走向反面。当前伦理道德领域出现的一系列问题与人的信仰缺失有着直接的关系，没有了信仰，精神无处寄托，心灵得不到安顿，道德也就没有内在的精神生活上的根据。

历史之镜鉴，必然要求我们对当前社会道德问题进行深入反思，以找到解决问题的根本出路，从而推动社会主义道德建设取得实质性进展。因此，加强信仰建设是今后道德建设的一个重要立足点。对于信仰问题，在中国这样一个人口众多、信仰薄弱而又相对复杂的国家，解决起来的确比较棘手。我们不可能让所有的人只有一种共同的信仰，那样无异于没有信仰。信仰本身就应该体现着多样化以及人的自由选择性。不论采取哪种信仰形式，关键在于它能否给人以精神的寄托与灵魂的安顿，能否赋予道德以崇高与神圣，能否符合社会发展进步的潮流。结合当前我国信仰的状况，本书从马克思主义信仰、儒学与马克思主义的结合以及宗教信仰三个维度探索了社会主义道德建设的逻辑进路。

本书主体分为五章：

导论，阐明了以道德的信仰基础作为中西传统道德比较研究的切入点以及选择该写作方向的出发点和落脚点，本书写作的学术价值、现实意义、特色创新、研究方法、总体结构框架等，以及中西传统道德的信仰基础比较的历史文化背景等，并对学术界在该领域相关研究成果及其特点概括、总结评价以供学习、借鉴。

第一章，道德的形上价值基础。从厘清道德与信仰基本概念入手，进而对道德释义和形上追问；对信仰的特性、价值分析以及人为什么要有信仰这一问题的追寻、思考；在此基础上，阐明了道德的信仰基础，信仰基础地位具体表现在形上支撑价值、道德价值的依托和载体、道德的精神动力、道德评价的终极价值标准四个方面。这为中西传统道德的信仰基础比较做好理论铺垫。

第二章，西方传统道德的宗教信仰基础。从西方传统道德的逻辑起点人性论入手，人性论是一种预设，这种预设与所处的自然、社会环境息息相关。西方社会形成了性恶论预设，并与宗教文化交织在一起，形成了一套宗教伦理学说体系。在西方宗教文化背景下，宗教信仰成为传统道德的根基和形上支撑价值，并形成了西方传统道德信仰基础的外在超越性特点。为了进一步印证西方宗教信仰对于道德的基础性地位，又从康德道德宗教思想的启示、现代人的精神危机以及西方建设性后现代主义肩负起回归信仰、建设精神家园重任的角度，进一步厘清了西方宗教信仰的发展态势。

第三章，中国传统道德的"天人合一"信仰基础。从中国传统道德的逻辑起点人性论入手，这种预设同样离不开其所处的自然、社会环境。中国社会形成了性善论预设，尽管也有其他的人性论观点，但并不占据主流。性善论与儒家的"天人合一"文化交织在一起，形成了"天人合一"的伦理学说体系。在中国"天人合一"文化背景下，人性源于天性，人道源于天道，人德源于天德，人理源于天理。由天性、天道、天德、天理论人性、人道、人德、人理，形成了"天人合一"信仰。"天人合一"的心性学，成为中国传统道德的形上价值基础。与西方外在超越性特点相对应，中国形成了内在超越、知行合一的道德实践模式特点。为了进一步印证中国传统儒学"天人合一"信仰对于道德的基础性地位，又从"五四"新文化运动对儒学信仰的消解，现代新儒家担负起复兴儒学的重任，使人走出意义失落困境的角度，揭示了当前中国对终极价值关切与精神家园意义把握的态势。

第四章，中西传统道德之信仰基础价值评析。在对中西传统道德的信仰基础比较分析的基础上，概括总结了形式与内容方面的差异特点以及在基本理路方面的相同之处，如形上本体价值、精神家园关切、信仰的价值，以及中西传统道德建构的逻辑理路等，对今天道德建设具有启示和借鉴价值。

第五章，社会主义道德建设的信仰逻辑进路思考。通过对中西传统道德的信仰基础比较，最终的落脚点是对当前中国现实道德困境问题的关切。时过境迁，传统的东西我们不能照搬过来使用，但是方法论的意义还是可以学习借鉴。结合当代我国道德与信仰离合的现状，进一步反思当前社会主义道德建设的根本出路。为此，本书提出了社会主义道德建设的信仰逻辑进路，从马克思主义信仰、儒学与马克思主义的融合以及宗教信仰三个方面作了深入探析。

结语，道德形上价值基础的现实意义、难题与出路。通过对全书的回顾总结，再次申明信仰作为道德形上支撑价值对于社会主义道德建设的迫切性与重要意义。毕竟时代、环境不同了，理论上的可行性与现实操作性的衔接还有一定的难度。限于个人研究能力和水平，本书对上述问题研究还不到位，仅做了初步尝试性的探索，但却是直面现实道德问题思考的结果，希冀起到抛砖引玉之功效，更是一种祈望——社会各界共同努力、关切、化解。

本书在吸收已有研究成果的基础上，力求在以下几个方面有所突破和创新：

一是研究视角具有创新性。以往中西传统道德的比较范式多集中于就道德比道德、就信仰比信仰的层面上，而把道德与信仰结合起来，以道德的信仰基础作为比较切入点研究的还是空白。因此，本书研究跳出了传统的比较分析模式，而是站在一个全新的视角重新审视中西传统道德，并借鉴其对当前社会主义道德建设的启示意义，这是对中西传统道德比较理论的进一步深化。

二是强烈的问题意识。聆听时代的声音，回应时代的问题是学术研究应秉持的科学研究态度。本书基于当前中国社会道德失范、信仰缺失这一棘手问题，不断深入反思、求索，从现象到本质，从现实到历史，从中国到西方，从形下到形上，逐渐把中西传统道德建构的逻辑理路梳理清晰，最终的落脚点又回到对现实道德问题的解决。

三是本书首次把"逻辑先后"与"时间先后"的概念运用到中西传统道德与信仰的关系方面。在西方宗教信仰中，人们先有对上帝的虔诚信仰，然后才有具体的道德实践。这种先后不仅是逻辑上的，而且也是时间上的。然而，中国"天人合一"信仰表现为信仰与道德实践的同一性，两者在逻辑与时间上没有先后关系，是完全的同一。

四是研究内容体系有创新。本书首先分析了道德的形上价值基础；其次，从中西传统道德的逻辑起点入手，重点对中西传统道德的信仰基础生成、演变、特点、作用进行系统的比较分析；最后，把中西传统道德建构的逻辑理路清晰地展示出来。在此基础上，进一步阐明传统道德建构逻辑理路对当前社会主义道德建设的现实启示意义。这一研究思路和体系将历史与现实紧密结合起来，突破了以往单一的就道德问题研究道德问题的研究范式。

第一章 道德的形上价值基础

人之所以为人，在于其特有的精神属性——道德和信仰，什么是道德？为什么人应该有道德？何为信仰？为什么人需要信仰？道德与信仰有什么样的内在联系？这是人们长期以来不断思索的课题。时至今日，看似平常的道德问题、信仰问题依然是困扰着人类的棘手难题。我们只有通过对基本概念的阐释和基本问题的系统梳理，才能更好地厘清道德与信仰的内在关系，把握信仰对于道德的形上支撑价值。

第一节 人为什么要有道德

一 道德释义

道德作为人的生存方式，与人类的产生几乎是同步的。人类对道德问题的思考从来就没有停止过，古今中外的伦理学家对道德也作出过各种不同的定义和界说。对道德概念的界定可以从词源、道德的主要特性方面来把握。从词源上看，"道德"一词，在汉语中可追溯到先秦思想家老子的《道德经》，其中写道："道生之，德畜之，物形之，势成之。是以万物莫不尊道而贵德。道之尊，德之贵，夫莫之命而常自然。"在当时"道"与"德"还是两个概念，并无道德一词。"道德"二字连用始于荀子《劝学》篇："故学至乎礼而止矣，夫是之谓道德之极。"从字面分析，道德的"道"，"从首从足"，从头开始行走，原意是指道路，从哲学的范畴看，"道"是指万事万物运动变化所遵循的规律或万物的本体，正如老子《道德经》所云，"人法地，地法天，天法道，道法自然"，"道生一、一生二、二生三，三生万物"。孔子也曾说"朝闻道，夕死可矣"①。这实质上都是从本体论意义上来谈"道"的。后来"道"引申为规范、原则、道理的意义。伦理学意义上的"道"就是指人们行为应该遵循的基本原则、准则。"德"在中国古代通"得"，《说文解字注》中称："德，升也。升当作登……得即德也。"如果从"德""得"相通的角度考虑，"德"就表示对"道"的体识而有所得。由此来看，这与朱熹对"道"与"德"的解释比较接近，"道者，人之所共由；德者，己之所独得"②。这也就是说，"德"就是一个人在处理人与人之间的关系时，一方面能够"以善念存诸心中，使身心互得具益"，"德"即"得其道于心，而不失之谓也"③；另一方面又能够以善德施于他人，使众人各得其益。沈善洪、王凤贤先生认为："'德'与'得'意思相近，指主体的人对'道'的获得。由于'道'是事物运动的规律，获得了它，自能妥善地待人接物。因此，'德'具有办事得宜的意思。同时，'德'既然是主体对'道'的把握，那么，'德'自然也就是指个人的品质、品德。'道''德'两字在先秦的著作中已开始联用，以后便成为伦理学上的基本范畴，虽然各家所指的内容不尽相同，侧重点也不一样，但大体上都不出今天所说道德的范围。"④ 从这些解释可以看到，在中国古代，当人们自觉地意识到人与人之间的关系时，便开始有了关于道德的思考。在西方，道德（morality）一词源于风俗（mores），后来罗马思想家西塞罗根据希腊道德生活的经验，从 mores 一词创造了一个形容词 moralis，指国家生活的道德风俗和人们的道德个性。⑤ 西方的道德一词兼具社会风俗和个人品性的意义。无论中国还是西方，道德一词都包含了社会的道德原则、规范和

---

① 《论语·里仁》。
② 《朱子语类》卷六。
③ 朱熹：《论语集注》。
④ 沈善洪、王凤贤：《中国伦理思想史》上册，人民出版社2005年版，第2页。
⑤ 参见魏英敏《伦理、道德问题再认识》，北京大学出版社1990年版，第27页。

个人道德品质两个方面的内容，体现着人们行为的外在要求和内在要求的本质统一。外在的要求本质体现为一种基本的社会关系以及在此基础上所形成的道德规范，内在要求侧重于人的良知、道德情感、道德意志、道德习惯、道德觉悟等。因此，道德的概念就是这两个方面的统一。它就是指人们在社会历史生活中形成的关于善与恶、是与非、好与坏等基本观念、情感和习惯，并依靠社会舆论、传统习惯和人的内心信念来维系的规范体系总和。

  从道德定义看，它集中体现了主观性与客观性的统一。道德一方面源于人的主观自觉，是主体性的自律行为。道德的侧重点强调的是社会个体，突出的是社会个体能否将伦理衍生出来的道理内化为个体的品性，并转化为一种自觉的道德行为。黑格尔认为道德与伦理是有本质区别的，道德是指个体品性，是个人的主观修养与操守，是主观法，"道德的观点是关系的观点、应然的观点或要求的观点"①。另一方面，道德是基于一定的社会关系而存在的，人本质上是一种关系的存在物，"凡是有某种关系存在的地方，这种关系都是为我而存在的；动物不对什么东西发生'关系'，而且根本没有'关系'；对于动物来说，它对他物的关系不是作为关系存在的"②。只有人才能在其存在的过程中建立多种关系。每种关系都应该有其所遵循的规则道理，在伦理关系上表现为伦理。客观的伦理关系要经过内化的过程才能形成主观的道德，即主观与客观相统一。其中主观性表现在主体的自觉自律。客观性表现在道德是由一定的社会关系决定的，因而具有历史性和阶级性。历史上不存在普遍、绝对的道德，随着历史的发展，善恶的观念也在不断变化，正如恩格斯所言："善恶观念从一个民族到另一个民族，从一个时代到另一个时代变更得这样厉害，以致它们常常是互相直接矛盾的。"③ 任何道德都是自律与他律的统一，道德自律性强调主体的自觉自愿，它是以自由为大前提的。但道德的自律性离不开他律，是一个逐渐由他律向自律过渡的过程。就个体道德形成

---

① ［德］黑格尔：《法哲学原理》，范扬译，商务印书馆1979年版，第112页。
② 《马克思恩格斯选集》第1卷，人民出版社1995年版，第81页。
③ 《马克思恩格斯全集》第20卷，人民出版社1971年版，第101页。

过程看,最初的时候是依靠他律性的影响和制约的,传统习惯、社会舆论导向等成为个体道德形成的重要因素,然后逐渐内化为人的道德信念,这种道德信念也需要一种内在精神的支撑才会有动力和保证。卓新平教授认为,道德若无精神支撑则是脆弱的、动摇的、可蜕变的,甚至会出现退化。人不可能为道德而道德,其道德意识必须有精神支撑。精神可为道德实践增添动力、活力和持之以恒的毅力。这种精神支撑使其道德实践显得更充实、踏实。① 不能因为道德有自律性就忽视了他律的作用,更不能把道德完全寄托在自律上,这样虽然凸显了道德的崇高,但却忽视了现实生活中人们赏善罚恶等功利主义的倾向,结果容易导致道德的虚无。何光沪先生认为,"依靠'他律'的法尚且需要某种信仰,依靠自律的道德就更是如此了。因为人心自我的约束常常软弱无力,在传统礼俗衰亡而法治观念薄弱的环节下,'人心惟危'的状况必然出现"②。

二 道德的形上追问

现实生活中,道德并非超阶级、超社会的,道德并不是完全自足的,道德还仍处于他律性和自律性结合的阶段,道德主体的境界还没有达到完全的自觉自律,很多时候还要依靠社会舆论、传统习俗的规约和指导,更需要一种内在的精神价值支撑。

如果按照这样的理路再去追问,为什么道德需要精神价值支撑?对于该问题的解答显然不能仅停留在经验的层面,必须上升到形上的思考,这与人"为什么应该是道德的"形上问题是一致的。对于人"为什么应该是道德的"问题,从经验的角度有各种解释,诸如社会的和谐有序、人类的生存发展,等等。这主要侧重于道德的秩序规范功能,在道德规范下,形成良好的社会秩序,保证社会稳定、和谐共生。先秦时期荀子就有这样的观点,荀子认为,人"力不若牛,走不若马,而牛马为用,何也?曰:人能群,彼不能群也。人何以能群?

---

① 卓新平:《神圣与世俗之间》,黑龙江人民出版社2004年版,第102—106页。
② 何光沪:《言有尽》,山东友谊出版社2005年版,第251—252页。

曰：分。分何以能行？曰：义。故义以分则和，和则一，一则多力，多力则强，强则胜物，故宫室可得而居也……故人生不能无群，群而无分则争，争则乱，乱则离，离则弱，弱则不能胜物，故宫室不可得而居也。不可少顷舍礼义之谓也"①。这说明礼或道德在社会秩序中的必要性。虽然这种解释看似合理，但它还是不能对个体的人"为什么应该是道德的"存疑给予充分的回应。万俊人教授认为："'人为什么应该有道德地生活？'反过来提问：'无道德地生活是否可能？''是否能够成为人的生活方式？'这是一个道德形上问题，因为它最终关乎人的生存和存在方式，关乎人生及其生活世界的终极意义，关乎人类对自我本性及其生活世界之本性的理解。"② 道德诉之于"应该"的要求，"一个人应该成为具有优秀道德品质的人"或"一个人应该按一种道德的生活方式去生活"，等等。然而，当我们对"应该"进行追问，"为什么应该是有道德的？"这就不仅仅是道德问题，而是道德形上问题，它涉及事实与价值或者说"是"与"应当"、"实然"与"应然"的问题。休谟早就提出"是"不等于"应当"，对于道德上的"应当"，我们总要追问其理由，对其进行确证，这是人的天然本性。人作为一种反思性存在，总有一种形上的诉求，难怪黑格尔称人为天生的形而上学家。因此，他要不断地追寻其德行的来源，道德的"应然"根据。张世英教授认为，没有对"应该"的理性思考，就没有对它的认同，"应该"也就难以对人们的日常生活提供有效的指导。"道德意识中的'应该'总有其所以'应该'的根据，没有更高根据的'应该'是没有保证的。"③ 对于"应当"的追问，尽管一些人从功利主义或自然状态视角给予解释，但并不能提供"终极确证"。人们对道德的终极确证有过各种各样的解释和猜测，威廉·弗兰克纳把自己的"'公理'建立在'信仰上'"④，从信仰维度进行终极确证。

---

① 《荀子·王制》。
② 万俊人：《人为什么要有道德？》上，《现代哲学》2003年第1期。
③ 张世英：《新哲学讲演录》，广西师范大学出版社2004年版，第352页。
④ [美]汤姆·L.彼彻姆：《哲学的伦理学》，中国社会科学出版社1990年版，第484页。

这种确证还是有一定的认同度和说服力的,具有很大的启示意义。

第二节 信仰的特性与价值

一 信仰的特性

何谓"信仰"?从字面看,"信"指相信、可信、信奉;"仰"指仰望、崇拜、敬畏。《说文解字》释曰:"'信',诚也,从人言。'仰',举也。从人,从卬。"两者都表征了人们对某种观点的相信和尊重。学术界对信仰的界说,并没有形成共识,主要有以下几种观点。第一种观点认为,信仰是知识的形态,同时也是行为的动力……并且可以说信仰是使个性坚强、行为持久、态度真诚、意志集中的一种知识形态。[①] 该观点较准确地反映了信仰的主观精神方面,并阐明了信仰的知识基础和理智成分,这在一定程度上是对信仰的非理性观点的补充。但是,这种界说没有说明信仰的对象及其产生的客观基础。第二种观点以《哲学大辞典》与《辞海》的定义为代表,将信仰分别定义为"对某种理论、思想、学说的心悦诚服,并从内心以此作为自己行动的指南"[②],"对某种宗教或对某种主义极度信服和尊重,并以之为行动的准则"[③]。这两种定义,都侧重于信仰对象和行为的描述,忽视了信仰的主体性。第三种观点以《大英百科全书》为代表,认为信仰是指主体在没有充足理由保证一个命题为真的认知状态下,就对其自觉地接受与认同。换句话说,人们的信仰是无充分理智论证情况下的信以为真,侧重于人的非理性因素。总体看,这种界说强调了信仰的非理性方面,而忽视了信仰的理性因素,实际上信仰是主体的理性因素与非理性因素的统一。而且这种信仰概念的内涵更多侧重于宗教层面,把宗教作为信仰的主要内容。第四种观点认为信仰是人们关于最高或极高价值的信念。信仰是一种信念,具有信念的基本特征,即对某些尚未证实的客观状态或观

[①] 贺麟:《文化与人生》,商务印书馆1988年版,第89页。
[②] 金炳华等:《哲学大辞典》,上海辞书出版社2001年版,第1691页。
[③] 辞海编辑委员会:《辞海》,上海辞书出版社1979年版,第247页。

念的确信。① 这种界说强调信仰与信念的联系，信仰是信念的一种特殊的、强化的、高级的形式，只有极高或最高价值的信念才能成为信仰。从价值学的角度说明了信仰的特点。第五种观点认为，信仰是指特定社会文化群体及其个体，基于一种共同的价值目标愿望，而选择的理想价值或价值承诺。② 这种界说突出了信仰的社会本质和功能，但对信仰的主观精神因素分析得较少。第六种观点认为，"信仰是人类在无限的空间和永恒的时间中建构的'宇宙图式'；在复杂多变的社会生活中确定的'社会模式'和价值尺度；在盲目的人生旅途上认定的目的和归宿"③。该观点从时空的维度较为全面地分析了信仰的对象、信仰感情、信仰态度和信仰行为。

综合以上种种关于信仰的定义，我们可以概括出信仰的一些共同本质。信仰是由信仰主体、信仰客体以及主体与客体间的关系构成的；信仰作为一种精神现象，是融合人的知、情、意等因素的综合体，体现着某种终极价值的关切。基于此，信仰的定义可以作如下表述：信仰是一定社会群体或生活在该群体中的个体对某种对象的（包括宗教、主义、价值学说等）坚信和敬仰，体现人的终极关切和能动价值追求，是人们通过理性思考，超越有限，超越自我的精神活动。

现实生活中，虽然处在不同社会文化群体中的人信仰各不相同，信仰的形态千差万别，但所有的信仰都有以下共同的特征：

信仰具有超越性。在信仰的所有特性中，超越性是信仰的最根本特性，并由此演化出其他的特性，如价值指向的终极性、崇高性和形上性等。信仰的超越性在于超越现实世界，趋于意义世界；超越自身的有限性，趋于无限性；超越物质世界，趋于精神世界。信仰作为一种心灵的力量并不以自身为目的而循环往复地复制自己。信仰天然地就是一种创造机制。④ 不断超越自己的物质性，实现对世俗生活的超

---

① 李德顺：《价值学大词典》，中国人民大学出版社1995年版，第831—832页。
② 万俊人：《信仰危机的"现代性"根源及其文化解释》，《清华大学学报》（哲学社会科学版）2001年第1期。
③ 冯天策：《信仰导论》，广西人民出版社1992年版，第4页。
④ 荆学民：《人类信仰论》，上海文化出版社1992年版，第115页。

越。信仰具有时空的向度,其空间的向度是无限,时间的向度指向未来。人不能总生活在过去或当下,他总要"思考着未来,生活在未来,这乃是人的本性的一个必要部分"①。人的这种未来指向源于人是一种意义的存在物。意义的向度是人所固有的,人无法忍受无意义的生活。作为生命的存在物,人与其他动物没有什么根本的区别,要满足最基本的物质需求,这是整个人类得以生存、延续的前提。但人绝不仅仅停留于此,还有人生目的、理想信念等价值追求和意义需要。所以,赵林认为,"人毕竟是一种有灵性的生命,他不可长久地生活在一种无信仰的精神荒漠中"②。人通过精神的追求,不断超越有限的自我和现实世界物欲的役使,进而提升到意义的、精神的世界,以求得永恒。雅斯贝斯指出,"正如世界的现实要通过感官才能把握一样,超越的现实要通过信仰——哲学的或宗教的——才能达到"③,信仰的超越性确保了信仰的神圣与崇高。

信仰的价值指向具有终极性。信仰作为一种精神现象,体现人的终极关切和能动的价值追求。信仰的价值性是不言而喻的,正如荆学民认为,"它天然性地就蕴含着价值"④。然而,信仰的价值不同于一般的知识价值、伦理价值、审美价值。信仰追求的是一种关于生命和宇宙的最高价值,是人类生活价值的导向,因而其目的是非常明确的。它是对一定对象的坚信和崇敬,并以其为终身奋斗的目标。费尔巴哈深刻地指出,因为有了明确的目标,才有了坚实的基础和依据。为人的道德提供依据和支柱的并不是作为意志的意志和游移不定的知识,而是理论与实践相统一的目的活动。现实生活中,每个人都必须为自己寻找一个终极的目标,有了终极目标就拥有了自己的绝对律法。反之,没有终极目标的支撑就没有精神的家园和圣殿。⑤ 由于信

---

① [德]恩斯特·卡西尔:《人论》,甘阳译,上海译文出版社1985年版,第68页。
② 赵林:《西方宗教文化》,武汉大学出版社2005年版,第7页。
③ [德]卡尔·雅斯贝斯:《生存哲学》,王玖兴译,上海译文出版社2005年版,第77页。
④ 荆学民:《论信仰价值的发生》,《哲学研究》1994年第5期。
⑤ [德]费尔巴哈:《基督教的本质》,荣震华译,商务印书馆1984年版,第104页。

仰体现着人的终极关怀，因而，信仰的价值指向具有终极性。"终极"，就是穷尽、最后的意思，从终极价值或终极意义的角度来说就是最高的意义或最重要的价值。它的实现没有极限，人们永远不能达到这个目标，但它能让人充满希望地走过人生旅程。

信仰具有崇高性与神圣性。由于信仰是主体对一种崇高价值对象的坚信或敬仰，因而，任何一种信仰对于其信仰者来说都是崇高而又神圣的。从"信仰"一词的字面分析看，"信仰"体现的是主体对客体的相信、确信、坚信，而"仰"则体现了主体的敬仰之情。为什么能激发出主体的敬仰之情呢？原因就在于信仰对象的崇高、神圣与信仰者自身的神圣体验相呼应。崇高与神圣使信仰与世俗区分开来，区分于世俗的目的、世俗的价值，使信仰者从日常生活的世俗琐事中独立出来，具有高尚、超越的特征。这使得信仰者能够体验到无上的自豪感，从而激发出更为虔敬的信心和热情。所以，在信仰的崇高与神圣性感召下，无论是宗教的信徒还是为共产主义事业奋斗的共产主义者都创造了无数可歌可泣的伟大业绩。

信仰具有形上性。信仰本身具有形上学特性，它集中体现在人类对自身起源以及宇宙本源的探求和说明上。人类对自身起源的探求不可能在经验的领域实现，只能在抽象的思维中完成。[①] 所以，黑格尔说："人乃是能思维的动物，天生的形而上学家。"[②] 德国现代神学家M. 舍勒认为，有限个体本质意向是追求绝对之域，"任何一个有限意识，如果他在没有上帝之实际的自行传达的情况下存在，就必然地具有一种形而上学，亦即他必然将一个源自有限本质状态的整体意指地加入到一个各自所指的绝对域之中……这就是说，人本质上必然是个形而上学家——假如他不信上帝之实在性"[③]。人类通过形上之思，确定自身生命的目的和意义。康德将人的理性分为理论理性与实践理性，理论理性主要在于认识对象直到认识先天的最高原理；实践理性

---

① 冯天策：《信仰导论》，广西人民出版社1992年版，第13页。
② ［德］黑格尔：《小逻辑》，贺麟译，商务印书馆1996年版，第216页。
③ ［德］M. 舍勒：《死·永生·上帝》，孙周兴译，中国人民大学出版社2003年版，第127页。

则在于规定意志,规定它最终的目的。人作为理性的存在物注定是形而上学的动物,必定要在信仰中生存,在生存中信仰。康德在《实践理性批判》中提出了著名的三大公设,即上帝的存在、意志自由和灵魂不朽,这三个公设都是"自在之物",是不可认识的,因此,要限制知识为信仰留有空间。康德认为人是一种形而上的动物,总是有一种对终极存在的祈望和不懈探求。他说:"人类精神一劳永逸地放弃形而上学研究,这是一种因噎废食的办法,这种办法是不能采取的。世界上无论什么时候都需要有形而上学;不仅如此,每人,尤其是每个善于思考的人都要有形而上学。"① 信仰作为对人类自身存在的整体审视和反思的思维方式具有形而上学的替代功能。

信仰具有专一性与坚定性。信仰的专一性突出的是信仰的一元化,信仰的坚定性强调的是信仰的持久和耐力,两者是相辅相成的。专一能促使信仰者更加坚定,反之,坚定使信仰更专一。信仰是主体对某种终极价值的追求,终极价值本身就具有绝对性和一元性的特点。人对终极价值的追求方向是同一的,要有忠贞不渝的执着和勇气,不能随随便便地改变自己的信仰。人们对真正的信仰绝不会有丝毫的怀疑,一旦形成就很难改变甚至终生不变,矢志不渝。德国的著名哲学家尼古拉·哈特曼在谈到一个人的追求时就认为,人通过追求的行动,可以实现各种具体价值,但无论如何,人所追求的价值方向与终极目的是一致的、统一的,这如同人不能同时迈向两个或多个不同的甚至是相反的方向一样。② 信仰体现着主体全身心地寄托于信仰对象,形成集中性的情感倾注和意志坚守,贯穿于主体追求终极价值和在神圣性感召下实现自我超越的虔诚践行之中。

二 信仰的价值

古往今来,人们曾在不同的历史年代和社会条件下拥有过种种信

---

① [德]康德:《任何一种能够作为科学出现的未来形而上学导论》,庞景仁译,商务印书馆 2009 年版,第 162 页。
② 万俊人:《信仰危机的"现代性"根源及其文化解释》,《清华大学学报》(哲学社会科学版) 2001 年第 1 期。

仰。虽然这些信仰此消彼长，但人类信仰变动的宏观图景充分说明了信仰所具有的积极作用。无论对于个人还是整个民族来说，信仰都是不可或缺的，社会心理学家黎朋认为，"决定人生和历史的真正因子，就是信仰。信仰是不可避免的。它永远构成人类精神生活的主要部分"①。信仰作为人类的重要精神活动，在人类的生存和发展过程中发挥着巨大的作用，具体表现在精神家园、价值统摄、动力支撑和价值凝聚等方面。

　　信仰作为人的精神现象，其最主要的作用还是其为人类提供的精神家园意义。信仰能够使人类在无限的空间和永恒的时间中获得心理的慰藉和归属感，从而寻找到精神的家园。无论学者是从精神支柱或意义支撑角度的阐释，还是从情感寄托维度的论说，实质上都没有超出信仰的精神家园意义。何谓精神家园？就是我们精神的归依之处，灵魂的栖息之所。因为信仰使我们的生活有了终极的意义或价值追求。人作为物质与精神的统一体，自然离不开基本的物质需要，但精神的需要更应该重视。马斯洛将人的需要分为生理层面的物质需要以及人身安全、人的归属等心理需要，同时还有尊重和自我实现等精神层面的需要。精神层面的需要处于最顶端，可见其重要性。然而，人的精神又是非常复杂的，倘若没有一个支柱或意义的支撑则会分崩离析而不能聚合在一起。信仰则为人提供了生存的意义和终极的价值归宿，起到了精神支柱的作用。斯特伦认为，人有了信仰，就会精力充沛，从而把自己的生活转向最高的精神目标，这样无论生活中发生什么，他始终会充满力量、觉悟与安宁。②此外，信仰作为知、情、意的综合体，还具有精神的慰藉和情感的寄托功能，如同费尔巴哈所认为的，人的依赖感是宗教的基础。这从另一个角度反映了依赖感是一切信仰不可或缺的因素。依赖感是主体通过信仰获得心理上的安慰、慰藉和情感上的依靠、依恋。努尔曼·马贤《伊斯兰伦理学》一书从个人、民族、社会的角度分析

---

　　① 贺麟：《文化与人生》，商务印书馆1988年版，第90页。
　　② ［美］斯特伦：《人与神——宗教生活的理解》，金泽等译，上海人民出版社1991年版，第59页。

了信仰的重要作用。信仰是人类文化的灵魂,它是人生观和世界观的最高境界,规约着整个道德价值取向。一个人如果没有信仰,那么就不会有高尚的人生目标和崇高的精神追求。信仰能使生命获得一种强大的精神力量,使人生充满意义,感觉到自我存在的价值,从而使灵魂获得一种永恒的寄托和无限的慰藉;一个民族如果没有信仰,那么就不会有深厚的文化底蕴和牢固的凝聚力;一个社会如果没有信仰,那么就不会有高尚的道德风气。无论宗教信仰还是非宗教信仰,它都为人类的精神生活提供了终极的价值追求,体现了精神家园的意义。没有了精神家园,人的灵魂就无所寄托,心灵得不到安顿,最终成为无家可归的流浪者。

信仰的价值统摄功能表明信仰作为一种最高的价值,对其他价值观念(人格价值、人生价值、道德等)以及各种分散的信念具有统摄的作用。信仰在人的各种价值观念体系中居于核心地位,决定其他一切事物的价值标准和衡量价值尺度。信仰作为终极的关怀或终极的价值是其他生活价值的神圣价值根基。我们知道价值本身具有应然性和理想性特点,对价值的评价标准显然不能用现实来衡量,"价值的深刻本质应当是立足于理想去建构事实,而不应当是立足于事实去构筑理想"[1]。所以,只能依靠最高的价值——信仰,才能在"制高点"上评判其他价值。在具体事物价值评价方面,由于我们过多地着眼于它的"实然性"或"事实性",因此,很难体会到信仰在其中发挥的终极评判价值作用。只有当我们面对复杂多变甚至相互冲突的价值观念,进而从主体的信仰高度审视的时候,才能有高屋建瓴的感觉。这是信仰价值统摄功能的集中表现。

信仰的动力功能就是说信仰为人不断的价值追求提供动力支持。这种动力体现在主体受到信仰的激励鼓舞而对价值目标的孜孜以求。信仰中包含有情感的体验,正如马克思所说,"激情、热情是人强烈追求自己的对象的本质力量"[2]。信仰中的情感体验除却感情的安慰、

---

[1] 荆学民:《当代中国社会信仰论》,人民出版社2008年版,第229页。
[2] 《马克思恩格斯全集》第42卷,人民出版社1979年版,第46页。

抚慰以外，还有鼓舞、激励的作用。信仰作为人生力量的源泉，为人的实践提供动力和毅力。"共产主义远大目标作为人类社会实践所能提出的最大现实目标，是实践的威力和人的自信力的体现和象征……具有崇高的精神价值，鼓舞人类进入最高的精神境界，塑造完善高尚的人格。马克思主义信仰自产生以来，已深入亿万无产阶级和先进人物的内心，引发了为人类解放而献身的崇高感情。"[1] 邓小平多次强调，自己是一个忠诚的马克思主义者，"对马克思主义的信仰，是中国革命胜利的一种精神动力"[2]。正是源于马克思主义信仰，无数仁人志士才有了进行革命的精神动力。历史实践证明"光靠物质条件，我们革命和建设都不可能胜利。过去我们党无论怎样弱小，无论遇到什么困难，一直有强大的战斗力，因为我们有马克思主义和共产主义信念"[3]。

如果说信仰的精神家园意义、价值统摄功能以及动力功能更多是从个体的角度而言，那么信仰的凝聚功能则侧重于群体的角度。因为凝聚是多种力量的聚合，显然不能仅仅是单独个体，应该是由多个个体组成的群体。信仰的凝聚功能正是具有共同信仰的人，在共同信仰的激励下形成的凝聚力量。从信仰的定义看，信仰是受一定社会文化影响的群体或生活于该文化群体中的个体的信仰，因此，具有共同信仰的人其社会文化背景和价值追求总体是一致的。这样，在面对"大我"和"小我"的矛盾冲突时，人们能够自觉自愿地作出牺牲。而且，共同的信仰是形成民族凝聚力的源泉。中华民族自古以来就有很强的凝聚力，原因就在于不同的历史时期，都曾有过共同的信仰，因而具有很强的合力，不是轻易就能被拆散的。邓小平多次强调："根据我长期从事政治和军事活动的经验，我认为，最重要的是人的团结，要团结就要有共同的理想和坚定的信念。我们过去几十年艰苦奋斗，就是靠用坚定的信念把人民团结起来……没有这样的信念，就没

---

[1] 刘建军：《马克思主义信仰论》，中国人民大学出版社1998年版，第7页。
[2] 《邓小平文选》第3卷，人民出版社1993年版，第63页。
[3] 同上书，第144页。

有凝聚力。"① 这里信念与信仰具有等同的意义，都指马克思主义、共产主义信仰。共同信仰所产生的凝聚力具有其他形式无法比拟的优越性，因为它是以纯精神为纽带的，因而，其作用力更强、更持续，中华民族在信仰的旗帜下就曾有过空前的团结和凝聚。

对信仰进行科学的分类和界定是比较困难的，但这对信仰问题深入研究很有必要。长期以来，人们一谈到信仰就认为是宗教，这是一种错误的认识，事实上，有宗教信仰，也有非宗教信仰，信仰本身就具有多样性。不可能让所有的人只有一种信仰，那样无异于无信仰。从目前学者对信仰的分类来看，根据不同的划分原则可以将信仰分成多种类型。贺麟先生将信仰分为宗教的或道德的信仰、传统的信仰、实用的信仰。他认为宗教的信仰出于天才的直观和理性的识度，传统的信仰出于不自觉的熏陶、感化，实用的信仰基于经验阅历和理智的计虑；《哲学大辞典》将信仰分为盲目的信仰与科学信仰；冯天策在《信仰导论》中将人类信仰形态分为原始信仰、宗教信仰、哲学信仰；台湾的傅佩荣先生将信仰分为人生信仰、政治信仰、宗教信仰；苏联理论界部分学者认为，信仰可分为宗教信仰和非宗教信仰；德国的埃里希·弗罗姆把信仰分成理性信仰和非理性信仰。信仰的类型是基于一定的原则而定的，划分原则不同，信仰的类型也不统一。鉴于本书研究的角度是从宏观上对信仰的把握，既涉及宗教信仰，也涉及中国传统的"天人合一"信仰以及当前的马克思主义信仰等，故本书在分类上主要基于宗教信仰与非宗教信仰的划分模式，这种划分涵盖面更广，有利于总体上把握信仰与道德的具体关系。

三 人为什么要有信仰

关于"人为什么应该是道德的"形上思考，我们可以从信仰作为终极价值或最高价值这一大前提来深入理解和把握。但如果再继续追问"人为什么要有信仰？"这就需要对人的信仰本性作深入思考。高文新教授认为，人不仅是一种理性的逻辑思维机器，同时人还是有感

---

① 《邓小平文选》第3卷，人民出版社1993年版，第190页。

情和欲望的精神存在，因此，人需要信仰，需要具体实证科学知识之外的人文观念来提供价值和终极关怀。① 恩格斯指出："即使是最荒谬的迷信，其根基也是反映了人类本质的永恒本性。尽管反映得很不完备，有些歪曲。"② 这说明在人类的本性中就存在着对信仰的需要。人的信仰本性是伴随着人类历史长期的演化过程而逐渐形成的，它是人类对其自身生存条件、生活方式以及生存意义的不懈追求和自我意识，这也是对人类自身客观生存缺陷的主观克服和弥补。③ 当人类对于"人是什么？""人生的意义是什么？""宇宙是什么？"等问题不断思考时，他们不能在现实生活中找到答案，只能在其自身的精神活动中得到解答。于是人们不断超越物质的世界，为自身存在和发展开辟新的活动领域和方向："精神的活动领域和精神的发展方向——超越包括自身个体在内的物世界，以臻于某种极境的发展方向。这就是信仰……人类借信仰之力成为宇宙中的超越存在。"④ 蒂里希从意义的向度分析了人对终极关切的需求。如果没有终极关切，人们必将陷入焦虑、空虚和无意义的境地。他提出了人类焦虑的三种类型，并结合西方历史分成三个不同历史时期。古代文明末期占支配地位的是本体上的焦虑，中世纪末期是道德上的焦虑，而近代后期则是精神上的焦虑。当人失去生活意义时就是一种"生存的缺失"。所以，人不能无信仰，信仰能为人找到自身存在的根据，为人提供安身立命之基。⑤

人对信仰的需求归根结底在于人是一种有限性的存在，以及有限和无限的张力下产生的驱动作用。人是有限的存在物，追求无限是人的愿望和需要。现实生活中的人太有限了，并不是完美和谐的，既受到各种外界客观条件的限制，主体自身又充满着错综复杂的矛盾。而人的生命又是短暂的，相比于无限永恒的宇宙，如同流星一闪，转瞬

---

① 高文新：《中国传统哲学宗教的特点与新哲学的建构》，《吉林大学社会科学学报》2004年第6期。
② 《马克思恩格斯全集》第1卷，人民出版社1956年版，第651页。
③ 冯天策：《信仰导论》，广西人民出版社1992年版，第18页。
④ 同上书，第19页。
⑤ 何光沪选编：《蒂里希选集》上卷，商务印书馆1999年版，第180—191页。

即逝。人的精神又不是自足的，常常陷于空虚、焦躁和无聊之中。人性与理性的有限性使得人对无限充满向往，对永恒执着追求。人们希望通过无限为其有限的人生提供支撑。所以，人类意识的本质是超越有限，追求无限。康德的《纯粹理性批判》就深刻指出了面对无限存在的人类纯粹理性的有限性，"康德看到自己面前的这种无限的道德使命，它是'绝对命令'所设定的。对他来说，在崇高性方面，唯有星空才能与这种道德使命相提并论；同时，康德也看到了相对于这种道德使命的生命之有限、死亡之偶然和人力之软弱，心中就发出了必然的理性要求或者'理性之假设'（Vernunft-Postulat），即设想一种'位格实存'使在死后也还能实现这种要求"①。人作为有限的存在无法把握自己的命运。因而，有限总是要克服有限或者说力图以自己的有限去接近无限。追求绝对之域是有限个体的本质意向，任何一个有限意识必然将一个源自有限本质状态之整体意指地加入到一个各自所指的绝对域之中。绝对之域就是存在和价值的一个"未知数"，任何一个有限意识，即使他不信仰上帝，也必然是个形而上学家，不可知论的实证主义者也不能例外。② 可见，人对信仰的寻求源于自身有限而又要趋向无限的张力。对此荣格认为："尽管大多数人并不知道为什么身体需要盐，但每个人都出于一种本能的要求摄取着盐分。心理事件正同此理，大部分的人从记忆难及的蛮荒时代起就感受到了一种信仰的需要，需要信仰一种生命的延续。"③ 弗洛姆认为："没有信仰，人能生活吗？……一个人如果没有信仰就会一事无成，就会变得绝望和内心深处充满恐惧。……与其说有信仰，不如说在信仰中生活。"④

---

① M. 舍勒：《死·永生·上帝》，孙周兴译，中国人民大学出版社2003年版，第63页。
② 同上书，第125—128页。
③ ［瑞士］C. G. 荣格：《寻求灵魂的现代人》，苏克译，贵州人民出版社1987年版，第127页。
④ ［美］埃里希·弗洛姆：《占有还是生存》，关山译，生活·读书·新知三联书店1988年版，第48页。

第三节　道德的信仰基础

　　道德与信仰是作为两个相对独立的范畴而存在，这在逻辑概念区分和历史事实上都是比较明晰的。信仰侧重于世界观的角度，是一种最高的价值或终极价值，具有理想性、超越性和彼岸性。而道德虽然也有应然的要求，但它是对现实社会关系的规范和指导，是一种具体的价值规范。如果用"应当"作为道德和信仰区分的媒介，道德是一种"应当"，则信仰是"应当之应当"。本书的研究正是基于两者作为独立的范畴，信仰为道德提供形上价值基础这一维度。当然，道德与信仰也有着紧密的内在联系：道德与信仰作为一种精神现象，都离不开人的知、情、意因素，体现着个体的意志自由，表征着主体的自律性要求，而且具有理想和价值的向度。这些共同或相通之处使两者紧密联系，不可分离。"离开道德，信仰无以落实；离开信仰，道德无所寄托"[1]，道德与信仰的关系可以从两个方面来理解。

　　一方面是道德对信仰的作用。任何信仰都不能离开道德，一切道德观念都服务于其所依赖的信仰。诚如黑格尔所言："从宗教中取走了道德的动因，则宗教就成了迷信。"[2] 离开道德的宗教往往走向邪教，这一点在基督教的教义和教规中具有明显的体现。宗教通过教规教义将社会道德纳入到对上帝的信仰活动中，使道德规范与教义教规合一，通过信奉者履行宗教责任和宗教义务，培养和塑造人的道德品性。不仅宗教如此，其他信仰也都不能离开道德的因素。在某种程度上有无道德因素决定着该种信仰是否有价值，离开道德的信仰是不可想象的。

　　另一方面，信仰是道德的最终归宿，为道德提供形上价值基础。

---

[1] 檀传宝：《宗教信仰与宗教道德》，《北京师范大学学报》（社会科学版）1999年第4期。

[2] ［德］黑格尔：《黑格尔早期神学著作》，贺麟译，商务印书馆1988年版，第10页。

道德从产生以来并不是孤立存在，总是要建立在一定基础之上。国内外学者对道德基础的基本认识，主要归为两个层面：一是形下的经验、实证层面；一是形上的超验或先验层面。伦理学作为一种实践哲学包括两个方面的问题，第一是"应当"的问题，它是关于什么样的行为是"道德的"；第二是"应当之应当"的问题，即我们为什么要"应当"的问题，这就是道德的基础问题。N. 哈特曼认为："伦理学的第二个基本问题在重要性上超过了第一个基本问题。它表现出是无限优先的，制约着其他问题。"[1] 在这里哈特曼的"应当之应当"就表达了道德的信仰基础思想。简单说，道德的信仰基础就是强调信仰对于道德所起的形上支撑价值，成为道德生成的内在精神基础。所以，这种基础是从形上层面的理解，如果从形下的角度看还有经济的基础、物质的基础等，例如孔润年认为，"较长时期以来，我们的伦理学研究、宣传和教育中只强调道德的经济基础，而忽视或否认了道德的信仰基础"[2]。从目前学者的研究看，对道德的信仰基础研究有了初步的认识，例如肖立斌从信仰为人提供世界观和价值观方面论证了道德的信仰基础。因此，个体要将社会道德规范内化为道德观念和外化为道德行为，必须首先从确立其信仰开始。[3] 杨乐强提出信仰乃道德之本的观点，认为只有以一定的信仰精神为基础的道德才是强有力的道德。王晓朝认为，信仰是道德的归宿，当然这个信仰是广义的，并非单指宗教。从学者的研究看，无论是说精神支撑、终极根据、道德之本，还是道德的终极归宿，其实都在一定意义上阐明了信仰对于道德的基础性作用，从形上学层面表达了相同的思想。笔者认为，信仰对于道德的基础作用主要表现在四个方面，即形上支撑价值、道德价值的依托和载体、道德的精神动力、道德评价的终极标准。

---

[1] 董世峰：《价值：哈特曼对道德基础的构建》，光明日报出版社2006年版，第32页。

[2] 参见王玉《理想·信念·信仰与价值观》，陕西人民出版社2001年版，第339页。

[3] 肖立斌：《多维度诠释道德的信仰基础》，《河南师范大学学报》（哲学社会科学版）2006年第5期。

一　形上支撑价值

道德在本质上是一种以指导行为为目的，以帮助人形成正确的行为方式为内容的实践精神，有着明确的现实指向。如果说这种现实指向还停留在"实然性"的层面，那么，道德还有高于现实的"应然性"价值诉求和理想境界。然而，实然与应然并不是完全的和谐一致，时常面临着矛盾与冲突，由此决定了道德寻求本体论的依据或形上学的价值支撑。"道德形上学是关于人类道德生活之终极价值意义与普遍道义基础的本体论追问"，"没有了终极意义的追问，道德就会蜕变为一种单纯的认知实践和行为技术"①。而信仰的本质是对现实有限性的积极超越，向普遍、永恒的本质回归，本身具有形上学特性，信仰作为对人类自身存在的整体审视和反思的思维方式，"对包括宇宙背景在内的生存条件、生存历史、生存局面的全面审视与反思"②，能够为人提供终极关怀，为道德提供终极的价值支撑，从形上学层面赋予道德以精神本体。信仰具有超越性和终极性特征，信仰的超越性体现在主体通过精神的追求，不断超越有限的自我和现实世界物欲的役使，进而提升到精神的世界。信仰的终极性表明信仰追求的是一种关于生命和宇宙的最高价值，具有永恒价值或终极意义，它以神圣化的精神力量统摄和支配着主体，并在本体论意义上界定着道德的评价标准。"主体作为道德之在是源出于并服从于他作为信仰之在的，同时他只有作为信仰之在，才能发生并践履由这种信仰所界定的道德模式及其行为规范。""除了功利性的因素，人们在精神层面为何道德以及践履道德的方式、程度及其社会效应等，在根本上不是源于道德自身的，而是源自于包含道德而又高出道德的精神因素，这就是一切主体据以安身立命的信仰因素。"③信仰的超越性和终极性为道德存在之存在提供价值本体或者意义本原。这就不难理解为什么"失却道德形上的价值理想力量，道德和伦理将很难保持并发挥其自

---

① 万俊人：《清华哲学年鉴2002》，河北大学出版社2003年版，第130—131页。
② 王晓朝：《从信仰的维度理解金规则》，《江苏社会科学》2003年第1期。
③ 杨乐强：《信仰乃道德之本》，《现代哲学》2001年第3期。

身独特的社会批判能力和精神引导功能"①,原因就在于信仰能为道德提供神圣的价值根基。

二 道德价值的依托和载体

从道德发展历史看,它几乎与人类自身同时产生,其时间跨度早于宗教、哲学、艺术等意识形式。然而,在后期发展过程中,道德为了获得神圣化和权威性的价值根基往往自觉地趋向于信仰,依附于一定的信仰体系而发挥作用,其在人类精神生活中的独立性越来越弱。道德从产生以来,以传统、风俗、习惯等形式固定下来,为了使基本的道德规范得以保持和传承,它的神圣化和权威化是不可避免的,否则,一些道德规范可能流于形式而消失。原始的禁忌、神明崇拜、祖先崇拜等仪式就使对道德的遵行逐渐演变为一种信仰行为,从而为道德提供神圣性和权威性。②信仰相对于道德具有更强大的精神力量,因而更具有权威性和约束力。例如中国古代"神道设教",就是借助对神明力量的神圣性和权威性进行道德教育。"圣人以神道设教,而天下服矣"(《易经·观卦》),西方犹太教的《圣经》中把"摩西十诫"说成是上帝耶和华在西奈山上从烈火中现身,亲自向摩西颁布的,从此,这成为犹太人约法的永恒律令。他要求犹太人谨守诫命,按照他的"道"行事。这样就把基本的道德意识和道德规范纳于宗教信仰体系之内,给道德一个神性的保证。从历史上看,尽管不同的历史时期、不同的国度信仰各异,但道德理想的树立、道德原则的制定、道德规范的遵守都是围绕着信仰展开的,是信仰的规约力在社会生活中的具体转化。

按照自下而上的逻辑理路,道德为自身寻找绝对或终极价值的支撑而自觉依附于一定的信仰体系;同理,按照自上而下的逻辑理路,信仰契合道德的需要。道德是在一定世界观、人生观和价值观指导下形成的。而信仰正是对一定宇宙观、人生观、价值观的总体把握,体

---

① 万俊人:《人为什么要有道德?》下,《现代哲学》2003年第2期。
② 参见冯天策《信仰导论》,广西人民出版社1992年版,第41—42页。

现人的终极价值追求,因而它对具体的道德观念建构和行为选择具有范导作用。孔润年认为,就地位而言,信仰高于道德,信仰昭示的是价值目标,而道德昭示的是实现目标的手段或具体路径。而且,道德依赖于信仰,道德标准就是依据一定的信仰而制定的,有利于维护和实现其信仰的行为,被认为是道德的;反之,就被认为是不道德的。在此意义上,信仰是道德的价值依托,即信仰立,道德立;信仰危机,道德危机。①

信仰不仅是道德的价值依托,而且还是道德价值的载体。道德需要借助一定的载体发挥作用。在西方社会,长期以来宗教信仰成为道德价值的重要载体,在道德宗教化和宗教道德化的过程中,宗教信仰的道德内涵越来越丰富,宗教利用多种形式宣扬道德观念和行为规范,宗教的教规教义同时也是道德教育的主要内容。所以,黑格尔认为宗教是服务于道德需要的,"一切真正宗教(包括基督教在内)的目的和本质就是人的道德"②。自古以来,中国的道德思想,一向重视天人合德、天人合一、天人通体的观念,中国人在进行道德实践的同时,也在完成着个人的信仰。中国传统道德是借助"天人合一"的信仰追求为道德提供价值载体。社会学家爱弥儿·涂尔干在分析现代人道德危机时认为:"我们必须发现那些长期承载着最根本的道德观念的宗教观念的理性替代物。"③ 西方现代社会理性"祛魅"导致信仰的空间不断萎缩,现代人在世俗生活中失去了崇高与神圣的追求,失去了终极的关怀。但是在理性的王国,靠冷冰冰的理性法则并不能为现代人提供生活意义,反而加速了人与现实的疏离。所以,涂尔干强调:"如果我们从方法上拒斥了神圣的观念,而又不系统地用其他观念取而代之,那么道德的准宗教特征就没有基础了(因为我们

---

① 参见王玉樑《理想·信念·信仰与价值观》,陕西人民出版社2001年版,第341—342页。
② [德]黑格尔:《黑格尔早期神学著作》,贺麟译,商务印书馆1988年版,第171页。
③ [法]爱弥儿·涂尔干:《道德教育》,陈光金等译,上海人民出版社2006年版,第10页。

拒绝的是提供了这种基础而不是另外一种基础的传统观念)。于是,人们几乎不可避免地会倾向于否认道德。事实上,当道德作为一种事实,完全以事物的本性为基础时,人们不可能感觉到道德的实在性。"① 这或许是对信仰作为道德价值载体作用的最好说明。

三 道德的精神动力

人的道德品质和道德境界非先天所有,而在于后天的习成。社会道德教化与个体自我修养是不可或缺的环节。在此过程中,无论外界的道德教育还是主观自我道德修养都离不开一定的动力支持。动力有物质方面的鼓励,当然最根本的原动力是内在的精神动力。信仰本身具有动力功能,为人不断的价值追求提供动力和毅力。包尔生认为:"信仰无疑反作用生活。对善的力量的信仰,对上帝的信仰加强了勇气,唤起了希望。我们也许必须说:若无信仰,没有什么真正伟大的东西能够完成。所有宗教都建立在信仰的基础上,创始者及其门徒通过信仰征服世界。所有殉道者都是为了一个信仰生活、战斗和受难的,他们相信'善'终将胜利,并为此牺牲自己的生命。谁会为一个他并不相信能最后持久胜利的事业去死呢?假如所有这些都被删去,那么世界的历史中还有什么东西剩下呢?另外,不信仰却是使人泄气的:努力有什么用?让事物各随其便吧;谁知道明天会发生什么事情呢?"② 信仰为道德设定目的和价值,虽然道德有其自身的功能和价值,但它的根本目的和最高价值要由信仰为其设定。在地位和性质上信仰高于道德,道德从属于信仰。信仰体系的宇宙观、人生观、价值观直接规约着道德的价值取向。信仰通过支配人的人生观和价值观,直接影响人的道德价值,并激发出强大的道德力量。黑格尔从宗教信仰的角度说明了这种精神动力,他认为:"一方面因为我们的道德义务和规律从宗教那里获得一强有力的敬畏之情,从而被我们看作

---

① [法]爱弥儿·涂尔干:《道德教育》,陈光金等译,上海人民出版社2006年版,第11页。

② [德]弗里德里希·包尔生:《伦理学体系》,何怀宏等译,中国社会科学出版社1990年版,第362页。

神圣的义务和规律；另一方面因为上帝的崇高性和至善的观念使我们内心充满仰慕之意以及卑谦和感恩的情感。因此宗教提供给道德动因以一种新的崇高的振奋。"① 他试图借助神的概念强化、净化人们的道德动机，并给道德提供崇高的振奋动因。信仰可以赋予道德以精神动力。积极的信仰能使人产生炽热的道德情感和坚强的道德意志，从而赋予整个灵魂以力量、热情和精神，为其道德实践提供内在而恒久的精神动力。如果道德没有神圣的精神信仰为基础，人的自觉意识和自律行为就难以形成，就谈不上什么高尚的道德情操。在信仰的统摄下，主体无论面临多大的道德困境，始终表现出对道德追求的坚忍不拔，坦然地作出抉择，并勇敢地承担责任。如果没有执着的信仰，这是不可能做到的。所以，一个人有什么样的信仰就有什么样的道德。古往今来，无数仁人志士为了崇高的信仰，不惜牺牲自己的宝贵生命，表现出高尚的道德情怀。

此外，信仰是道德由他律向自律转化的一个根本条件。从本质特征看，完善的道德应是自律与他律的统一体。自律是道德的关键因素，道德主要通过主体内心信念起作用，但是道德的自律性并不是绝对的，具有相对性和非本源性，道德的自律及其力量离不开人的信仰支撑。虽然信仰的神圣性与权威性相对于道德的自律性而言有他律因素，但自律是不能离开他律的，离开"他者"的前提，道德很难从自身产生实际的约束力。道德有了信仰的精神动力能促进由他律到自律的转化，从而内化为主体自觉意识。正是源于信仰的动力，他律与自律方能有机结合，进而产生强有力的道德。

四 道德评价的终极价值标准

道德评价是关于价值的判断和评价，是主体依据一定社会的道德标准对他人或自己的行为进行的善恶判断，在人的道德实践活动中具有重要意义。道德评价总要依据一定的标准，而在标准问题上的观点莫衷一是，有的学者从经济利益、生产力角度进行论说，也有学者从

---

① [德] 黑格尔：《黑格尔早期神学著作》，贺麟译，商务印书馆1988年版，第3页。

社会文化因素着手考虑。由于道德评价不可能从道德自身寻求标准，因而必须借助于外界因素。从唯物史观的角度分析，基于经济基础或利益基础关系，将道德评价的标准分为生产力的标准、历史的标准等。这种评价标准仅从现实物质利益因素考虑，而忽视了精神文化因素，因而具有相对具体性，而不具有终极价值评价标准意义。事实上，道德既与经济利益相关联，又与社会文化相关涉，而信仰不仅关涉现实功利，同时还具有超功利的精神因素，因此，信仰在赋予道德具体内容的同时，也为道德提供了本体论上的价值评判标准。这一标准突出强调信仰对于道德评价的支配性和本原性，规定着各种行为的界限，最终凸显出信仰的价值评价标准的神圣性和权威性。[①] 从信仰价值本性考察，首先"信仰是价值评价标准的大前提"[②]，所谓评价标准的大前提是指一切评价标准的最终根据。为什么信仰能够作为价值评价标准的大前提？这主要因为价值评价是观念地掌握世界的活动，因此，作为价值评价标准"大前提"自身的形式只能是一种观念。[③] 信仰作为主体观念体系的内核则具有公理的不证自明性，它"是一个多维度的综合体。其中每一个维度都有自己特定的对象、特定的应用范围和特定的取向，并且，统摄着一系列评价规范和基本准则"[④]。信仰体现着人们价值追求的最高目标即终极价值，在"制高点"上统摄着整个价值评判活动，因而，它对具体的道德评价具有价值范导的作用。由于信仰为人生提供了最高的价值尺度，关于人生善恶的最高标准，因而，信仰还可以将个人零散的道德观念在不同层次上组织起来，整合为一个有序的价值系统，使道德评价具有层级性，不同层级的道德活动依据不同的道德标准，直至诉诸终极的价值评价标准。

[①] 杨乐强：《信仰乃道德之本》，《现代哲学》2001 年第 3 期。
[②] 荆学民：《当代中国社会信仰论》，人民出版社 2008 年版，第 229 页。
[③] 同上书，第 231 页。
[④] 冯平：《评价论》，东方出版社 1995 年版，第 62 页。

第二章　西方传统道德的宗教信仰基础

西方传统文化是一种宗教文化，宗教精神贯穿于古希腊、罗马以及漫长的中世纪。宗教对个体影响深远，巴雷特认为，"宗教与其说是个神学体系，毋宁说是种坚实的心理基质，这些基质环绕着个体从生到死的全部生活，以圣礼和仪式把一切普通的和特殊的事务都囊括起来，并使之神圣化"①。与宗教文化相适应，人的道德从属于宗教，宗教信仰成为人道德的基础，对人的道德起着重要的牵引作用，宗教成为人道德的根基。

第一节　西方传统道德的逻辑起点

任何一种道德的形成都与其人性论的看法密切相关，中西人性论方面的差异是导致中西传统道德不同的始因，人性论是中西传统道德的逻辑起点。西方在人性问题上占主导地位的观点是性恶论，认为人的本性是恶的。这在西方重彼岸、尚超越的宗教文化中体现得尤为明显。因而，要通过宗教对人进行道德教育，通过信仰形上的、超越的上帝来为人的灵魂寻找寄托，西方传统道德正是建立在宗教信仰基础之上。

---

① ［美］威廉·巴雷特：《非理性的人——存在主义哲学研究》，段德智译，上海译文出版社1992年版，第25页。

一　人性恶预设

西方在人性论问题上不同于中国的性善论，主张人性恶。实际上，无论性善还是性恶都是形而上的不可证明的预设。当然，无论何种预设都是以其存在论和认识论为前提的。为什么西方社会认为人性恶？这要从西方早期文化形成初始阶段的自然环境、人文历史以及相应的生产方式、生活的变革入手。人类社会任何一种独特的文化形态都离不开其赖以生存的土壤及其生长、发展的条件。当我们试图解释这种文化传统中人性论的成因时，就不得不追溯到人的生存条件和生存结构。我们必须承认，每一个民族在最初的社会物质生产和精神文化创造中首先面临的是自然环境。所以马克思说："人们自己创造自己的历史，但是他们并不是随心所欲地创造，并不是在他们自己选定的条件下创造，而是在直接碰到的、既定的、从过去承继下来的条件下创造。"[①] 这个继承的条件首先表现为人类面对的自然生存环境。自然生存环境必然影响到人们的生产、生活方式，进而影响着人们的性格、观念意识。俗话说，一方水土养育一方人，就说明水土里"孕育"着丰富的文化因素，对每个人的性格、甚至整个民族的生产、生活方式都有很大影响。黑格尔认为："助成民族精神的产生的那种自然的联系，就是地理的基础……自然的联系似乎是一种外在的东西；但是我们不得不把它看作是'精神'所从而表演的场地，它也就是一种主要的、而且必要的基础。"[②] 虽然我们不是地理环境决定论者，但在人类文化形成的初始阶段，海洋、山岭、平原、大河流域等不同的地貌和气候差异必然造成各民族性格、生活方式和生产方式的差异，对经济关系以及其他社会关系的发展都有着不可忽视的深远影响。所以黑格尔说："我们所注重的，并不是要把各民族所占据的土地当做是一种外界的土地，而是要知道这地方的自然类型和生长在这土地上的人民的类型和性格有着密切的联系。这个性格正是各民族在

---

① 《马克思恩格斯选集》第 1 卷，人民出版社 1995 年版，第 585 页。
② ［德］黑格尔：《历史哲学》，王造时译，生活·读书·新知三联书店 1956 年版，第 123 页。

世界历史上出现和发生的方式和形式以及采取的地位。"①

就西方文化而言，它是从海洋型的自然环境发展而来的。作为西方文化滥觞的希腊文明属于海洋文化。因此，要了解西方文化的发展渊源，首先要了解古希腊的自然环境和人文地理。古希腊的地理环境大体上包括希腊半岛、爱琴海诸岛、爱奥尼亚群岛和小亚细亚半岛西部海岸地带。希腊半岛是古希腊的主要领域，三面环水，海岸线曲折，东临爱琴海，西邻爱奥尼亚海，整个半岛山脉纵横，百分之八十是山地，从东海岸的爱琴海地区到北部的色雷斯，再到南部的克里特，散布着众多岛屿。②希腊全境满是千形万态的海湾。整个地区划分为许多小的区域，各区域间的联系主要靠大海来沟通，零散分布着一些山岭、狭窄的平原、小小的山谷，用黑格尔的话说，"这里并没有大江巨川，没有简单的平原流域；这里山岭纵横，河流交错，结果没有一个伟大的整块"③。由于没有大江平原，土地贫瘠，不适合农业生产，仅河谷里的小块土地是适合耕种的地方。整个希腊地区，除北部以外，距海都比较近，这种近海的特点非常有利于海上贸易的发展。黑格尔在分析古代文明时特别突出了海的重要作用，"大海给了我们茫茫无定、浩瀚无际和渺渺无限的观念；人类在大海的无限里感受到他自己的无限的时候，他们就被激起了勇气，要去超越那有限的一切。大海邀请人类从事征服，从事掠夺，但是同时也鼓励人类追求利润，从事商业"。"平凡的土地、平凡的平原流域把人类束缚在土壤上，把他卷入无穷的依赖性里边，但是大海却挟着人类超越了那些思想和行动的有限的圈子。"④ 无疑，黑格尔在这里把平原与大海的环境差异作为中西方民族性格不同的原因，以致在西方人那里一开始就有一种超越性的情怀和征服欲，后来的商业意识与商品经济发展等

---

① ［德］黑格尔：《历史哲学》，王造时译，生活·读书·新知三联书店1956年版，第123页。

② 周启迪：《世界上古史》，北京师范大学出版社2004年版，第121页。

③ ［德］黑格尔：《历史哲学》，王造时译，生活·读书·新知三联书店1956年版，第270页。

④ 同上书，第134页。

都与其有直接的联系。

近海的地理特点有利于从事航海业,据史书记载早在希腊文明缘起的克里特文明以及后来的迈锡尼文明时期航海业、商业就有一定的发展。这种自然环境的特点使得商业和贸易成为古希腊经济的主体。依靠海上便利的运输条件从外部输入农产品,同时利用当地比较丰富的金属矿藏资源发展园艺业、金属、陶器等手工业。相对发达的加工业、手工业以及频繁的贸易往来,使得希腊的商品经济有了一定发展,希腊也因此成为古代世界中较早的商业民族。马克思认为:"不同的公社在各自的自然环境中,找到不同的生产资料和不同的生活资料。因此,它们的生产方式、生活方式和产品也就各不相同。这种自然的差别,在公社互相接触时引起了产品的互相交换,从而使这些产品逐渐变成商品。"① 也就是说,由于地理环境因素的差异,人们获取的生活资料和生产资料不同,进而影响到经济关系的不同。

希腊海洋型的自然条件促进商品经济发展,这就较早割断了原始的氏族血缘关系并促进个体意识的生成。恩格斯在《家庭、私有制和国家的起源》一文中对此有充分的阐释,无论是家庭、私有制还是国家,都是在希腊商品经济对传统的氏族血缘社会冲击下形成的。联系马克思、恩格斯关于西方"古典的古代"与东方"亚细亚的古代"理论分析,作为"古典的古代"的希腊由于私有制发展得比较充分,较为彻底地斩断了原始的氏族血缘关系纽带。希腊海上贸易发达,出现了相对集中的商品生产和商品经营,商品经济发展迅速,并且货币财富集中在贵族手中,"由此而日益发达的货币经济,就像腐蚀性的酸类一样,渗入到农村公社的以自然经济为基础的传统的生活方式"②。氏族制同货币经济是不相容的,"当人们发明货币的时候,他们并没有想到,这样一来他们就创造了一种新的社会力量,一种整个社会都要向它屈膝的普遍力量"③。在货币经济面前"古老的氏族制度,不仅无力反对货币的胜利进军,而且它也绝对没有办法能在自己

---

① 《马克思恩格斯全集》第23卷,人民出版社1972年版,第390页。
② 《马克思恩格斯选集》第4卷,人民出版社1995年版,第109页。
③ 同上书,第111页。

的结构内部给货币、债权人、债务人以及逼债等找到立足之地"①。这样就逐渐地"在货币关系中,在发达的交换制度中,人的依赖纽带、血统差别、教育差别等等事实上都被打破了,被粉碎了(一切人身纽带至少都表现为人的关系)"②。在此基础上,希腊大量移民城邦纷纷建立,在独特的城邦制社会结构中,个人以"公民"的身份参与社会活动,公民的地位也不再取决于血缘关系。公民的存在破除了血缘家族宗法制的家国同构性,"多方向、多民族共生的富于变化的文化聚合,也陶冶了希腊民族崇尚自由和个性独立的基本性格"③。以地缘为基础的社会组织逐渐取代了纯粹血缘纽带关系的氏族社会组织。所以,马克思说:"希腊人……使产品变成了商品。这就包含着随之而来的全部变革的萌芽。"④ 以自然经济为基础的古老的氏族制度在商品经济的冲击下走向解体。"这样,在罗马也是在所谓王政被废除之前,以个人血缘关系为基础的古代社会制度就已经被炸毁了,代之而起的是一个新的、以地区划分和财产差别为基础的真正的国家制度。"⑤

在商品经济的冲击下,氏族制度瓦解了,人与人的关系不再依赖于传统的血缘纽带,由于商业发达、城邦人之间往来频繁,人们迁徙移居的机会很多,不再依赖于家庭,而是依赖于自己的努力,个体意识增强。正如郁龙余所认为的,在经济活动中,经常与陌生人交往,活动范围比较广,人与人之间的关系也是稍纵即逝的。⑥ 这样就形成了单个的、原子式的社会关系。商品经济以盈利为目的,每个人都要最大程度地追求个人利益,强调个人利益至上,这样,作为刚刚从氏族社会独立出来的个体在面对纷繁复杂的社会环境时,必然将他人设想为恶的,认为人性是恶的。由此分析,我们就不难理解为什么西方

---

① 《马克思恩格斯选集》第4卷,人民出版社1995年版,第111—112页。
② 《马克思恩格斯全集》第46卷,人民出版社1979年版,第110页。
③ 徐行言:《中西文化比较》,北京大学出版社2004年版,第40页。
④ 《马克思恩格斯选集》第4卷,人民出版社1995年版,第111页。
⑤ 同上书,第128页。
⑥ 郁龙余:《中西文化异同论》,生活·读书·新知三联书店1989年版,第190页。

会形成性恶论预设。总之，对性恶论预设的分析是以社会存在论为前提的。希腊人面对不能选择的自然环境条件，以不断适应和超越的能力发展航海贸易，使得商品经济获得充分发展。在商品经济的冲击下传统的氏族血缘关系被斩断了，这样就完成了由家庭到私有制再到国家的转变。在此过程中个体意识逐渐形成，这种个体独立的自我意识是西方社会性恶论预设以及宗教文化的重要的根基。即便在政治领域，西方的民主传统也与其有密切联系，早期西方社会单个的、原子式的个人关系，造就了强烈的个体自我意识，直到今天，西方人仍然以追求个性、独立、民主为目的。邓晓芒认为："西方人之所以有宗教精神，之所以有超越精神，首先是个体的独立，首先是个体意识的形成，首先是自我意识的建立。"① 个体是独立的人格，有独立的自我意识，这样才能够认识到自己的有限性，从宗教的角度看就是认识到自己的先天"罪性"，进而不断超越有限的束缚，追求无限、永恒的上帝。总之，无论西方宗教文化中的"罪性"论观点，还是性恶论预设都是以社会存有为前提的。

二 性恶论与宗教信仰

西方性恶论思想的产生有其自然、历史环境的因素，并且与宗教文化交织在一起。一方面，宗教能够满足具有个体意识的人的心理需求；另一方面，基督教文化中的"原罪说"就认为人的本性是恶的，所以人要依靠宗教对其进行道德教育，使其摆脱恶性而向善。从历史上考察，当刚刚摆脱原始氏族血缘关系具有自我意识的独立个体在面对新的世界时自然要在心灵上寻找寄托，有一种对宗教的心理需求。这一点与伯奈特在分析毕达哥拉斯学派时那种既有沉思生活又有神秘宗教倾向的心理状态极为相似，伯奈特对其这样总结道，"我们在这个世界上都是异乡人，身体就是灵魂的坟墓，然而我们决不可以自杀来求逃避，因为我们是上帝的所有物，上帝是我们的牧人，没有他的

---

① 邓晓芒：《中西文化比较十一讲》，湖南教育出版社2007年版，第58页。

命令我们就没有权利逃避"①。每一个有限的存在通过上帝获得无限的意义，只有上帝才能使孤独的个体彼此沟通，赋予每个在现实生活中遭受痛苦的异乡人继续活下去的力量。可以想象当每一个希腊人从原始的血缘关系中分离出来，"在这种进化的也即是异化的历史过程中陷入孤立无援的境地"，深感生命的渺小和生活的艰辛。"有充分材料表明，在早期古希腊社会里，随着分工的形成，阶级的出现，异化的社会现实已开始将'生之巨轮'变成了人类痛苦的枷锁。因此，深受异化痛苦的人们必须在继续忍受这一痛苦或以自杀来逃避痛苦这两条道路上做一次重大的历史性抉择。而宗教正是这一抉择的产物。"②露丝·本尼迪克特认为应从当时人的情感、动机角度理解其行为所采取的形式。③从当时生存历史条件看，面对残酷的现实处境，人们需要上帝抚慰其受伤害的心灵，为其提供精神的寄托。人类原初的宗教情感一般都是在不安定、未知状态下产生的。这种状态下人们容易产生敬畏崇敬的心理需求。就这一点也可以看出，不是由于有了上帝，西方人才信奉宗教；而是由于西方人需要宗教，才有了上帝。马克思指出，宗教和其他意识形态一样，"它们没有历史，没有发展，而发展着自己的物质生产和物质交往的人们，在改变自己的这个现实的同时也改变着自己的思维和思维的产物"④。这就是说宗教没有同社会相分离的历史，不是宗教决定生活，而是生活决定宗教。所以马克思认为，"人创造了宗教，而不是宗教创造人"⑤。人按照自己的需要创造了宗教。"宗教从一开始就是超验性的意识，这种意识是从现实的力量中产生的。"⑥既然宗教是人的需要的产物，由此就能够理解"从毕达哥拉斯那种神秘的数学王国，到柏拉图那超验的理念世界，为什么希腊人一直要将自己的心智和才华投射到抽象的观念世界

---

① 参见罗素《西方哲学史》上卷，商务印书馆1982年版，第59页。
② 陈炎：《试论中国伦理世俗精神的形成》，《学习与探索》1992年第4期。
③ 露丝·本尼迪克特：《文化模式》，王炜译，生活·读书·新知三联书店1988年版，第48页。
④ 《马克思恩格斯选集》第1卷，人民出版社1995年版，第73页。
⑤ 同上书，第1页。
⑥ 同上书，第135页。

中去寻找寄托；由此我们才能够理解，从希腊城邦的奥尔弗斯宗教，到罗马帝国的基督教，为什么西方人能够自觉地接受和认同希伯来人所创立的神学体系。总之，当人与人之间的血缘纽带在文明的进程中开始断裂的时候，人们必须设立一个超验的绝对中介来将这些破碎的生灵重新连接起来。使其在精神上获得一种完整而永恒的寄托"①。

宗教是人需要的产物，不是宗教创造了人，而是人创造了宗教。西方的性恶论预设在基督教"原罪说"中得到了进一步的论证。西方宗教文化的"原罪说"突出了上帝的完美与人性的邪恶。基督教文化继承了古希腊人区别为肉体和灵魂，灵肉分离，肉体是罪恶根源的思想，认为人生来就是恶的，趋向于犯罪是人的本性。根据基督教《圣经》的记载，由于人类的祖先亚当和夏娃偷食了伊甸园中的禁果，他们便对上帝犯下原罪，本性上趋向于犯罪。因为亚当作为人类的始祖所犯的罪是"原罪"，这罪玷污了整个人类，从此人性就成为一种罪性。即使是刚刚出生的婴儿，也带有原罪，因为他们作为人类的一员，具有原罪的人性。因此，在上帝面前没有人是纯洁无罪的，这种罪性就是性恶论。人类有罪不能自救，解脱的唯一方式是依赖于上帝的恩典。所以，人要依赖于宗教，依赖于上帝。"需要通过宗教对其进行道德教育，通过神来管理这个世俗的罪恶的世界。道德是人性之外的，是神教育人的。在这种宗教文化体系中，神是最根本的、最真实的。人只有在神的管理、教育之下，才能有道德。道德是外在于人性的，这是一种宗教文化，无论是出于对神的敬畏还是皈依……上帝作为形上的超越的信仰，是人的灵魂的真正寄托。"②

三 立基于上帝信仰的宗教道德

在宗教生活中，宗教信仰与道德是一体存在的。宗教信仰不能离开道德而单独存在，否则将使宗教信仰走向迷途；同样，道德也不能离开宗教信仰，那样，道德将失去寄托。从宗教道德内部体系来看，

---

① 陈炎：《试论中国伦理世俗精神的形成》，《学习与探索》1992年第4期。
② 同上。

基本的道德规范也是建立在信仰基础上的。具体道德的出发点和最终归宿都落在对神的信仰上，成全道德乃是人实现至高信仰的具体路径。整个基督教道德可以分为三大部分，最高层次的为信德（信仰上帝），其次为主德（道德原则）和基本的道德规范。在这个体系中信仰是最高层级的，没有对神的信仰，其他皆无。所以，基督教的道德规范始于信仰，也就是说要先信神。"摩西十诫"中第一条规定除了对耶和华的信仰以外，不能再信别的神。从对神的信仰这一终极价值出发，演绎出了相应的基督教主德，如仁爱、希望、节制、公正等主要道德范畴。最后在这些主德的基础上形成一般的道德规范，具体表现为基督教的道德律令，在基督教的教规、教义中有明显的体现。"宗教既直接在教义中阐述伦理规范，又以教义为依据，间接地制定各种伦理规范。"① 宗教通过教规、教义将社会道德纳入到对上帝的信仰活动中，使道德规范与教规、教义合一，通过信奉者的忠实信仰，自觉履行宗教责任和宗教义务，从而培养和塑造人的道德品性。当然，如果违反道德准则也就是违反教规教义，必然要受到上帝的惩罚。《圣经·新约·马太福音》中说："天国像海里撒的网，聚集着各类的鱼，赶网满了，人就拉上来，坐在岸上，拣那好的，放在器皿里，不好的扔在外边。世界穷尽的时候，就是这样，将有天神出来，从善人中分出恶人，把他们投入烈火窑中。"善者进天堂，恶者下地狱，所以，基于对天堂的向往和对地狱的恐惧，人们希望通过自觉的道德行为，以求得灵魂的拯救。根据"原罪"说，上帝是绝对至善的，而且是一切善的根源，上帝创造了万事万物。由于上帝是善的，上帝最初创造的人本身也是善的。上帝相信人，给了人自由意志，而且上帝也没有在人身上创造罪恶。但是人类的祖先亚当却利用自由意志犯了罪，因为亚当作为人类始祖犯的罪是"原罪"，这罪沾染了整个人类。从此，人性就成了一种罪性，陷入罪恶中的人类如何能解脱呢？只有依赖于上帝的"救赎"，依赖上帝的恩典。② 所以，在基督

---

① ［日］池田大作、［英］威尔逊：《社会与宗教》，梁鸿飞等译，四川人民出版社1991年版，第414页。

② 参见高文新《欧洲哲学史专题研究》，吉林人民出版社1994年版，第114—116页。

教道德中，人的道德行为与对上帝的信仰是一致的，因此，信仰上帝与道德实践紧密联系，人们出于对上帝的信仰，才有善良的道德行为，践行道德就是对上帝恩典的回应。由于信仰上帝，人们对于至高无上永恒不变的上帝充满了爱，人心就充满了光明，这就使人从恶的欲望变成了向善的意愿。人的道德意识是以宗教信仰为依据和基础的。当然，末日审判的奖善惩恶也时刻警醒着人们，指导着人们的道德行为。

这样，对上帝的信仰这条主线贯穿于人的道德意识、道德规范以及整个道德实践之中。对此，我们可以从以下两个方面来理解，一方面，宗教价值意义上的终极关怀成为道德的依托和支撑，为人的道德生活提供终极的价值支持，从而保证道德的贯彻和实施。它具体表现在神对人的规定和指引，例如《圣经》里面的《出埃及记》中记述了耶和华于西奈山顶传授"摩西十诫"，"十诫"中规定除了耶和华上帝以外，不可信别的神，"当孝敬父母""不可杀人""不可偷盗""不可作假证陷害人""不可贪恋人的房屋；也不可贪恋人的妻子、仆婢、牛驴，并其他一切所有的"。此外在《圣经·新约·马太福音》中也有耶稣相关的道德戒律。另一方面，信仰者为了寻求精神的寄托和栖息之所，必然会自觉地趋向于对至高无上的上帝无限信仰，这种无限的向上的追求或超越，自然会产生某种主观的神圣体验，从而进一步强化人的道德实践动机。正如威尔逊所说，"宗教的任务不是使人们达到那个目标，而是使人们充满希望地走过人生的旅途"[①]。这也就是说宗教可以维持希望，让人永远充满希望地生活下去，使人的道德生活丰富多彩，不断强化道德的能动作用。所以，海森伯在论述宗教、伦理以及生活关系时强调了宗教对伦理道德的基础作用，他认为："宗教是伦理的基础，而伦理是生活的先决条件。因为我们每天必须作出决定，我们必须知道决定我们行动的价值（伦理标准）或者至少隐约地想到它们。在这里我们看到了真正的宗教（在其中精

---

① ［日］池田大作、［英］威尔逊：《社会与宗教》，梁鸿飞译，四川人民出版社1991年版，第458页。

神世界，万物的中心的精神秩序起着主要的作用）。"①

第二节　西方传统道德的宗教根基

一　西方宗教道德传统

西方传统文化的主体是宗教文化，宗教精神贯穿于古希腊、罗马以及漫长的中世纪。相应于这种宗教文化，西方道德意识与宗教意识密切相关，形成一种宗教道德传统。正如邓晓芒所说，即使在古希腊、罗马谈到道德问题也要提到上帝，或者谈到神，所以西方宗教意识与道德意识密切相关。② 在人的道德生活中，宗教发挥着不可替代的作用，宗教信仰是人道德实践的精神支撑力量。直到今天，我们对此依然能够有所察觉。对于西方宗教道德传统的理解我们可以结合古希腊宗教，古希腊、罗马的理性神（这种精神实体成为后来基督教重要的理论来源），希伯来—基督教神学道德等主要环节考究。

古希腊多神教的宗教信仰仍然是当时人们精神生活的重要支柱。原始社会信奉着万物有灵的基本观念。在万物有灵观念的指导下，最早发展起来的是对自然崇拜的原始宗教。原始社会生产力十分低下，原始人刚刚从物我一体的世界中走出来，对自然界的一切既依赖又恐惧，由于认识能力的限制，对自然界的各种现象并不能得出科学的解释，因此在强大的自然力面前，原始人束手无策，只能顶礼膜拜，以祈求自然界的保护与恩典，这就是原始社会的宗教。原始社会对自然的崇拜也可以叫作"拜物教"，崇拜的对象是身边具体的自然物，人们几乎可以把一切自然力和自然物都当成他们崇拜或禁忌的对象，禁忌涉及收集食物、起居饮食、繁衍生存等。总之，通过某种难以理解的神秘力量而自动地发挥着作用。费尔巴哈曾经引述过一些人类学材料来说明这种现象，例如，有的原始人在翻过山岭之前，要向山岭说明；有的原始人在打死一只熊的时候，也要向熊道歉，说明不得不如

---

① ［西德］W. 海森伯：《物理学和哲学》，范岱年译，商务印书馆1981年版，第165页。
② 邓晓芒：《中西文化比较十一讲》，湖南教育出版社2007年版，第59页。

此。费尔巴哈分析说,"一只动物被人打杀了,被人烹食了,同时又能受人崇拜;反之,崇拜的对象,同时又是食用的对象"①。这一切都关乎他们的生命和生活,这也表明了自然崇拜的原始性。"世界上一切民族都有自然崇拜的历史,要理解这一点,不必列举其他民族的特征,只要想一想在我们土地上树立着的日坛、月坛、天坛、地坛等就可以了。"② 原始社会严峻自然界对于当时的人类来说充满了神秘和恐惧感,是一种完全异己的、有无限威力的、不可制服的力量。人们没有多少自由可以选择,而只能盲目服从。所以,面对残酷的生存条件,人们只能依靠图腾的崇拜和禁忌约束生活。由此可见,原始意识观念是由当时低下的生产生活方式决定的,进一步验证了"不是意识决定生活,而是生活决定意识"③ 这一基本原理。相对于原始社会的自然崇拜宗教,多神教是原始宗教的最高形式,它是从自然崇拜宗教发展而来的。自然崇拜的对象是物,信奉万物有灵,把物看作有灵性的东西加以崇拜。而多神教是赋予物以人格,使其成为有人形、有人格的神,具有超人的力量和智慧。在多神教中,原始人信仰的神具有多样性,每一种神都能在自然界中找到其原型,例如山神、海神、雷神、太阳神等。古希腊的奥林匹斯教就是典型的多神教。在多神教中,已经萌芽了服从"命运"支配的思想,命运是不可抗拒的,违者必受惩罚。"命运对于整个希腊的思想起了极大的影响。"④ 在原始宗教神话中,已经出现了有关善、恶、正义、非正义等道德观念,这就意味着人与人的利益关系开始上升到人与神的宗教关系,从而规定了人的不同权利和义务。这就把道德关系上升为神的意志,遵守道德要求就是服从神的意志,反之,就是违背神。人类的道德关系、道德意识,以及道德实践都是在此基础上衍生出来的。

古希腊与世界上其他的古老民族一样,在漫长的历史中,宗教根植于希腊社会的土壤,成为希腊人精神生活的主要部分。希腊神话与

---

① 《费尔巴哈哲学著作选集》下卷,商务印书馆1984年版,第583页。
② 高文新:《欧洲哲学史研究》,人民出版社2016年版,第32页。
③ 《马克思恩格斯选集》第1卷,人民出版社1995年版,第73页。
④ [英]罗素:《西方哲学史》上卷,商务印书馆1963年版,第34页。

传说构成了古代希腊人的宗教。遵循主神的旨意和维护神的秩序是希腊神话中诸神和英雄应尽的责任和义务。每个希腊人，都对其崇拜的某个或某些神灵怀有坚定不移的信念。所以，希腊人头脑中充满着对神灵崇拜的神圣情感。希腊人借助宗教调节自己的焦虑心理，树立起坚强生活的信心，成为其赖以生存的精神支柱。古希腊宗教信仰不仅影响个人的心理，而且对社会生活的各个方面都产生深刻影响，成为维系希腊社会组织内部团结的精神纽带。正如涂尔干所说，"宗教是一种把具有不同利益的人们联系在一起的黏合剂，它帮助人们确定他们是一个具有共同价值和共同生活使命的道德团体"①。在古希腊的许多宗教活动中，宗教礼仪本身就具有内聚功能，使人们内心中充满着对神的感激和崇拜之情，它把人们团结在一起，加强他们之间的相互联系，增进了共同体的凝聚力。可见，宗教信仰在维系希腊城邦内部团结，调节人的道德心理方面发挥着举足轻重的作用。

古希腊宗教能够得以存在并发挥作用与希腊当时的自然和社会条件密不可分。从前面对古希腊地理环境的分析中我们可见一斑。古代人生存条件危险、艰辛，技术条件落后，面对自然界的各种奇特现象又不能解释，因而充满疑虑与困惑。此外，还有社会的压迫。在自然与社会双重压力背景下，古希腊人必然试图通过宗教消除焦虑，摆脱痛苦，从而寄希望于神灵的保佑和慰藉。古希腊神话道德意识主要表现为以敬神为核心的宗教道德意识，"神谕"是神的意志的表现，它在古希腊人的心灵中是神圣不可抗拒的，人最终摆脱不了"神谕"所注定的命运，这成为希腊人的精神寄托。在荷马史诗《伊利亚特》中记述了神在古希腊人心中的崇高地位。人们的日常活动离不开对神的敬仰，处处奉祭神明，事事求神、顺神。祭神活动成为人们生活不可或缺的一个部分，显示着强烈的宗教道德意识。所以，古希腊人的道德意识是以敬神和顺神为前提和依据的，古希腊的伦理道德观念就是以这种神话传说为载体的，而且古希腊的宗教神话也为后来西方宗教精神提供了丰富的灵性资源。

---

① 商昭印：《论宗教在古希腊社会中的作用》，《上海师范大学学报》1997年第3期。

古希腊、罗马对理性神的信仰。谈到古希腊除了古希腊宗教，很多人马上会想到先贤圣哲的理性精神。实际上，在古希腊不仅文化程度低的劳动大众笃信神灵，就是一些古希腊的哲学家，也很难脱离宗教的影响。纵观古希腊到罗马这几个世纪的伦理文化发展历史，可以发现这样的现象："没有一个伦理学家完全否定神灵的存在，看不见一个彻底的无神论思想体系，即使在那些本质上是反宗教的哲学里，也不难发现神秘主义或人格神的蛛丝马迹。"① 希腊罗马时期对神的崇拜根深蒂固，这方面的例子很多，例如泰勒斯就认为世界万物充满神灵。② 苏格拉底也从不否定神存在，而且非常敬仰神，他认为"只有神才是聪明的"，他认为自己在这个世界上就是要服从神意，来搜寻并探求任何人的智慧，这样他就初步形成了精神实体的神的观念。他把自己比喻成神赐予的"牛虻"，并认为自己靠神的声音（"神托"或"灵异"）而行动。苏格拉底认为自己有一种"灵机"，是一种声音，这声音经常告诉他干什么或不干什么，他经常对这种"灵机"陷入深深的沉思之中，但无论如何苏格拉底心中的神是一种新神，不是雅典一向相信的神，这个神实际是他自己理性的表现，是理性的、至善的精神实体，只能和人的灵魂发生关系，因此，不需要献祭，只要灵魂的虔诚。③ 事实上，苏格拉底在法庭上的申辩以及不畏惧死亡的泰然自若的表现，"乃是和他对灵魂不朽的信仰结合在一起的"。这"无论在古代的还是近代的伦理上都是重要的。《斐多篇》之对于异教徒或自由思想的哲学家，就相当于福音书所叙述的基督教受难和上十字架之对于基督教徒"④。古希腊时代苏格拉底公开宣扬唯灵主义神学思想，他最终正是怀着坚定的唯灵主义信念，以一种常人不可理解的欣然之情慨然赴死。正因如此他被后人认为是新宗教福音的殉

---

① 周中之、黄伟合：《西方伦理文化大传统》，上海文化出版社1991年版，第96页。
② 北大哲学系外国哲学教研室：《西方古典哲学原著选集》，生活·读书·新知三联书店1957年版，第5页。
③ 参见高文新《欧洲哲学史专题研究》，吉林人民出版社1994年版，第59—60页。
④ ［英］罗素：《西方哲学史》上卷，何兆武等译，商务印书馆1982年版，第176页。

道者。苏格拉底所表现出来的宗教殉道精神以及其对待生死的超然态度，使他成为西方思想史上最高的道德典范。苏格拉底的灵肉分离思想成为基督教信仰的理论来源。早期基督徒的使徒和教父们的神学思想，大部分直接或间接地来自于柏拉图和柏拉图笔下的苏格拉底。[①] 苏格拉底对传统的奥林匹斯教的宗教观念进行了变革，这是欧洲宗教进化的重要转折点。奥林匹斯教是典型的多神教，神是有形体有物质欲望的自然之躯，还没有精神实体的神，神只是智慧和力量方面超常的巨人而已。到苏格拉底这里形成了精神实体的神的观念。苏格拉底在思想中实现了希腊人神的观念的转变，这种转变一旦被移植到宗教中，就会使欧洲人的宗教发生变革。

柏拉图的思想与苏格拉底一脉相承。柏拉图认为"神若不在，一切皆无"。柏拉图在《斐多篇》中借苏格拉底之口表述了自己的宗教态度："哲学家的职责恰恰在于使灵魂脱离肉体而获得自由和独立"[②]，"灵魂这个不可见的部分，离开了肉体到了一个像它自己一样实在、纯粹及不可见的地方……去谒见至善和至明之神"[③]。可见，柏拉图的思想与有神论是密不可分的。柏拉图的有神论受到前苏格拉底时期希腊思想的影响。几乎此前的所有哲人都以各自不同的方式涉及了神的概念和问题。柏拉图坚信神的存在，而且认为世界是由神创造的，神创造的宇宙是尽善尽美的。柏拉图把早期的唯心主义系统化，他思想中的神学气味更浓，也可以说柏拉图的神学思想是一种没有宗教仪式的宗教伦理思想。柏拉图认为一个人死后的灵魂归宿是由他生前的德行决定的，善者的灵魂升入天国转化为神，恶者的灵魂堕入地狱。这种观点与基督教的教义更为接近。后期的斯多葛派把整个宇宙看成一个绝对的统一体，它的本质就是最高的普遍的理性，即"至善"的理念和神，一切听从神和命运的安排，对神定天命自觉地服从和忍受，人的道德行为以此为动力和指导。

---

① 参见赵林《西方宗教文化》，武汉大学出版社2005年版，第173页。
② ［古希腊］柏拉图：《苏格拉底最后的日子》，余灵译，生活·读书·新知三联书店1988年版，第130页。
③ 同上书，第161页。

从该时期神的特点看，它已不同于以往的神，或者说是一种"新神"（理性的、至善的精神实体）。但人们敬畏神灵的观念并没有改变，况且，与苏格拉底同时代的雅典群众不可能达到哲学家理性神的高度，不可能理解希腊文化中发生的这种根本性的质变，因此，他们对苏格拉底的新神不知所措。① 可见，该时期，无论是广大民众依赖的旧神，还是少数哲学家提倡的新神，人们对神依然是崇拜和敬畏的，人的言行举止依赖于神谕的指导。总之，包括哲学家在内的古希腊人还是受到敬畏神灵观念的深刻影响的。他们的思想虽有理性的成分，但总体还依赖于信仰。② 人的道德意识、道德实践还是围绕着神，在神谕的指导下进行的，神谕的力量规范着人的行为，引导人生前进的方向，为人的道德提供一种精神的支撑，以达于至善的境界。

古希腊追求超验的绝对的精神实体也为后来基督教神学发展奠定理论基础。"苏格拉底、柏拉图、亚里士多德是欧洲人精神实体观念的创立者。至善的理念、纯形式、第一推动者、绝对实体等，是欧洲人最早的无形体的精神实在的观念。这种观念转变为宗教，才出现耶稣的道成肉身，上帝才成为无形体的纯精神。从这一点可以更明显地看出，希腊哲学史使欧洲宗教从自然崇拜的多神教转化为人为宗教的一神教的理论基础和关键。"③ 柏拉图的神学思想，经过亚里士多德，到新柏拉图主义的发展，最终成为基督教思想的重要来源，这是有目共睹的思想事实。所以，英国的著名柏拉图主义者英奇认为，"要想把柏拉图主义从基督教里面剔出去而又不至于拆散基督教，那是完全不可能的事"④。

希伯来—基督教的神学道德。如果说古希腊的宗教以多神教为主要特征，那么，希伯来宗教以及后来影响深远的基督教则以一神教为主要特征。基督教起初是从犹太教中衍生出来的一个小教派。经过几

---

① 高文新：《欧洲哲学史专题研究》，吉林人民出版社1994年版，第59页。
② 商昭印：《论宗教在古希腊社会中的作用》，《上海师范大学学报》1997年第3期。
③ 高文新：《欧洲哲学史专题研究》，吉林人民出版社1994年版，第111页。
④ ［英］罗素：《西方哲学史》上卷，何兆武等译，商务印书馆1982年版，第359页。

个世纪的发展，基督教的势力不断壮大，战胜了地中海沿岸各种各样的民族宗教，也战胜了古罗马宗教，最后成为罗马帝国的国教。基督教的发展与壮大和当时的社会状况密切相关。古代罗马后期是个没落的社会，对于各个阶级的人们来说，都是没落的。对于社会的上层，罗马的统治者们和奴隶主们，财富、权力和享乐并没有使他们的灵魂得到安慰；相反，下层人民的反抗，无休止的政治斗争和权力倾轧，使他们对现实世界失去希望。对于社会的下层，贫困和饥饿威胁着他们，为了生存，他们采取许多不正当手段，道德败坏迅速蔓延。他们感到被社会抛弃，对现实绝望。整个社会都没有出路，他们对现实充满了厌恶和恐惧。就在这个时候，从东方传来了基督教，传来了救人出苦难的福音，传来了天国的好消息。基督教适应了整个罗马帝国从上到下各阶层的需要，很快地征服了人心，神速地传播开来。[1] 恩格斯曾经写道："所有这些彼此利益各不相同甚至互相冲突的不同的人群的共同出路在哪里？……这样的出路找到了。但不是在现世。在当时的情况下，出路只能是在宗教领域内。于是另一个世界打开了。肉体死后灵魂继续存在，就渐渐成为罗马世界各地公认的信条。死后的灵魂将为其生前的行为受到某种报偿或惩罚这一信念，也越来越为人们所接受。但报偿是相当靠不住的；古代世界具有强烈的自发唯物主义，它把人世生活看得比冥土生活宝贵得多；希腊人把死后的永生还看成是一种不幸。于是，基督教出现了。它认真地对待彼岸世界的报偿和惩罚，造出天国和地狱。一条把受苦受难的人从我们苦难的尘世引入永恒的天堂的出路找到了。事实上，也只有靠对彼岸世界获得报偿的希望。"[2] 基督教能够成为世界性的宗教，关键在于其自身的思想理论建设，它得天独厚地利用古希腊哲学来进行自身的思想体系的建设，把苏格拉底、柏拉图和亚里士多德对神的理解引入宗教，吸收古希腊哲学的基本精神，从而转变为宗教观念。从而建立起一套神学理论，这使它成为地中海世界唯一的具有系统神学理论和征服人心力

---

[1] 参见高文新《欧洲哲学史研究》，人民出版社2016年版，第115页。
[2] 《马克思恩格斯文集》第4卷，人民出版社2009年版，第493页。

量的人为宗教。这是它战胜其他原始宗教而取得在罗马帝国统治权的关键。用恩格斯的话说,中世纪只知道一种意识形态,即基督教。基督教取得了绝对统治地位,把其他一切意识形态都纳入自己的范畴。基督教占领了中世纪社会的一切方面,无孔不入地渗透于人们生活之中,并且是其中的主宰力量。

宗教与道德的关系更为密切,这时期的道德可以说是名副其实的宗教神学道德。所以,查尔斯·L.坎默认为:"基督教和犹太教都是'道德'宗教——即,它们用道德概念而不是迷信(崇拜)或灵知(知识)概念来定义神人关系……崇拜和神学的重要性仅仅在于对我们道德生活的帮助。"① 这一点在西方中世纪基督教神学道德中有深刻体现。我们知道希伯来宗教产生于东方,后传入西方与西方的古希腊哲学文化(统称为"两希传统")一同成为基督教的重要来源。巴雷特认为西方宗教的独特性源于希伯来文化,在希伯来文化中理想的人是有信仰的人,"尽义务,讲良心,是希伯来人生活的首要事情","希伯来人高扬道德的优点以为生活的内容和意义"②。希伯来传统主要指基督教的犹太教根源。基督教根基于犹太教,它的圣教历史、教规、教义以及律法、道德观念等与犹太教一脉相承,正如罗素所说:"施舍的美德便是基督教从后期犹太教里继承过来的……作为基督教美德概念中的一个要素的实践性的慈善则似乎起源于犹太人。"而且"基督教徒们保全了一部分希伯来的律法,例如十诫"③。犹太教所有的律法教义都体现在"摩西十诫"中,只要奉行"摩西十诫",并且遵守某些仪式,就可以称得上虔信了。它要求人崇拜唯一的上帝且不可拜别的神,不可制造和敬拜偶像……须孝敬父母,不可杀人,不可奸淫,不可偷盗,不可作假证陷害人,不可贪恋别人的妻女和财物。"摩西十诫"成为犹太人不可违背的基本行为准则。从"摩西十诫"

---

① [美]巴雷特:《非理性的人——存在主义哲学研究》,段德智译,上海译文出版社1992年版,第72页。
② 同上。
③ [英]罗素:《西方哲学史》上卷,何兆武等译,商务印书馆1982年版,第383页。

中我们看到了一些基本的道德要求或底线伦理。人们服从律法的要求，实质就是遵守道德的要求。

当然，基督教与犹太教在本质上还是不同的。就犹太教而言，由于缺乏古希腊唯心主义哲学的理论基础，难以克服其此岸性和直观性，在某种程度上，犹太教与古希腊宗教相比除了"一神"与"多神"的区别之外，还没有实质性的差异。"'神的统一性问题'是基督教最核心的教义原理"[①]，"'三位一体'说使基督教在神的问题上的各种混乱得到澄清，保持了一神教的纯洁性，又由于其带有思辨的性质，反而增加了上帝在教徒心中的奥妙和神秘"[②]。基督教早期的思想家从古希腊哲学中得到了一个纯粹的精神实体的上帝，这样就用希腊的哲学去建立神学的本体论和伦理学。基督教有了神学理论就与犹太教有了本质的区别，这就克服了犹太教的此岸性与直观性。灵肉分离，彼岸世界的福音等成为基督教的基本思想。这样，基督教神学就以上帝为至善和终极的道德追求，以上帝为善恶的最高裁判和道德行为的绝对权威。

总之，起源于"两希传统"的基督教，最终战胜了地中海沿岸各种各样的民族宗教，也战胜了古罗马宗教，成为罗马帝国的国教。在漫长的中世纪，基督教神学处于绝对的统治地位。所有的一切意识形态都统辖于基督教的掌控之中。道德也被合并到神学中，这一时期的道德完全是基督教的宗教道德。

二　上帝的道德形上支撑价值

对于道德的终极价值或本体论的探求是人类产生以来一直面临的重要课题。人为什么应该有道德？道德评判的终极价值标准是什么？道德从哪里来？这一系列问题的追问与思索将道德研究由现象界推向本体论，即道德的形上价值。根据亚里士多德对形上学的解释，它就是关于"存在之存在"的学问。由此可见，道德的形上问题主要是指

[①] 高文新：《欧洲哲学史专题研究》，吉林人民出版社1994年版，第108页。
[②] 同上书，第110页。

道德生活的形上形式，是道德存在之存在的价值本体或意义本原。它是人类伦理道德的存在基础，是看不见的、最后的本体的把握。西方宗教道德传统，自然也涉及道德的价值本原问题。由于西方文化是一种宗教文化，宗教对个体影响深远，威廉·巴雷特不仅把宗教看作神学体系，而且认为它是环绕着人一生的全部生活的坚实心理基质。① 长期以来，宗教成为人安身立命的基础。马克思主义哲学家霍克海默宣称，"至少在西方人和与道德有关的事物最终都源自神学……若抽掉了对《圣经》的上帝的信仰，过往一千五百年中培养的道德责任感，几乎是不可思议的"②。在西方宗教道德传统中，道德的起源与最终指归是上帝，上帝是人的道德行为的最终依据。在奥古斯丁看来，上帝的恩典是人善良意志的最后依据，上帝是全知全能的，是至高、至善、永恒的化身。一切存在皆来自上帝，而一切来自上帝的皆是善。托马斯也认为上帝作为最完善的价值是所有事物存在、善以及其他完善性的原因。上帝作为至高无上的绝对至善精神实体不仅主宰着整个宇宙，而且还主宰着芸芸众生的善恶行为。上帝是伦理道德的根源，道德发挥作用依赖于绝对权威的上帝的"绝对命令"。基督教道德以上帝为至善和终极的道德追求，并以此作为善恶评价的绝对权威。唐君毅认为，"上帝启示之新旧约，为道德教训之根本经典。而一般道德哲学家之论道德，罕有不归于以神之信仰为道德之基础者"③。

上帝是道德的根源与指归，因此，上帝为人的道德提供形上的支撑价值。这种形上支撑价值不仅在于上帝的全知全能、绝对至善，而且，个体的有限性与追求无限性的张力也必然要求有个上帝的支撑。在现实生活中，人是有限的，正是这种不完善性或者说有限性，促使人不断地超越，超越有限，追求无限，永远处于有限与无限的张力之中。舍勒认为，有限个体本质意向是追求绝对之域，"任何一个有限意识，如果他在没有上帝之实际的自行传达的情况下存在，就必然地

---

① ［美］威廉·巴雷特：《非理性的人——存在主义哲学研究》，段德智译，上海译文出版社1992年版，第25页。
② 罗秉祥、万俊人：《道德与宗教之关系》，清华大学出版社2003年版，第37页。
③ 唐君毅：《人文精神之重建》（一），广西师范大学出版社2005年版，第65页。

具有一种形而上学,亦即他必然将一个源自有限本质状态的整体意指地加入到一个各自所指的绝对域之中……这就是说,人本质上必然是个形而上学家——假如他不信上帝之实在性"①。可见,即使人没有上帝的启示,也会构建一种形而上学作为启示信仰的替代品。人的这种宗教意向性源于人性的有限性。上帝是无限的,上帝高高在上,神与人之间存在着不可逾越的鸿沟。而人作为有限的存在并不能把握自己的命运。因而,有限总是要克服有限或者说力图以自己的有限去接近无限。如果人的心里没有上帝,人就不能超越自己的有限性。由于有了对上帝的信仰,就克服了人的有限性的焦躁心理,从而有了心灵的栖息之所。难怪伏尔泰认为,即使你管理一个农场也需要一个宗教,没有上帝,也要创造一个上帝。他之所以保留宗教,与其说是对宗教的认同,毋宁说是认识到宗教维系人心的道德功能。陀思妥耶夫斯基在《罪与罚》中以主人公的身份提到"倘若上帝不存在,则任何事情都会被允许"的论断。对此何怀宏认为:"'假如没有上帝,道德如何可能'的问题是指一种终极的价值信仰与道德行为规范的关系,它实际上隐含着这样的重要的问题:我们的道德行为是否需要一种至高的精神信仰来支持?在西方,长期以来是以一种基督教精神来支持道德。……在陀思妥耶夫斯基那里,相信上帝也就意味着相信永恒,相信灵魂的永生;而没有上帝,也就意味着没有永恒,没有灵魂的不朽;而没有上帝与不朽,也就不可能有道德。"② 可见,没有至高精神信仰的支撑,道德就会流于形式。在西方宗教文化中,上帝存在的价值不仅在于对善恶的奖赏,更重要的是通过人们对天堂的向往以安顿人的灵魂,从而,激发人的道德热情。

三 西方宗教信仰的外在超越性特点

纵观西方传统道德发展历程,从形上的层面看,贯穿于其中的主

---

① [德] M. 舍勒:《死·永生·上帝》,孙周兴译,中国人民大学出版社2003年版,第127页。
② 何怀宏:《假如没有上帝,道德如何可能?》,《南昌大学学报》(人社版)1999年第2期。

线是追求超越的精神实体（理念、神或上帝）。这一主线的印痕在古希腊、罗马、中世纪执着追求客观、普遍精神的历史长卷中依稀可见。唐君毅认为，西方从苏格拉底以来，这些智者们心所向往所关注的都偏重于理性本身及其探索。理性从其自身而言，具有普遍性、客观性、超越性，而不必有实效性、现实的存在性。所以，在关照、探索理性的过程中，其精神视线总是向上看的，亦是向外看的。所以，西方人"能透过时空中事变之流转，而获得安身立命之地"[①] 的精神。在中世纪，这种绝对的理性或精神实体即为上帝。上帝是无限的、绝对至善的，而人是有限的，充满罪性的。个体的解放只能依赖于上帝的救赎与恩典。这种神人相分的鲜明的对照铸就了西方信仰所具有的独特风格——"外在超越"。何谓"外在超越"？它是相对于"内在超越"而言的，虽然两者都讲超越，但是超越的方式有所不同。"外在超越"突出强调了人向上、向外用力，超越罪性的肉体，追随彼岸的神。因此，"人的超越性追求是向外的，是向一外在于我的绝对者超越，超越的价值源头是外在性的上帝"[②]。西方社会神人相分的特点决定了外在超越的基本框架。上帝作为绝对至善的精神实体具有至高无上的权威，主宰着整个宇宙。上帝创造了宇宙万物包括具有"原罪"的人类。根据《圣经》的记载，由于人类的祖先亚当、夏娃偷食了禁果，而被逐出了"伊甸园"，从此人生来就具有罪性，称为"原罪"。到上帝末日审判时，受恩者进天堂，遭罚者进地狱。所以，生来带有罪性的芸芸众生面对苦难的世界无法改变自己的命运，只能寄希望于全知全能的上帝的救赎与恩典，现实生活中的人只能不断地忏悔，虔诚地信仰上帝，尽心尽意地爱自己的神。这种神人相分性表现得泾渭分明，神高高在上，罪人在下，今生与来世、世俗与超俗完全对立统一。"在西方传统文化中，理想与现实之间的鸿沟却往往被人们无意或有意地加深和拓宽了，理想的彼岸世界无比灿烂

---

① 唐君毅：《人文精神之重建》（一），广西师范大学出版社 2005 年版，第 105—106 页。

② 樊志辉：《内在与超越之间——迈向后实践哲学的理论探索》，黑龙江人民出版社 2002 年版，第 4 页。

辉煌,而感性的现实生活却被笼罩在一片惨淡凄楚的罪孽阴影之中。生活本身发生了严重的异化,人间成为天国的一个叛逆的"省份",人们只有通过对这个叛逆省份的再次叛逆才能重新回到幸福的乐园。于是,整个现实世界就成为一个赎罪的炼狱,一座洗涤罪孽的灵魂净化所,一所未来灵性生活的预修学堂。"① 此岸与彼岸,现实与理想的疏离致使现实中的人徘徊于炼狱与天堂之间。正如牟宗三所说:"在耶教,恐怖的深渊是原罪,深渊之超拔是救赎,超拔后的皈依为进天堂,靠近上帝。天堂是耶教之罪恶意识所引发的最后归宿。"② 西方基督教文化强调把肉体留给人自己,把灵魂给上帝,即灵与肉的相分。灵肉分离的观念认为,人的肉体充满了罪恶,它容易使人纷扰堕落,所以,肉体应受灵魂支配,而不能让灵魂受肉体摆布。在某种意义上,肉体束缚了灵魂,人只有永远不断地超越尘世肉体,追随彼岸的神,灵魂才有可能得救,才能到达神的天堂。这是一个艰难的超越过程,对于这一点杜维明也认为,在上帝的观念中,一个人越能贬斥人性,越能强调自己的罪恶感,越能否定自己的存在价值,在他身上就越能体现上帝的光辉。因此,这需要一个相当艰难的质的信仰的飞跃。③ 因为上帝是无限的,上帝的爱是无限博大的,而每个人是有限的,当上帝无限的博爱之光映照在自我有限的灵魂深处时,人们自然更会意识到其自身的有限性,于是,对上帝产生无限的敬仰之情,虔诚地爱上帝,不断地忏悔、祈望,不断地超越。

  人的超越是一个无限的过程,永远不会达到与上帝同一的程度,这一点在西方是毋庸置疑的,也没有哪一个信徒敢宣称自己的超越实现了与上帝的同一。在西方的基督教看来"人类的救赎者与人类本身并无共同的本体基础。此本体基础的差异,自然说明了人类的堕落与困境。此外,亦说明了作为人类救赎者的上帝,何以可能将人类从不完善的境地中拯救出来。……个人为了寻求人类存在中的意义,必须

---

① 赵林:《西方宗教文化》,武汉大学出版社 2005 年版,第 3 页。
② 牟宗三:《中国哲学的特质》,上海古籍出版社 1997 年版,第 15—16 页。
③ 杜维明:《儒家传统的现代转化》,中国广播电视出版社 1997 年版,第 213 页。

先在己身之外认定拯救的来源"①。它不同于中国信仰的内在超越，最终达于"天人合一"。所以，在西方宗教文化中人永远不能成为神，即便其有超越，这种超越只能是对肉体的超越，超越低级，超越罪我，在上帝的恩典下达到更高的境界。但这种超越方式规定了超越的方向，是向外、向上而不是向内、向下的。所以它走的是一条自下而上或者说自内而外的路线。唐君毅认为，宗教信仰皈依神的活动方向，是自下而上，宗教信仰中的神是超越的神，而且这种宗教之神可望而不可即。"西洋人以信仰祈求向往之态度对此道体（上帝或神），将此道体推之而上，使道体人格化。由重视其超越性，而视之为超越吾人之一绝对之精神人格，吾人之精神人格乃皆其所造而隶属于其下，以求其赐恩。此谓宗教精神。"②

西方宗教信仰的外在超越性特点具体到宗教道德中则表现为道德认知与道德实践的相对分离，或者用中国的知行观来说是知与行的相对分离（相对于中国的"知行合一"）。用现代新儒家的观点看，西方路向是"先取一冷静的求知一对象，由知此一对象后，再定我们行为的态度"③，先知而后行。在西方宗教文化中上帝与人是两种不同质的存在，上帝是规划的制定者，人是秩序的遵守者，"人之宗教信仰主宰其道德实践时，神恒高高在上"④。而人只能听从于神的旨意。在道德实践中表现为先有对上帝的虔诚信仰（即对上帝的知），然后才有具体的道德实践。这不仅表现为逻辑上的先后关系，而且在时间上也有先后。尽管现实生活中一些人的道德行为很难区分是否以信仰上帝为前提，但其逻辑与时间的起点始于对上帝的信仰是毋庸置疑的。此外，信仰者与上帝之间依赖于一定的奖惩原则，在天堂救赎的奖赏与地狱审判的惩罚双重力量驱动下践行道德。西方传统道德的支

---

① 成中英：《从中西互释中挺立》，中国人民大学出版社2005年版，第97页。
② 唐君毅：《人文精神之重建》（一），广西师范大学出版社2005年版，第68—71页。
③ 牟宗三等：《为中国文化敬告世界人士宣言》，转引自张君劢《新儒家思想史》，中国人民大学出版社2006年版，第569页。
④ 唐君毅：《人文精神之重建》（一），广西师范大学出版社2005年版，第68页。

撑力正是建立在这种外在超越性的信仰基础之上。

第三节　康德的道德宗教

有人把康德哲学比喻为一个蓄水池，前两千年的水都流进了这个池中，后来的水又都是从这个池中流出去的。这充分说明康德在人类历史上承前启后的功绩，后继者所做的任何研究都不可能绕过康德。因此，对西方传统道德的信仰基础研究更不能忽视康德道德神学价值。从历史时代的划分看，尽管康德的道德不在传统道德范畴之列，但康德的道德神学仍有一定启示意义。康德试图把道德建立在普遍理性基础之上，在认识领域否定上帝的存在，但在实践理性中认为信仰上帝是必要的，实践理性的最终目的是要实现圆善即达到德福统一，因此必须要假设上帝存在、意志自由和灵魂不朽。只有这样才能克服德福之间的矛盾，保证圆善的实现。所以，在康德这里可以看到圆善的实现仍然离不开上帝的支撑，尽管这个上帝已不同于传统意义的上帝，也可以说是"信仰"的代名词（万俊人语），但作为人类孜孜以求的圆善还是需要信仰的支撑力量。

一　道德基础的"哥白尼式革命"

康德有句名言"不要用《圣经》理解道德，而要用道德理解《圣经》"。康德从实践理性的角度来研究宗教，把宗教建立在实践理性的基础上，这是他在宗教领域里的"哥白尼式革命"。同样，在道德领域中，关于道德与宗教两者基础地位关系方面也实现了"哥白尼式革命"。这主要表现在道德与宗教两者基础地位的大转换：不是宗教导致道德，而是道德导致宗教；神学不是道德的基础，相反，道德是神学的基础。西方传统道德是以神学为基础的，把人的道德向善归于上帝信仰的必然要求和宗教信仰的必然结果，所以，宗教信仰是人的道德基础。然而，康德颠倒了这个顺序，认为上帝只有作为道德的需要才有价值，上帝是道德发展的必然结果，上帝的存在需要实践理性的支持。所以，康德认为理性借助于其道德原则创造出上帝的概念。这样，宗教不再是道德的始因，而是道德的结果。

康德在《纯粹理性批判》中，从理论理性角度对以往各种关于上帝存在的证明进行了反驳，康德认为物自体是不可认识的，我们所能认识的仅仅是现象。上帝属于超验的领域，作为物自体本身同样也是不可知的，因此，不能够证明上帝的存在。赵林认为《纯粹理性批判》中的上帝"作为本体仅仅只是一个抽象的理念，一副毫无内容的空皮囊，这个垂死挣扎的上帝被无情地抛弃到自然界的彼岸，如同荒冢中的磷火一般忽闪忽灭"①。这样，康德在自然领域中将上帝一棒子打死。在此基础上，康德进一步批判了传统基督教道德基于神的意志的思想，而是将道德建立在实践理性自我立法即道德自律基础之上。传统基督教道德认为人的道德行为所遵循的"应当"来自上帝的启示，是人的一切道德行为的最终根源和评判标准。康德对此予以否定，他认为将道德归于神旨意的结果，实际上是否定了人道德责任的前提——自由。"意志自由这个前提是无条件必要的，如果在实践上没有这个前提，一个有理性的东西就不能意识到他的理性因果性，就不能意识到一个和欲望有别的意志。"② 人没有自由也就无所谓道德，按照康德的观点，人的道德不能出自于欲求的感觉质料，"真正善良意志所固有的、无可估量的价值，正在于它的行为原则摆脱了一切只由经验提供的偶然原因的影响"③。必须出自每个有理性者的意志自律。"意志自律是一切道德法则和符合这些法则的义务的唯一原则；与此相反，人性的一切他律不仅根本不建立任何责任，而且毋宁说与责任的原则和意志的道德性相悖。因为道德性的唯一原则就在于对法则的一切质料（亦即一个被欲求的客体）有独立性，同时又通过一个准则必须能够有的纯然普遍立法形式来规定任性。"④ 这就是

---

① 赵林：《西方宗教文化》，武汉大学出版社2005年版，第415—417页。
② ［德］康德：《道德形而上学原理》，苗力田译，上海人民出版社2005年版，第87页。
③ 同上书，第45页。
④ ［德］康德：《实践理性批判》注释本，李秋零译，中国人民大学出版社2011年版，第32页。

说道德不是依靠外部的力量，而是来自于人的意志自律。"在世界之中，一般地，甚至在这个世界之外，除了善良意志，不可能设想一个无条件善的东西"，而"善良意志，并不是因为它所促成的事物而善，并不因为它期望的事物而善，也不因它善于达到的目标而善，而仅是由于意愿而善"①。在此意义上道德是完全自足的，道德的基础完全建立在实践理性内部——意志自律，而不假外求。然而，道德的终极目的是追求"圆善"，这个终极目的不可能在道德自身内部得到满足，在此意义上，道德又不是自足的，需要某种宗教信仰，这样，道德不可避免地导致宗教。现实生活中道德与幸福二律背反的矛盾唯有宗教信仰的存在才能得到解决。康德把上帝从自然领域中驱逐出去的真正用意并不是要把上帝的权威彻底剥夺，而是要在精神领域中复活上帝，从而把这种权威在更加牢固的基础上重新建立起来。②

二 "圆善"与上帝公设

熟悉康德的人都知道他有这样一句精彩的话，"我要扬弃知识为信仰留地盘"。实际上扬弃知识，就是要把知识放在一边，限制认识，为人的信仰与自由留下空间。为什么要为人的信仰留下空间？或者说信仰有何必要性？通过对康德"圆善"的分析自然会一目了然。在这里借用牟宗三的"圆善"一说，"圆善"就是指圆满的善，即德福统一的善。这样可以更好地区分德行领域中的至善。"圆善"不仅仅是纯道德意义上的至高至上的至善，而且还是一种包括人的幸福因素在内的完满的善，道德的最终目的就是要实现"圆善"。康德意识到作为一个有理性的存在者，按照可普遍的道德法则，达于道德上的至善是没有问题的，但是回到现实生活中，人不仅是个理性的存在者，同时还是一个感性的存在，在执行了严格的绝对命令以后，必然会提出一个新的问题："如果我做了我应该做的，此时我可以希望什么？"康德认为所有的希望都指向幸福，因此幸福是每个有限理性存在者的

---

① ［德］康德：《道德形而上学原理》，苗力田译，上海人民出版社2005年版，第8—9页。

② 参见赵林《西方宗教文化》，武汉大学出版社2005年版，第415—417页。

必然愿望。然而，现实生活中有道德的人往往不能得到幸福，有德者未必有福。为了解决这个矛盾，就必须假定某种超自然的原因，从而以某种方式使人分享与德行匹配的幸福。海涅对康德在实践理性中恢复上帝这样写道："到这里为止康德扮演了一个铁面无私的哲学家，他袭击了天国，杀死了天国全体守备部队，这个世界的最高主宰——未经证明便倒在血泊中了，现在再也无所谓大慈大悲了，无所谓天父的恩典了，无所谓今生受苦来世善报了，灵魂不死已经到了弥留的瞬间——发出阵阵的喘息和呻吟——而老兰培作为一个悲伤的旁观者，腋下挟着他的那把伞站在一旁，满脸淌着不安的汗水和眼泪。于是康德就怜悯起来，并表示，他不仅是一个伟大的哲学家，而且也是一个善良的人，于是，他考虑了一番之后，就一半善意、一半诙谐地说：'老兰培一定要有一个上帝，否则这个可怜的人就不能幸福——但人生在世界上应当享有幸福——实践的理性这样说——我倒没有关系——那么实践的理性也不妨保证上帝的存在。'于是，康德就根据这些推论，在理论的理性和实践的理性之间作了区分并用实践的理性，就像用一根魔杖一般使得那个被理论的理性杀死了的自然神论的尸体复活了。"① 在理论理性中，康德在自然界中消灭了灵魂，杀死了上帝，捣毁了天国。现在，为了人的自由，为了人的至善理想，他又开始建设这样一个超验的实体的世界。这里海涅形象地描述了康德用理性杀死上帝后的凄惨景象，最终为了人的幸福不得不在实践理性中复活上帝。姑且不论海涅说的这个上帝所指的是某种神的实体还是某种信仰的指称，康德恢复上帝的存在是现实生活必需的，否则，他所提出的完满的善也将流于形式，走向虚无。全能的上帝，不仅是道德的根据，又是道德的必要保证。"纯粹的道德理论只在感性世界的上空俯瞰着人类，并不能使人自动成为一个道德上善的人。"② 但这个上帝已经不是原来的宗教意义上的上帝，这是一种因社会道德需要而设立的上帝，在伏尔泰、涂尔干的理论中，也有类似这样的上帝。

---

① ［德］亨利希·海涅：《论德国》，薛华等译，商务印书馆1980年版，第304—305页。
② 朱华甫：《欲成义人，先做善人》，《现代哲学》2010年第3期。

万俊人教授认为,一旦康德将理性批判的触须延伸到人类的实践领域,就会面临无法克服的难题,"对普遍真理的知识信念并不能完全表达人类对普遍价值和崇高生活理想的超越性追求,更不足以把人类导向'道德的目的王国'——一个以人类完善价值为鹄的价值王国或理想所在。人类实践理性所表达的高尚的道德动机、善良意志和价值永恒,无法完全凭借理性本身获得解释。它们是人类道德价值生活所必需的,然而,它们的明证却在理性之外,最终需要'自由、灵魂不朽和上帝'三种预设才能得到完全充分的表达,这是人类有限的理性能力与无限完善('至善')的价值追求的界线所在"[1]。为此,有种观点认为,康德用"纯粹理性"在知识世界里杀死了上帝,同时,又在实践理性的价值世界里复活了上帝。康德把上帝的存在当作实践理性的一个基本要求,在现实世界中,道德与幸福处于二律背反的状态,两者的统一即"圆善",是实践理性的最终目的。然而,"圆善"的目的只有在彼岸世界中才能实现,为此,必须借助意志自由、灵魂不朽和上帝存在三大预设。意志自由是道德活动的前提,只有意志自由才能有真正的道德自律;灵魂不朽是使人的有限生命无限延续,通过延长人生命时限的方式,给人以希望和不断向善的动力;上帝的存在是为了保证道德与幸福相匹配。尽管有意志自由和灵魂不朽,但并不能必然保证有德者有福,所以,需要一个全知、全善、全能的上帝来分配幸福,为德福统一提供保障。这个上帝并不是传统意义上的道德立法者,只是人的道德行为的最终归宿。因此,万俊人教授认为,在康德那里,"上帝"死而复活的重要性并不在于"上帝"复活的实体意义,关键在于"上帝"所代表的人类理想追求和无限性的价值目的。康德心中的"上帝"与"信仰"是同义语,它不指向特定的实体对象,而是指向人类共同的理想价值目标。上帝存在的必要性就在于它能够帮助人们克服生命存在有限性与人类整体追求无限性所构成的内在矛盾。[2] 这样,上帝便重新在人的精神世界中复活,成为人

---

[1] 万俊人:《信仰危机的"现代性"根源及其文化解释》,《清华大学学报》(哲学社会科学版)2001年第1期。

[2] 同上。

类道德理想（圆善）的最终保证。因此，一个人可以在自然领域中对上帝漠不关心，但是"在道德实践活动中却不得不面对着上帝——上帝成为道德良心自我关照的一面明亮的镜鉴"[①]。康德理智地在道德的远景处保留一位上帝的形象。

三 善的信仰支撑

康德在道德的基础方面实现了"哥白尼式革命"，然而，人类实践理性所要达到的至善目的与高尚动机并不能完全依靠理性自身实现，还要借助于"三大公设"，信仰上帝是实践理性达至善的最终保证。总之，它要在理性之外，寻求一种力量的支撑，这种力量是上帝、神等信仰的代名词。它向我们昭示这样一个道理：道德需要一种精神信仰的支撑，信仰对于善的实现是不可或缺的重要条件。对于道德的精神支撑，有各种各样的探索与揣测，从道德自身看，人的道德意识受赏善罚恶等功利主义影响。退一步说，一个人道德的行为没有回报已经是最低的底线了，总不至于善者恶报。在康德看来，上帝的存在是以人的道德自律为基础的，人的道德行为与其幸福相匹配才是最高的善。但是，现实世界并不能保证道德与幸福的必然联系，所以，必须假设上帝的存在来保证人的道德自律，并将其视为有可能实现最高善的前提或保障。康德试图通过超然上帝观和永恒时间观来解决现实世界中未能赏善罚恶、道德与幸福相悖的问题。在这里，康德采取了超越现实时空的维度来为人的道德实践提供一种精神支撑，以一种假设的精神支撑来维护或维持其道德行为的实践性。[②] 这在道德上是十分必要的，所以，康德论证道："我们相信，世界的原因也因进向至善的道德智慧的方式在起作用。这是一种对行动来说是足够的认以为真，亦即信仰。我们需要这种东西不是为了遵循道德法则去行动，因为道德法则只有通过实践理性才能给予。但是我们需要假定一种最高的智慧，作为我们道德意志的客体，在我们行为的单纯的合法

[①] 赵林：《西方宗教文化》，武汉大学出版社2005年版，第416页。
[②] 参见卓新平《神圣与世俗之间》，黑龙江人民出版社2004年版，第103—105页。

性之外，我们不得不在这一假定之上建立我们的目的。虽然至善在客观方面不是我们愿望的必然关系，但在主观方面却是善良（乃至人类）意志的必然客体，信仰对于至善的可达性必然是前提。"① 对实践理性的道德自律无比崇尚的康德在面对人类的至善问题时也不得不依靠对彼岸的上帝的信仰，来保证现实世界道德的实现。从而使人的心灵秩序获得一种至上精神信仰的支撑。由此可见，人的道德实践与其内在的精神信仰之间存在着无法割断的隐秘联系。王臣瑞教授认为，康德把道德价值建立在超越经验世界，这并没有错误，"然而道德必须有一个超经验的基础，不能只建立在一个纯粹的普遍形式上。因为一个纯粹的形式只是一个抽象空洞的东西，不能赋予人行为一种道德价值"②。

康德根本否定任何形而上学的实在性和可能性，否认任何实体的可知性，这就从理论上打碎了人生哲学的传统基础。康德虽然否定了形而上学，但他却绝不否认人生的价值和意义。康德用理论理性将上帝从自然界中驱逐出去，认为人类理论理性根本无法证明上帝是否真实存在。而在实践理性中上帝又是不可或缺的，又把上帝请了回来。所以，过去人们往往批评康德神学革命的不彻底性，批评康德将上帝从前门赶了出去，又从后门放了进来，道德最终的实现依然没有离开宗教信仰。然而，如果换个角度思考，这倒是给我们一些启示：人类实践理性的至善追求离不开神圣的信仰支撑，人类的道德总需要一种终极归宿。现代德国哲学家海德格尔认为："现代人似乎已然遗忘了道德的原初本意，在古希腊语中，'ethos'（'道德''伦理'，后泛指一定社会的'精神气质'）的基本意思首先是指人近神而居的居所。……只要人还是人的话，他就住在神的近处。……近神而居！这决定着人的道德地存在身份和伦理宿命，也是人之存在不同于其他存在者的根本标志。"③ 人的德行与"近神而居"的关联性，就不能不让我们想起道德与信仰千丝万缕的内在联系。在康德这里，道德的圆

---

① ［德］康德：《逻辑学讲义》，许景行译，商务印书馆1991年版，第60页。
② 王臣瑞：《伦理学》，台湾学生书局1970年版，第204页。
③ 万俊人：《清华哲学年鉴2002》，河北大学出版社2003年版，第126—128页。

满不能离开上帝,为了给信仰留出空间,不得不悬置知识。杨泽波认为,如果康德在实践理性中不设上帝,人们心理上的形上本性要求就得不到满足,这样,不仅人没有归属感,而且"圆善"的实现也没有保证。由此不难理解,康德在精神世界中复活上帝,在道德学说中保留一个形上的根据的用心所在。① 这就不难理解为什么近年来,人们对道德理论应该有一种归宿性的呼声越来越高。道德有了终极性归宿,才有支撑和真正的动力。"由此可见,保持一种信念,对于保证理性的实践利益,是完全不可缺少的。正是在这个意义上,康德主张,我们对于上帝应该从实践信念的角度出发'认其为真',虽然这种'认其为真'完全得不到经验的证明,但它却不是没有意义的。"② 尽管康德并不能证明上帝的存在,但并不影响他把上帝作为一种信念来保证实践理性。

虽然,康德的道德宗教观与传统宗教观大相径庭,但当他把人类道德至善的可能性归诸意志自由、灵魂不朽和上帝存在,并由此建构其道德神学时,也表明他对"道德本体论"层面上宗教意味的深刻领会。"传统的古典的伦理学,同传统的古典的形而上学是相适应的。对实体的不同的理解,导致不同的伦理学的建立。"在康德这里,"理论理性可以杀死上帝,但实践理性却应该使上帝复活,因为人是善良的,人应该享有幸福,这些只有上帝才能保证。这种思想逻辑完全是西方宗教文化的……当代西方后现代主义在反思启蒙运动的现代性时,提出恢复宗教文化,也是西方宗教文化传统的表现"③。从今天西方基督教信仰看,许多西方人并不相信死而复活、末日审判等宗教学说,因为高度发达的科学技术已揭开了许多认识之谜。尽管如此,人们依然认为,上帝的存在无论情感上还是道德上都是必要的,因为在这种文化中,宗教作为一种人文观念,给人以精神的寄托和灵魂的慰藉。人的道德存在着一种自身无法克服的两难困境,即"形式的道德律"与"实质的幸福律"之间基本的价值矛盾,人们总处在

---

① 杨泽波:《从以天论德看儒家道德的宗教作用》,《中国社会科学》2006 年第 3 期。
② 同上。
③ 高文新:《欧洲哲学史研究》,人民出版社 2016 年版,第 267 页。

追求道德与追求幸福的矛盾冲突之中,而现实生活中又难以找到克服这种冲突的途径,只能诉之于上帝。赵林认为,"上帝的意义已不在彼岸,而在于此世……上帝成为道德的监护人和情感抚慰者……心灵的守护者,这个守护者本身是什么样的并不重要,重要的是自从有了这位神圣而威严的守护者以后,那些试图践踏人类良知和美德苗圃的蟊贼们在从事邪恶的勾当时,就再也不敢肆无忌惮和趾高气扬了"①。这样,善恶回报问题就有了解决的办法,道德就有了支撑和动力,康德道德宗教的启示意义正在于此。

第四节 建设性后现代主义的宗教信仰反弹倾向

尽管康德的道德神学是对传统道德基础的颠覆性变革,但他的关于"信仰对于至善的可达性必然是前提"②的结论,还是有深刻启示意义的。正是在这种理论意义的启示下,以及现代社会失去宗教信仰基础后面临严峻精神危机背景下,后现代社会表现出宗教反弹倾向。通过对现代与后现代社会宗教发展态势的对比、分析,进一步把握宗教信仰对于道德的基础性作用,这有利于我们从更宏观的层面,深入理解西方传统道德的宗教信仰基础。

西方传统道德立足于宗教信仰基础之上,但自文艺复兴、启蒙运动以来,西方开始进入现代社会,世俗化的潮流将神性打下擂台,随之而来的是现代人传统宗教信仰的丧失和价值观的倾覆。一时间理性主义、科学主义、人类中心主义等思想充斥着整个现代社会,而没有给人的信仰留有位置,道德失去了原有的宗教信仰基础,游离于理性和功利主义的世界中,现代社会不仅面临着严重的"存在"危机,而且面临着空前的精神危机。作为现代性对立面的后现代主义以其反权威、反基础、反本质的解构思想对现代社会的内在矛盾进行深刻的

---

① 赵林:《西方宗教文化》,武汉大学出版社2005年版,第423—424页。
② [德] 康德:《逻辑学讲义》,许景行译,商务印书馆1991年版,第60页。

批判。然而，激进的后现代主义对现代性一味地解构和破坏并不能从根本上治愈现代社会的弊病，正如美国的建设性后现代主义者大卫·雷·格里芬所言："文明的历史表明，'破'从来都不是进步的终极目标和结果，对旧事物的批判所企望的并不是文化的废墟，而是要迎接、寻求或建构一个新世界。"① 为此，建设性的后现代主义以其建设性的态度重新审视人与人、人与世界的关系，在人与人的关系上倡导主体间性，消除人我之间的对立；在人与世界的关系上力图消除现代性所设置的人与世界的对立，要求恢复神圣，建立一个附魅（或返魅）的世界，积极探索宗教信仰对于现代人摆脱精神危机的重要意义，重立信仰价值。

一　传统道德基础与现代性批判

西方传统文化是一种宗教文化，长期以来宗教成为人安身立命的根基。这一时期信仰是整个社会思想的核心，道德就建立在宗教信仰的基础上。经过文艺复兴和启蒙运动之后，人性、理性逐渐取代神性，宗教在社会生活中的地位逐渐衰弱，传统道德的宗教信仰基础遭遇现代性批判。现代性是与现代相关的概念，广义的角度也可以把现代性等同于现代主义。按照怀特海在《科学与世界》一书中对现代的理解，他将现代思想当作历史的现象反对，而且认为现代世界显然是指16—19世纪那段时间。这不仅说明现代思想与传统相对，而且从时间的跨度界定了现代的范围。作为现代社会反映的一种哲学文化思潮，学者也有多种解释。按照安东尼·吉登斯的理解，现代性是现代社会工业文明的缩略词，具体包括世界观、经济、政治制度等体系架构，并主要着眼于"从制度层面上来理解现代性"。② 所以，他理解的现代性是与"资本主义""工业世界文明"相互联系的行为制度与模式。当然现代性绝不局限于制度层面，还包括其与传统相对的思

---

① ［美］大卫·雷·格里芬：《后现代宗教》，孙慕天译，中国城市出版社2003年版，第3页。
② ［英］安东尼·吉登斯：《现代性与自我认同》，赵旭东译，生活·读书·新知三联书店1998年版，第1页。

想、态度。谈到现代性就不能离开启蒙，现代性源于启蒙运动精神，其目的在于弘扬人的理性，破除宗教迷信，用科学知识摈弃人的愚昧状态。理性成为批判一切、建构一切的基础。用英国哲学家欧克肖特的话说，"思想除了'理性'的权威外不服从任何权威。……他是权威的敌人，偏见的敌人，传统、风俗和习惯的敌人"①。这样，理性在社会各领域中都居于统治地位。"启蒙运动者大都把宗教视为社会进步的障碍和人类愚昧的罪魁祸首，而大加口诛笔伐，一段时间理性思潮如日中天，基督教在西方文化中的影响则日渐式微。启蒙运动思想家对宗教最有力的武器是人的理性，他们用理性摧毁了旧的宗教，却把理性变成一种新的宗教……近代科学的兴起使宗教信仰失去了最后的根据。罗素在描述这一现象时说，在与科学的交战中，宗教屡战屡败，逐步退让，几乎已经彻底挤出了世俗文化的领域。"② 人们生活在技术化的世界中，科学万能，理性无限，理智地思考与计算的工具理性把一切都对象化和机械化了。"知识就是力量"（培根语）的口号排除了对上帝的信仰，整个世界成了一个祛魅的世界，再也没有什么神秘的力量，因而，也就没有什么神圣可言。"生产的不断变革，一切社会状况不停的动荡，永远的不安定和变动，这就是资产阶级时代不同于过去一切时代的地方。一切固定的僵化关系以及与之相适应的素被尊崇的观念和见解都被消除了，一切新形成的关系等不到固定下来就陈旧了。一切等级的和固定的东西都烟消云散了，一切神圣的东西都被亵渎了。人们终于不得不用冷静的眼光来看他们的生活地位、他们的相互关系。"③ 这是对西方现代社会以个体生存、利益、幸福为基础，追求理性主义至上思想的真实写照。但是，随之而来的是内心世界的矛盾与行为的混乱无序。正如尼采宣扬"上帝死了"，在科学技术日趋发达的现代社会，上帝被现代人以科学的名义杀死了。康德的《纯粹理性批判》说明理性是普遍的，是绝对的权威，上帝的存在是不可证明的。据此，海涅认为康德用理性杀死了上帝，

---

① 陈嘉明：《现代性与后现代性十五讲》，北京大学出版社2006年版，第7页。
② 刘宗坤：《等待上帝还是等待戈多》，中国社会科学出版社1996年版，第36页。
③ 《马克思恩格斯选集》第1卷，人民出版社1995年版，第275页。

康德作为一个铁面无私的哲学家,袭击了天国,杀死了这个世界的最高主宰。① 这样,作为绝对真理的化身和绝对昭示者的上帝不再给人以终极的关怀,不能再给予有限者以无限的追求。现代性对传统宗教信仰的否定,其直接后果就是否定了传统道德赖以存在的信仰基础。

二 现代性信仰危机与后现代主义批判

如前所述,现代性对传统的宗教信仰进行了彻底批判,虽然,信仰在理性知识膨胀的挤压下不断萎缩,但是在理性的王国,靠冷冰冰的理性法则并不能为现代人提供生活意义,反而加速了人与现实的疏离。现代人在世俗生活中失去了崇高与神圣的追求,科技拜物教、商品拜物教、金钱崇拜成为个人的精神动力。的确,当现代社会将注意力集中于自我、理性的同时,也就丧失了许多值得保留的东西,如对自然崇拜以及精神世界中对超越性信仰的执着追求,最终导致一种现代性信仰危机,具体在道德领域表现为现代性道德危机。在人与自身的关系上,由于没有终极意义的关切和寄托,导致自我的异化,人格的破裂和自我精神的丧失;在人与人的关系方面,突出个人主义,每一个人都是相对独立的实体,人与人之间的关系完全是外在的利益关系,除此以外,没有什么更神圣的东西值得其去追求,人演变成了经济的动物,人与人的关系仅仅成了利用与被利用的关系;在人与自然的关系方面,由于"自然的祛魅","它意味着否认自然具有任何主体性、经验和感觉。由于这种否认,自然被剥夺了其特性——即否认自然具有任何特质。而离开了经验,特性又是不可想象的"②。这种自然的祛魅使得自然变成毫无目的、毫无生气的僵死的客体,进而丧失了其所具有的内在活力。自然仅仅作为人任意改造的客体,结果必然造成生态的破坏与失衡。

后现代性(或后现代主义)是与现代性相对的思潮或者说是一种"反现代性的态度"(福柯语)。尽管有的学者如哈贝马斯不承认后现

---

① [德]亨利希·海涅:《论德国》,薛华等译,商务印书馆1980年版,第304页。
② [美]大卫·雷·格里芬:《后现代科学》,马季方译,中央编译出版社2004年版,第3页。

代性，认为现代性是一项"未完成的设计"，但伴随着现代社会的危机和后工业社会的到来，后现代思想已经成为一种历史潮流。由于后现代性的多元价值取向和无中心意识，对后现代性下一个精确的定义比较困难。或许从后现代性对现代性的批判中能更好地把握后现代性的特征。很多后现代理论家认为后现代性是作为现代性的反面物而存在的，是对现代性的中心性、整体性和本源性的有力回应，它排斥"整体"的观念，强调差异性、多元性和特殊性。后现代主义者认识到现代性的危机不能依靠自身加以修复，知识和技术的缺点也不可能简单地通过更多的知识与技术加以消除。于是，后现代主义一致将攻击的矛头指向了作为现代性支柱的理性，否定现代范式中的理性迷信与科学迷信及其所释放的破坏力量。以反理性为根本特征的后现代强调不确定性、独特性、非逻辑性、差异性、碎片化，反对理性或现代性的普遍、必然、秩序、确定、统一。他们认为理性崇拜、技术崇拜并没有从根本上为现代社会注入内在活力，反而导致危机重重。"鲁迅当年在概括文化更新换代时期的最大人生悲剧时曾说过，最大的悲哀是在人醒了之后无路可走，现代主义作为除旧布新时代的文化思潮，恰恰是把一代人从睡梦中唤醒，却又无力为他们指出现实的切实出路。人们对现代主义感到失望乃至绝望，产生了某种上当受骗之感，于是一个以现代主义为攻击目标的文化现象开始出现，这就是后现代主义思潮。"① 后现代主义以其解构权威、本质、基础的态度对现代性的批判是深刻的，是对现代性危机的有力回应。但是，这种批判中也有不同的声音，其中建设性后现代主义以其建设性态度，重立信仰价值，来弥补解构性的不足，以期有所超越。

三 后现代道德的宗教信仰基础回归趋向

后现代主义作为一种流行的哲学文化思潮，虽然在反现代性方面有共同之处，但并不是一种内部完全统一的思想，其中包含着各种各样不同的思想倾向。根据不同思想倾向的特点，后现代主义可分为激

---

① 刘宗坤：《等待上帝还是等待戈多》，中国社会科学出版社1996年版，第10页。

进的后现代主义、怀疑的后现代主义、建设性的后现代主义等几种形态。其中建设性后现代主义是由美国学者格里芬提出的，他的建设性后现代主义把世界理解为一个整体，力图重建人与世界、人与人的关系。"建设性"与"解构性"相对，它在对现代性批判的同时伴随着重构的主张。与激进的后现代主义强调后现代与现代的完全决裂相比，建设性的后现代主义更具有生成性，不是一味地去"破"，而重在建设，重新思考人与人、人与世界的整体关系，力图为现代人寻找出路，表现出对宗教信仰的反弹倾向。总体看，后现代主义反权威、反基础、反本质，强调个体的差异性、多样性，但这种激进的反现代性的态度与方法也不可避免地陷入后现代道德窘境，正如齐格蒙特·鲍曼在《后现代伦理学》中所说："我们的时代是一个强烈地感受到了道德模糊性的时代，这个时代给我们提供了以前从未享受过的选择自由，同时也把我们抛入了一种以前从未如此令人烦恼的不确定状态。我们怀念我们能够信任和依赖的向导，以便能够从肩上卸下一些为选择所负的责任。但是我们可以信赖的权威都被提出了质疑，似乎没有一种权威强大到能够为我们提供我们所追求的信任。最后，我们不信任任何权威，至少我们不依赖任何权威，不永久地依赖任何权威；我们对任何宣布为绝对可靠的东西都表示怀疑。这就是刚才所描述的'后现代道德危机'最强烈的、最广为人知的实践方面。"[1] 我们不禁要思考现代性对传统宗教信仰的批判所导致的现代性道德危机在后现代主义激进批判的否定声中并没有得到解决，反而又面临失去权威后的后现代道德危机。所以，不可能沿着激进后现代主义的路线一直走下去，否则只能是批判一切、否定一切的破坏性与危机的循环往复。解决问题的出路还在于为人的精神世界寻求归宿。贝尔认为，"后工业社会在使人面临重重危机的同时，也提供了一种重建信仰的契机。因为人们需要从物质压抑和精神的虚无中超脱出来，并借助于信仰重新达到对于死亡、爱、忠诚等现象的彻悟"[2]。所以，他要重

---

[1] [英]齐格蒙特·鲍曼：《后现代伦理学》，张成岗译，江苏人民出版社2003年版，第24页。

[2] 刘宗坤：《等待上帝还是等待戈多》，中国社会科学出版社1996年版，第18页。

建信仰的大厦。

　　建设性后现代主义思想主要由当代的神学家倡导和推行，如格里芬、汉斯·昆、蒂利希等一批神学家。他们承担起对后现代人世界观重建的重任。"当代神学家对后现代主义的建设性重构或运用，归根结底还是依赖于其基督教信仰之指导。他们将其神学立意注入后现代主义的理论框架之中，否定现代发展所导致的世界和自然之祛魅，以便能为世界和人类获得神圣性'拯救'而再现神秘，重建神圣。"① 所以，这些神学家力图使宗教信仰的神圣之途达到某种意义上的恢复。"从本质上说，后现代主义将人文精神转向了人们的宗教情节，将文艺复兴从前门驱逐出的宗教又从后门放了回来。"② 面对后现代社会人的精神状况，宗教的作用尤为突出，它为人提供终极的价值。蒂利希充分认识到这一点，他说："宗教是人类生活所有机能的基础，它属于人类精神整体中的深层……宗教指向人精神生活中终极的、无限的、无条件的一面，宗教就这个词最广泛和最根本的意义而言，是指一种终极的眷注。"③ 建设性的后现代主义者格里芬反驳了激进后现代主义所宣扬的解构主义及其无意义性，认为后现代应该否定现代范式对宗教的消极态度，表现出对终极关怀的渴求，也就是格里芬所说的"向前回归"。汉斯·昆曾引用马克斯·霍克海默的观点来说明宗教信仰在后现代社会中发挥的积极作用。因为霍克海默相信："没有'完全的他者'，没有'神学'，没有对上帝的信仰，生活中就没有超越纯粹自我持存的精神"；"没有'完全的他者'，对完美的正义的追求就不可能实现，对无辜者的屠杀就必然得逞"；"没有我们称之为上帝的最终的、原初的、最实在的现实……我们对安慰的渴求就依然不能得到满足。"④ 因此，宗教在后现代社会对人深层精神生活

---

　　① 卓新平：《后现代思潮与神学回应》，《中国社会科学院研究生院学报》1997年第3期。
　　② 赵凯荣：《后现代主义与人文精神的重建》，《武汉大学学报》（人文社会科学版）2000年第3期。
　　③ ［美］保罗·蒂利希：《文化神学》，陈新权等译，工人出版社1988年版，第7页。
　　④ 参见王岳川《后现代主义文化与美学》，北京大学出版社1992年版，第165页。

的满足扮演重要的角色,信仰与不信仰是一个必须回答的现实问题。

建设性后现代主义对宗教信仰的认可,是克服现代人"存在"危机和精神危机的客观需要。"陀思妥耶夫斯基曾说过:'倘若上帝不存在,则任何事情都会被允许。'……青年人开始接受这句话,也许只能了解上帝不存在的好处,而不能了解当信仰上帝为世界主宰时,人们内心所得到的那份安全感和归属感,以及把大部分的责任交付给上帝,而免除人生重负的那份愉悦。这些是现代人再也得不到的了,因为现代人追求自由,希望自己能成为自己的主人,这是人类最庄严的一次奋斗,但至今所能看到的,都是奋斗惨败的记录。当近代人最初感到宗教束缚形成人类发扬理性的桎梏时,于是渴望自由。几百年来,人类的道德自由越来越多,但人类要为他自己所负的责任,也越来越沉重。现代化带来无穷的新问题,每一种问题都逼迫人类,要他为自己制造的问题负责,当人类不胜其负荷时,于是开始逃避自由,于是新的宗教呼声再起……人类又企图走回头路,希望用古老方式来解决现代人心灵的重压。"① 这也在某种程度上预示着道德的宗教信仰基础的回归。道德虽为人的自觉自律意识,但从其发展历史看,道德发展的独立性逐渐减弱,依赖于一定的信仰而存在。显然,后现代道德也不能没有信仰基础的支撑而处于游离状态。万俊人教授认为,现代道德观念体系中信念伦理缺乏,而规范伦理又遭遇重重困境,这就降低了现代道德的适应能力。当以自我为中心的现代人放弃了对终极关怀的关照以后,人的心灵困惑与精神焦虑日益严重。现代道德也蜕变成纯形式的消极性规范。因此要重建生活信念和价值理想。②"宗教作为现代道德的一种文化资源不仅是可能的,而且是重要的。它所特有的信念体系和由此出发所提出的现代社会批判,正是现代道德所缺少或急需的。理解了这一点,我们就不难理解:为什么在现代启蒙运动的重重打击下宗教并没有失却其内在的价值力量?为什么在

---

① 韦政通:《中国文化与现代生活》,中国人民大学出版社2005年版,第154—155页。

② 万俊人:《比照与透析:中西伦理学的现代视野》,广东人民出版社1998年版,第490—492页。

现代人的身上会出现经济生活境况越好人们的宗教情结越深的现象？为什么在诸如美国这样具有高度法制文明和世俗道德传统（如实用主义、自由主义）的现代化国度，接受并笃信宗教信仰的人如此之多？"① 涂尔干把西方道德危机的原因概括为"没有发现那些长期承载着最根本的道德观念的宗教观念的理性替代物"②。这种理性的替代物是什么呢？笔者认为，后现代的宗教反弹倾向和现实境遇，倒是可以为我们提供某种答案。在一定程度上，后现代体现出宗教信仰的回归趋向，当然这不是简单的恢复宗教精神，而是在经历了前现代、现代和后现代激烈的批判、洗礼后，恢复更新被现代性压抑以至萎缩的信仰精神，也就是汉斯·昆所称的"后现代神学"。此外，就宗教信仰的非理性特点而言，现实生活中完整的个人，也应是理性与非理性的结合体。正如巴雷特在《非理性的人》中所说："本真的人既不是理性的人，也不是非理性的人，因为无论理性的人还是非理性的人都只是一种片面的人，一种不完全的人，因而也是抽象的人，非现实的人。本真的人应该是完全的人或完整的人，应该是理性与非理性的合体。"③ 从这个角度看，西方宗教信仰的反弹，不仅为道德重新提供了信仰的基础，而且也为人提供了生存意义和终极价值，为"无家可归"的存在者提供精神的家园，符合人的全面发展的需要。

---

① 万俊人：《比照与透析：中西伦理学的现代视野》，广东人民出版社1998年版，第493页。

② ［法］爱弥尔·涂尔干：《道德教育》，陈光金等译，上海人民出版社2001年版，第12页。

③ ［美］威廉·巴雷特：《非理性的人——存在主义哲学研究》，段德智译，上海译文出版社1992年版，第6页。

第三章 中国传统道德的"天人合一"信仰基础

"天人合一"思想是中国社会特有的文化财富,在历史上,作为中华民族的传统信仰具有重要地位,成为传统文化中各种思想、学说的核心与基础。中国传统道德正是建立在这一信仰基础之上,具体表现为中国的"心性"学。"心性"学是先秦儒道两家的重要理论课题,道家思想中的"道法自然",无为而治的思想,儒家的尽心、知性、知天的学说都是围绕天人之际,"天人合一"的问题展开的。在分析中国传统道德的"天人合一"信仰基础之前,有必要对中国传统道德概念加以界定,以便使研究的思路更加清晰。从广义的角度看,它主要指以儒、墨、道、法等各家伦理道德传统为内容的伦理思想体系的总和。从狭义的角度看,中国传统道德主要是指先秦到辛亥革命时期,以儒家伦理观念为架构的伦理思想体系。① 尽管在历史上我国存在众多的道德学派,但儒家伦理思想长期居于主导地位,被奉为正统学说,成为中国伦理思想史上具有主导性地位的道德形态。即便个别时期儒学处于低谷状态,但在民间儒家道德依然发挥着重要作用,甚至在今天仍有重要的影响。可见,儒家道德在整个社会中的影响力无论广度还是深度都是其他学派所不及的。儒家道德代表了中国传统道德的主流与方向,所以在此意义上,传统道德主要是指儒家道德。国内学者在对传统道德界定上多采用这一概念。鉴于此,本书也

---

① 任剑涛:《道德理想主义与伦理中心主义》,东方出版社2003年版,第243页。

是在此意义上使用传统道德概念的。

第一节　中国传统道德的逻辑起点

同西方传统道德一样，中国传统道德的研究自然也要从其逻辑起点即人性论分析入手。中国在人性论问题上主流思想是性善论，虽然不乏有性恶说、善恶相混说的声音，但它们仅仅是一些分支而已，始终没有成为主流。中国思想的主流延续了孔孟性善论思路，从孔子开始，到孟子正式提出性善论以及《易传》《中庸》等相关论述，再到唐代韩愈的"道统"，最后到宋明理学，中国思想家走的是人性善之路。即便是后来传入中国的佛教也认为人皆有佛性，佛是心中的善念，是人的本心的体现，这与儒家的善性是一致的。道家虽然没有提出关于人性善、恶的具体观点，但从老子的返璞归真，回到人类的婴儿状态以及庄子的至德之世，人与万物居，族与万物并的人与自然万物一体状态，也表明人之初的本性还是善良的。所以，中国文化是一种性善论文化，人性善自然成为中国传统道德的逻辑起点。

一　人性善预设

历史上关于人性善与人性恶的论断都是一种预设，也就是说不是客观事实，但是这种预设实际是对客观现实状况的反映，可以在现实生活中找到其根源。为什么中国社会主张人性善？这与中国文化形成初始阶段的自然环境、人文地貌以及相应的生产方式、生活方式有着千丝万缕的内在联系。因此，对于中国传统道德及其人性论前提的分析不能不充分考虑这些因素。适合农业发展的地理环境，奠定了农业文明的基础，在此基础上形成了家天下的家族血缘关系，在以家庭为纽带的亲情、熟人社会生活环境中，人们自然认为道德的善是人的本质，性善论的基调逐渐形成，由此决定了中国传统道德的基本走向。

中国的自然地理环境适于农业发展，形成农耕文明。人类的生存环境决定了与之相适应的生产形式和经济模式，在此基础上，产生出最初的生活方式与社会结构。自然地理环境是不能选择的，"大自然和地理环境的演变,常常是历时长远,超越个人乃至全人类的有限生活经历,或微细飘忽,不易为个人的感官肉眼所察觉"①。根据"海洋型地理环境"与"大陆型地理环境"对比理论,中国显然属于后者。就地理环境看,西南有险峻的高原巨岭,青藏高原平均海拔在四千米以上。西北部是广袤的沙漠戈壁,东临浩渺海洋。显然,这些天然的屏障对于生存能力薄弱的古人来说是不可逾越的。不过在这种半封闭的环境中其内部平原广阔,特别是长江、黄河流域平原相连,没有天然的阻隔屏障。黄河、淮河流域冲积的平原土质疏松,肥沃度高,适宜于发展原始农业。不同的自然环境造就了不同的农业地质。"据地质学家的研究,黄土高原的形成多半是由数十万年来从戈壁吹来的黄沙覆盖而成,其土质结构松软多孔,有较强的渗水性,遇到雨水,可以像海绵一样对水起保存的作用。水分渗入深处,蒸发缓慢,不仅能长期保存,且能在干旱季节,由地下茎毛细管作用渐渐上升,供给作物根部水分的需要。再加上黄土的风化程度较弱,颗粒中所含矿物质不易流失,具有较强的肥力。"② 得天独厚的地理资源,为中国几千年的农业文明奠定基础。不仅地理环境优越,而且气候温暖湿润适于农业生产。大部分土地处于北温带,中纬度,气候温和湿润。"中华文化的发祥地位于欧亚大陆的东部,太平洋西岸,南北跨热带和温带两大气候带。其中尤以被黑格尔称作'历史的真正舞台'的温带区域最广,占国土面积的90%以上。这当中又以亚热带和暖温带所占面积最大。由于东亚海陆分布所产生的热力差异,冬夏高低气压中心的活动变化显著,加上青藏高原地形作用因素,形成了东亚特有的强烈的季风环流系统,使东亚大陆大气运行发生明显改变。它的直接影响是这里的亚热带地区不像世界其他同纬度地区那样表现为荒漠或干草原,而是气候湿润,雨量充沛。加上由太阳辐射带来的热量资源十分丰富,为各种植物的生长和农耕文明的发展提供了十分优厚

---

① 陈启云:《地理与人文动态互应考析之一:中西地理环境的比较》,《兰州大学学报》(社会科学版)2007年第2期。
② 李中华:《中国文化概论》,华文出版社1994年版,第17页。

的自然条件。"① 北半球特有的暖带气候加上黄河、长江等河流的滋润，这就为生活在这片土地上的远古人提供了得天独厚的自然地理环境，结果必然孕育出中国农耕经济形态。

农耕的生产方式决定着基本的生活方式、社会结构与生活态度，为塑造不同的文化类型与文化特性提供了客观的物质基础。由于农业社会对土地的依恋，人们养成了安土重迁、慎终追远、追求安逸恬静的普遍心态。人的一切思想观念、性格特点最终都离不开其赖以生存的生产方式和生活方式。对此，黑格尔带有民族偏见地认为："平凡的土地、平凡的平原流域把人类束缚在土壤上，把他卷入无穷的依赖性里边。"② 广袤的平原土地造就了农耕文明，千里沃野，四季分明，衣食无忧，自然产生对土地的依赖感。不仅对土地依赖，而且中国人在长期同广大、厚重而又充满生命力的土地打交道过程中，由于经常从事于生命培植的活动，因而形成了豁达的胸怀、容忍的度量、沉稳的性格和与人为善的精神。③ 这一点唐君毅也有精辟的论述，农业社会必求定著而安居，农业之事只能尽人力以俟天，农业之人向地工作，而地上之植物上升于天，见上天下地之相通。农业生活定著而安居，则生于斯食于斯，而又自然环境皆熟悉而生情，惊奇之心遂少……亦自然爱和平。农业之生活，则使人倾向于向内，重尽己力，求人我各安其居，互不相犯之愿浓。中国人之农业生活，自然促进人之超敌对致广大而爱和平之精神。④ 无论是超越敌对、爱好和平的精神，还是善于容忍、与人为善的性格都与农业文明的特点密不可分。

传统农业社会是小生产的自然经济，生产自给自足，劳动的对象主要是土地，土地成为其维持生存的实体。这就要求人们过定居生活，所以，黑格尔说："农业在事实上本来就是指一种流浪生活的终止。"⑤

---

① 徐行言：《中西文化比较》，北京大学出版社2004年版，第33—34页。
② [德]黑格尔：《历史哲学》，王造时译，生活·读书·新知三联书店1956年版，第136页。
③ 焦国成：《对中国传统文化反思的反思》，上海人民出版社1990年版，第48页。
④ 唐君毅：《中国文化之精神价值》，广西师范大学出版社2005年版，第9—11页。
⑤ [德]黑格尔：《历史哲学》，王造时译，生活·读书·新知三联书店1956年版，第146页。

人们定居生活,聚族而居,家庭成为维系各种社会关系的主要纽带,血缘亲情是连接人们各种交往关系的桥梁。由家庭扩大到家族,中国古代家族往往在同一地区世代繁衍,聚族而居,从而形成了地缘与血缘关系相互重叠的特殊社会结构。"家庭及其延伸家族在中国传统社会的重要地位却是任何一种别的文化都无可比拟的。家对于中国人不仅意味着异性的结合,也不单是人们为繁育儿女而组成的共同体,而是集血缘承继、婚姻结合、生产经营、财政消费、社会教化甚至礼法管制等诸多功能为一体的社会单元"[1]。正如黄建中先生所说,"中土以农立国,国基于乡,民多聚族而居,不轻离其家而远其族,故道德以家族为本位。所谓五伦,属家者三,君臣视父子,朋友视昆弟,推为则四海同胞,天下一家"[2]。血缘关系成为整个社会的根基,血缘家庭是中国传统的伦理根本,它在伦理生活、伦理精神中具有绝对的意义。家族既是人伦的原则和出发点,又是人伦的归宿。

由家族扩大到国家,家国同构,逐步形成了血缘宗法社会关系。在这种社会关系中血缘亲情一直是主轴,人们的生活圈主要是家庭以及乡村的狭小区域范围,主要与熟人打交道,人们的交往以人情为基础,人际关系密切、深厚、积重。在家庭主义的价值网络中最重要的是亲亲原则。敬祖、亲亲、睦邻、重友成为人们长期信奉的准则。人一出生就生活于这样一种和谐、融洽、与人为善的社会关系之中,自然在人性的认识上人们也认为人性应该是善的。这显然不同于西方人原子式的生存状况,孤立无援的个体只能依靠超越力量的拯救。按照马克思、恩格斯关于人类生产方式的解释,中国属于"亚细亚"生产方式,在其自身范围之内具备了进行生产和扩大再生产的条件。传统社会以农耕经济为主体,生产自给自足,因此,私有制没有像西方那样充分发展起来,这就使得原始社会关系向奴隶社会关系转变的不够彻底,仍然保留了原始社会的血缘关系。恩格斯指出,"在东方家庭奴隶制是特殊的,即是,在这里奴隶不是直接地形成生产的基础,

---

[1] 徐行言:《中西文化比较》,北京大学出版社2004年版,第49页。
[2] 郁龙余:《中西文化异同论》,生活·读书·新知三联书店1989年版,第172页。

而仅是间接的氏族的成员","亚细亚"的生产方式就将"氏族遗制保存在文明社会里"①。由于氏族纽带关系的存在，土地并没有完全私有化，这样氏族内部的血缘关系就没有被彻底割断，仍然维持着原始社会的血缘家族关系。在这种温情脉脉的家族关系中，人根本不需要到人之外去寻求什么救助的力量。陈炎教授认为，"每一个遭受不幸的中国人无须到超越的彼岸世界中去寻找寄托，而能够在精神领域中重新加固和调整建立在宗族血缘基础上的人伦情感"②。所以，中国人和整个家族血脉相连，在家庭亲情中体验到人性的良善，人性善预设由此形成。正如蒙培元所说，中国传统社会以农业自然经济为基础，以家族血缘关系为纽带的社会结构特点，决定了"儒家无不以仁、义、礼、智为性，不管它被说成是先验的还是经验的……但实际是封建社会以家族血缘关系为基础的伦理关系在意识中的直接反映"③。中国人一向注重家族伦理关系，形成了稳固的宗法家长制，在家庭成员之间形成了较强的依附关系，尤其是个人对整个家族的依赖。在依附性关系中，个体只是共同体的附属物，无条件地服从整个共同体，压制了个性，阻碍了个体独立意识的形成与发展，这也造就了中国人向来注重整体、群体关系和谐、融洽的优良传统。因此，追求和谐是我们长期以来孜孜以求的理想目标。

二 性善论与"天人合一"信仰的内在逻辑

我们知道人性善不是存有，是一种不能为经验所证实的预设，当然，也没有任何经验上的证据将其证伪，历史上早就有关于对人性问题的讨论。古代的思想家无不对人性问题表示关切，因为这是建立其哲学、伦理思想的理论基础。从历史发展的主流态势看，性善论不仅代表了一种方向，而且在中国传统文化体系中，一直处于主体地位。所以，中华文化体现出强大的包容性，具有胸怀天下、心存仁义、厚德载物的品性。早在《易经》中就有了关于性善论的萌芽，"一阴一

---

① 侯外庐：《中国思想通史》第1卷，人民出版社1957年版，第9—10页。
② 陈炎：《试论中国伦理世俗精神的形成》，《学习与探索》1992年第4期。
③ 蒙培元：《中国心性论》，台湾学生书局1990年版，第7页。

阳之谓道，继之者善也，成之者性也。仁者见之谓之仁，知者见之谓之知，百姓日用而不知"①。一阴一阳搭配变化，就称为道，能够继承（道）运作的就是善良的，完成道的运作的就是性。这种道呈现在仁爱上，隐藏在百姓日用之中。老子《道德经》中讲到"人法地，地法天，天法道，道法自然"。自然即自然而然，无为的状态，万物皆任其自身所有之性发展。这与《易经》"生生之为易"的思想相近，都强调了生生不息的变化。"道生之，德蓄之，物形之，势成之，是以万物莫不尊道而贵德。道之尊，德之贵，夫莫之命而常自然。"②由此可见，在道家这里对人性态度虽不明确，但还是体现出人性向善的态势的。

阴阳变化是基本的法则，能够继承法则（道），就是善良，使这种法则具象化就表现为人性，也就是说人性是善良的。孔子在人性论问题上并没有鲜明的观点，只是说"性相近也，习相远也"③，但从孔子仁学思想看，他强调人要做仁者，并从孝悌方面论说了人应该有爱人的真挚情感，由此不难看出孔子的人性善倾向。在《论语》中关于仁的论述达到上百处，何谓仁？"仁者，爱人"，"仁远乎哉？我欲仁，斯仁至矣"④。仁就是爱人，是人最原初的真挚情感。除了"仁"，《论语》中还有诚、义、信、忠、恕、敬等概念，有着对人性情感的培育成分。孔子一向强调以孝亲为核心的"亲子之情"，从血缘的亲情出发扩大到社会、国家。在此不难看出那份亲情关系体现的先天的善端。对性善论进行系统论述并形成了完备理论形态的是孟子。孟子认为人先天就具有最基本的道德品质的萌芽，都有向善的本性，每个人生下来都有"四心"即"恻隐之心""羞恶之心""恭敬之心""是非之心"，这"四心"便是仁、义、礼、智"四德"的根芽。他说："恻隐之心，仁之端也；羞恶之心，义之端也；辞让之心，

---

① 《易·系辞传》。
② 《道德经》。
③ 《论语·阳货》。
④ 《论语·述而》。

礼之端也；是非之心，智之端也。"① 所谓"端"就是萌芽、开端。这就是说，人最基本的四种道德品质仁、义、礼、智，就是从这天赋的"四心"萌芽发端的，所以这"四心"就称之为"四端"。如果没有外来的破坏，把"四端"扩充发展起来，就成为仁、义、礼、智四德。孟子把"四端"的扩充比喻为"火之始燃，泉之始达"，"四端"是人天生固有的，是先验的东西，就如人都有四肢一样，"人性之善也，犹水之就下也。人无有不善，水无有不下"②。所以，孟子认为："仁义礼智，非由外铄我也，我固有之也，弗思耳矣。"③ 因为"四端"不是后天外加于人的，而是先天内心固有的，只不过人们不去自我反省和追求罢了。孟子之后儒家思想基本上沿袭了性善论的主张，无论是程朱理学还是陆王心学都认为人的本性是善良的，只是被后天的各种物欲遮蔽住了，所以，王阳明提出"致良知"，即要恢复人的善良本性。总体来看儒家伦理思想是主张人性善的，尽管有荀子等人的性恶论声音，但荀子的人性观主要是从人官能欲望的本能角度来说的。因此，这种官能欲望是本性而不能笼统地一概称之为恶，就如同人要饮食一样，是人的自然需要，这是客观事实，不应包含价值判断的意味。除此以外，历史上还有性恶相混说、性无善恶说、性善情恶说、性情相应说等，但这些观点从未占据主流，性善论在中国传统文化中一直占据主导地位。无论在人性论上持有何种观点，但毕竟是预设，只不过是向哪个方向预设而已。前面已经讲到，由于我国特殊的自然、历史社会条件，人性论预设也是以此存有为前提的，正因为如此，性善论的预设顺理成章。

  当我们了解了人性善预设的前提以及人性善相关理论（即为什么是人性善预设及人性善是什么）之后，我们必然会有这样的存疑：性善论毕竟是预设，那么如何保证现实生活中的每个人向善、从善呢？其实先贤圣哲们早已经考虑到这个问题，如果仅仅从一个预设出发就让人向善、从善，显然还是缺乏说服力的，为此还需要一套形上的理

---

① 《孟子·公孙丑上》。
② 《孟子·告子上》。
③ 同上。

论支撑，这就是中国传统文化的精髓——"天人合一"思想。性善论与"天人合一"信仰具有内在逻辑的一致性，"天人合一"作为人们所追求的最高理想境界不仅从宇宙本体论的层面为人性善提供了形上的依据，而且为人的道德行为提供了支撑的动力和保证。所以，张岱年先生认为："宇宙本根，乃人伦道德之根源；人伦道德，乃宇宙本根之流行发现。本根有道德的意义，而道德亦有宇宙的意义。"① 这就为中国传统道德奠定了形上的价值基础，使道德有了根基和依据。

天与人的关系是古人长期思考的话题。麦克斯·缪勒认为，古人在不知自己何来何去，心中无所寄托的时候，总是寄希望于一种能够为其提供精神支撑的东西，结果都找到了天，"世界上的各个民族在不同的时候几乎都选中'明朗的天空'这个名称"②。可见，这里的天是人的一种精神寄托。中国人自古信天，天是一个古老的概念。根据《说文解字》解释："天，颠也。""颠"就是指在人头顶之上的苍穹的天空，后来逐渐引申为具体背后的、形上终极根据。冯友兰认为："天有五义：曰物质之天，即与天地相对之天。曰主宰之天，即所谓皇天上帝，有人格的天帝。曰命运之天，乃指人生中吾人所无可奈何者……曰自然之天，乃指自然之运行……曰义理之天，乃谓宇宙之最高原理，如《中庸》所说'天命之谓性'之天是也。"③ 冯友兰对天的看法在学术界基本是共识。因此，对"天"的不同理解，"天人合一"就有不同的意蕴。从儒家伦理道德的形上支撑看，这个"天"主要是指"义理之天"或者"德行之天"。中国伦理型文化特点使得一切都带有伦理道德的品性，"天"自然是道德之天，代表的是超越经验世界的天道本体，是人道德情感的寄托。从春秋至宋明理学，天在中国伦理文化中的主导意义就是作为道德的本体。从《易传》中"天地之大德曰生"的论断不难看出，天地最大的功能是创生，生生不息，绵延不绝。《说卦传》也谈到，圣人作《易》，是要

---

① 张岱年：《中国哲学大纲》，中国社会科学出版社1982年版，第173页。
② 麦克斯·缪勒：《宗教学导论》，陈观胜等译，上海人民出版社2010年版，第119—120页。
③ 冯友兰：《中国哲学史》，中华书局1961年版，第55页。

以其顺应本性,"是以立天之道曰阴与阳,立地之道曰柔与刚,立人之道曰仁与义"①,由此表明了人的生命价值依归。天地创造生命的"大德"就是人类道德的根源,人类的最高道德境界就是要与天地"大德"融为一体。故曰:"夫大人者,与天地合其德,与日月合其明,与四时合其序,与鬼神合其吉凶。"②《中庸》言:"诚者,天之道也。"《中庸》这里讲的"诚"不仅指普通意义上的"诚实""诚信""诚恳",从儒学形上思维看,这里的"诚"主要是指真实无妄的"理"或"道",如《中庸》曰"诚者,天之道也","不诚无物",这是从本体论的高度谈"诚"的,"诚"就是天道流行。"诚"可以贯通天、人、物,故"诚之者,人之道也"③,人可以通过自己的努力感天动地,所以说精诚所至,金石为开。"诚"是指真实、实在,是原初的本真状态,"不诚无物",天的德行就是真诚不二。天是至善的化身,人性是天命所赋予的,所以《中庸》说"天命之谓性"。孟子认为人的善性是"天之所以与我者","万物皆备于我矣。反身而诚,乐莫大焉"④。天的德行与人的心性是相通的,人的德行秉受于天德,所以人能"尽其心者,知其性也;知其性则知天矣。存其心,养其性,所以事天也"⑤。这样就达到人性与天性、人德与天德的同一。下学而上达,最后通于"天",实现"赞天地之化育""与天地参"的"天人合一"最高境界。由此可见,中国传统文化立足于"天人合一"基础之上,"中国人的信仰系统大体上是可以用'天人合一'来概括"⑥。

人性善预设与"天人合一"信仰内在逻辑的一致性的关键节点在于"天"与"人"的契合一致,即天道、天理、天德与人道、人理、人德相通。"天人合一"说明天与人具有本质上的同一性,这种同一

---

① 《易·系辞传》。
② 《易传·文言》。
③ 《中庸》。
④ 《孟子·尽心上》。
⑤ 同上。
⑥ 单纯:《儒学的天人关系:"天人合一"信仰》,《中国社会科学院院报》2006年9月28日第3版。

性的实质即人的道德与天的要求有内在的一致性，这就为人性善提供了本体论的价值依据。人性的善良是符合天理要求的，所以人们常把"天理"与人的"良心"结合在一起，称为"天理良心"。做人要对得起"天理良心"，如果失去了良知，失去了向善之心则是丧尽天良，自然也就不能称之为人。生活中，人们常说"天作孽，尤可为，人作孽，不可活"。这看似平常简单的话语，实质上，它体现的是一种"天人合一"的境界。所以，何光沪先生认为，天理良心"实际上是维系一个社会最后的也是最强大的精神防线"[1]。至此，我们对人性善与"天人合一"内在逻辑有了深刻的认识，这就不难理解为什么在人性善预设之后，还要搬出一个"天"来。因为仅有人性善的预设，还是达不到让人向善、行善的目的，还缺乏必要的依据支撑。人们会问为什么人性是善的，这个追问必须有着落。而"天人合一"为性善论提供了终极的价值依据。从宇宙、天地本源的角度给予了终极的说明。反过来，性善论又为丰富和发展传统伦理思想体系提供了价值依据，我们常讲的人伦实际上就是人性与伦理的结合，两者相互依存。今天我们重新审视中国传统伦理思想体系时，其内在的逻辑关联应是把握的关键。中国传统道德也正是在这样的逻辑理路中不断演进发展的。

三 立基于"天人合一"信仰的道德实践

相比于西方社会的宗教文化特点，中国传统文化的重心始终落在人伦关系上，在家族血缘关系基础上形成了一种世俗伦理文化。中国人向来重视现世生活，强调经世致用，而对于彼岸超越的存在并不是很关心。在中国的神话中就流传着许多关于人在现世生活中不屈不挠、不断抗争的神话故事。例如古人通过坚韧不拔的精神，钻木取火，而不是从上帝那里去获得，或者信奉什么火神；面对滔天洪水，中国人不躲避，直面困难与洪水抗争，历史上有著名的大禹治水的故事；面对挡住前面去路的高山，我们也不气馁，有愚公可以移山，而

---

[1] 何光沪：《有心无题》，生活·读书·新知三联书店2003年版，第182页。

不是寻求神助。中国人的神话里还有敢于挑战太阳神的传说，因为太阳太热，就想要把太阳摘下来，夸父族首领夸父于是开始逐日，和太阳赛跑，在奔于大泽路途中渴死。夸父逐日的故事，反映了中国古代先民了解自然、战胜自然的愿望。此外，还有后羿射日的故事，为了拯救人类，后羿张弓搭箭，射掉九个太阳，最后，天上只留下一个太阳。类似这样的中国神话故事很多，它充分彰显了人的力量与现世主义精神。中国人的这种现世主义精神在西方文化中是绝对不可思议的。中国基于这种现世主义精神，历史上形成了以家族为核心的伦理文化传统。家族主义精神深深地渗透于传统社会的伦常关系、道德体系、社会价值观念、民众行为方式以及政治制度各个方面之中，成为中国传统伦理文化的基本精神。因此，中国传统社会是一种伦理型文化社会。早期的先民在由原始的氏族跨入阶级社会过程中并没有割断原有的血缘纽带，于是，血缘关系成为社会的基本关系，家庭伦理关系成为各种价值取向的出发点，形成家国一体的基本社会结构。儒家强调的"孝悌人伦"就是从家庭开始的。孔子"仁学"思想的出发点就是从孝亲开始，在家尽孝，在朝尽忠，所以，孝是仁的本源。"其为人也孝悌，而好犯上者，鲜矣；不好犯上，而好作乱者，未之有也。君子务本，本立而道生。孝悌也者，其为仁之本与！"① 通过"孝悌"进而再讲仁、义、礼、智、信。孟子"五伦"中的父子、夫妇、长幼三伦都是家庭道德，其他两伦也是在此基础上的进一步延伸。可见，这种血缘性的自然联结，以亲子之情作为最实在的伦理关系，以此建立以"仁"为核心的伦理关系，形成了父子、君臣、兄弟、夫妇、朋友这五伦关系。在儒家思想中，一切人伦道德都是从最基本的"孝悌"开始的。"孝悌"强调的是父母子女之间的伦理关系，也称为"血缘性的自然联结"方式；而"仁义"强调人与人之间的互动感通，表现为"人格性的道德联结"。由"孝悌"到"仁义"的转化过程体现着由"血缘性的自然联结"到"人格性的道德

---

① 《论语·学而》。

联结"转变。① 儒家伦理道德尽管体现了明显的世俗性，但并未影响其超越性的价值体认。这种超越性不像西方宗教文化那样追求人之外的不可知的存在，神或者上帝，而是转向了人自身，这是理解中西文化差异的关键因素。人通过自身的努力就可以体悟到"天人合一"的境界，并以此为价值依归。它并不神秘，就在百姓日常生活之中，所以说"百姓日用而不知"②。中国儒家伦理并未止于世俗，而是进一步向上追溯宇宙造化之源，即道德的价值源头，这就是天。人与天有一种"冥契"的关系。天与人内在的心性具有同一性，因此，通过人不断地反省、内求能上达于天，实现"天人合一"的境界。"中国人在现实道德生活中同时获得一种与天道合一的超越性与高尚感，这同宗教文化中在专门的宗教生活才能达到的精神满足是一致的。"③一些不了解中国传统伦理精神的人，以为中国的传统伦理道德都是一些表面的行为条文、规范，缺乏内在的精神生活上的根据。例如黑格尔带有民族偏见地认为孔子所讲的道德只是一些常识，这种常识道德在任何一个民族都能找到，《论语》也是一些警句箴言，毫无出色之点。显然黑格尔的看法是比较浅薄的，实质上是没有真正理解中国人追求内在超越的"天人合一"境界，没有认识到中国传统伦理道德所依据的深厚精神价值。正如李泽厚先生所说，"它本身远不止是'处世格言''普通常识'而具有'终极关怀'的宗教品格。它执着地追求人生意义，有对超越道德伦理的'天地境界'的体认、追求和启悟。从而在现实生活中，儒学的这种品德和功能，可以为人们（个体）安身立命，精神皈依的归宿"④。中国传统道德虽然产生于家族血缘关系并形成一定的世俗道德，然而，传统道德的根源是可以追溯到先验或超验的天道、天理的。所以，中国人努力向内追求价值之源，实现"天人合一"的境界。中国的伦理道德也同西方的宗教伦

---

① 林安梧：《儒释道心性道德思想与意义治疗》，《道德与文明》2002 年第 5 期。
② 《易·系辞传》。
③ 高文新：《中国传统哲学宗教的特点与新哲学的建构》，《吉林大学社会科学学报》2004 年第 6 期。
④ 李泽厚：《论语今读》，商务印书馆 2004 年版，第 5 页。

理一样，有其内在的精神生活上的根据。中国的传统伦理道德中含有一种超越性的情感或精神。自古以来，中国的道德思想，一向重视天人合德、天人合一、天人通体的观念，个人的道德实践与觉悟、信仰相互促进，"于是人能尽心知性则知天，人之存心养性亦即所以事天。而人性即天性，人德即天德，人之尽性成德之事，皆所以赞天地之化育"①，也就是达到"天人合一"。这充分表明中国传统道德是有其形上价值支撑的。所以牟宗三认为，儒家在表示"现实自然生命以上，种种外在利害关系以外，有一超越的道德理性标准，此即仁义、礼义、本心等字所表示，这超越的标准如展为道德法则，其命于人而为人所必须依之以行动，不是先验普遍的，是什么？"②儒家认为人性、人道与"天性""天道"是一致的，人性之所以善是因为人具有良心、本心，人之所以有良心是因为"天之所以与我者"，这是"天道""天理"。人只要扩充其善性就能下通上达。"天人交贯，一方使天由上彻下内在于人；一方亦使人由下升上而上通于天"③，"天道"下贯于"人道"，人的德行化天理而义，一切道德善良均以天理、天道、天伦为依据。儒家人伦的背后是天命之伦，也就是一种终极价值。中国儒学向来就主张现实性与超越性的统一，中国人在现实生活中进行道德实践的同时获得一种与天道合一的高尚感。所以，高文新教授认为，儒家的道德哲学决不仅仅是道德条文，而是与天相联系的人间正道，这种道德哲学同时具有信仰的功能。④

第二节　道德形上论的"天人合一"心性学

　　心性之学与天人之学密不可分，归根到底都是天人关系问题，蒙

---

　　① 牟宗三等：《为中国文化敬告世界人士宣言》，转引自张君劢《新儒家思想史》，中国人民大学出版社2006年版，第570页。
　　② 牟宗三：《心体与性体》，上海古籍出版社1999年版，第102页。
　　③ 牟宗三等：《为中国文化敬告世界人士宣言》，转引自张君劢《新儒家思想史》，中国人民大学出版社2006年版，第566页。
　　④ 高文新：《中国传统哲学宗教的特点与新哲学的建构》，《吉林大学社会科学学报》2004年第6期。

培元认为,"中国古代心性论的基本理论特点是'天人合一'之学"①。中国传统道德的形上学就是关于"天人合一"的心性学。现代新儒家认为,"心性之学,是中国古时所谓义理之学又一方面,即论人之当然的义理之本原所在者"②。从这个定义看,心性学就是解决人之所以有理义,之所以有道德的根据问题。"心"和"性"的概念是儒家心性论的基本范畴。"心"是代表主体精神的重要范畴,合情感、意志与知性为一体的主体意识,它不仅仅是认知的"心",更侧重的是人的"道德本心"。《说文解字》中"性"为"从心从生",表示人的本质、本性的价值范畴。所谓"心性"问题并不仅仅是一个心理学问题,它主要是哲学、人性论问题,是"探讨人的本质、本性、自我价值,及其在自然界的地位等一系列哲学问题。它一直以人类为中心,但又不离自然界"③。心性论突出强调以天性论人性,以天道论人道,最终达于"天人合一"的最高境界。因此,儒家的心性学既是本体论又是价值论,成为传统道德得以成立的形上学根据。传统的心性学认为人的心性同时是"天理""天心",以德润身,天理良心一致。一方面,"此心此性,天心天理乃我们德性的生生之源,此德性既能润泽我们之身体,则此身体之存在,亦即为此心此性之所主宰,天理天心之所贯彻,因而被安顿调护,以真实存在于天地之间"④。人的身体存在由心性主宰,天理天心贯彻其中。天由上下彻以内在于人。另一方面,每个人只要尽自己心性,则可以上通于天。能尽心知性则知天,人存心养性亦即事天。人性即天性,人德即天德,人能尽此内在心性即达于天德、天理,天人合一。所以,基于天人合一的心性学,天自然成为人道德的本源和依据,天与人在道德上合一,中国传统道德的信仰基础正在于此。

---

① 蒙培元:《中国心性论》,台湾书局1990(民国七十九年)年版,第21页。
② 牟宗三等:《为中国文化敬告世界人士宣言》,转引自张君劢《新儒家思想史》,中国人民大学出版社2006年版,第567页。
③ 蒙培元:《中国心性论》,台湾书局1990(民国七十九年)年版,第21页。
④ 牟宗三等:《为中国文化敬告世界人士宣言》,转引自张君劢《新儒家思想史》,中国人民大学出版社2006年版,第573页。

一 "天人合一"心性学之道统

"道统"论最初由韩愈提出,韩愈《原道》中说:"曰:斯道也,何道也?曰:斯吾所谓道也,非向所谓老与佛之道也。尧以是传之舜,舜以是传之汤,汤以是传之文、武,周公以是传之孔子,孔子以是传之孟轲,孟轲死不得其传焉。"韩愈关于"道统"到孟子中断的说法并不完全正确,不过"道统"的说法可以借鉴。儒学思想并没有像韩愈说的那样中断,两千多年来一直在延续,只不过表现的形式或阶段性地位不同而已。千百年来传承儒家之道有一个历史的发展过程。而且"道"与"统"体现了逻辑与历史的统一。在此借用"道统"一说来说明儒家"天人合一"心性学的发展与传承过程。这不仅能从历史线索上厘清其发展脉络,而且也能从逻辑上把握其内在的联系。心性问题是整个儒家讨论的核心问题,在儒家伦理思想史上占有极其重要的地位。由先秦至宋明,儒家无不贯穿着"天人合一"心性学这一主线。

一般认为儒家思想的创始人为孔子。实际上,从思想渊源看,孔子的思想又可以追溯到周公、周礼。"西周思想已经为儒家思想提供了若干重要母题,造就了若干基础,提供了若干有规范力的导向。《尚书》被儒家删修而奉为经典,绝不是偶然的,两者之间有着内在的承继关联。如果说西周的政治文化可以概括为'崇德贵民',西周的宗教文化可以在类型上归结为天民合一的天命观,那么,后来在中国文化历程中体现出来的道德、人文主义的精神气质可以说在此基础上正在逐步形成。"[①] 由此来看,西周时期思想为后来儒家心性论思想的形成奠定基础。周公提出"以德配天"的思想,将德与"天"结合起来。周公利用"天命"告诫统治者应注意人事,特别作为统治者自身要端正自己的德行。"皇天无亲,惟德是辅。"[②] 这就论证了

[①] 陈来:《古代宗教与伦理:儒家思想的根源》,生活·读书·新知三联书店2009年版,第215页。
[②] 《尚书·蔡仲之命》。

周朝能够取代殷朝得天下并非偶然性，而是因为"亦既用明德"①。不是别的原因，是他们的品德得到了上天的认可和保佑，所以，使得周朝取得了政权。周朝的统治者特别强调敬德，"王其疾敬德"②，"王敬作所，不可不敬德"③。统治者如何敬德？一方面统治者自身要为政勤俭，不敢荒宁；另一方面对民众要宽厚，恩惠下民，所以，"君子所其无逸。先知稼穑之艰难，乃逸"④。统治者只要能做到不敢荒宁，保惠百姓，就是敬德。只有敬德，才能永远承受天命。由上及下，这种敬德的思想也成为一般民众的普遍心态。周人继承了夏商神学天命观的基本思路，在此基础上做了进一步发展，他们在朝代更迭的启示下得出了"天命靡常"的结论，把天命和统治者的德行联系在一起。周公提出"以德配天""敬德保民"的思想，这就把高高在上绝对神秘的"天"与人事联系在一起，这对后来孔子对天命观的认识具有一定的影响。应该说，对后来儒学的心性论思想具有一定的启蒙意义。

《易经》作为中华文明史上的一部博大精深，影响广泛，流传久远的典籍，有"群经之首"和"大道之源"的称誉，如《四库全书·经部易类小序》云："《易》道广大，无所不包。"因此，研究中国的"天人合一"历史发展传统，首先应从《易经》着手，通过对其中的经、传研究，进一步认清"天人合一"的历史源头及其对儒学"天人合一"心性学的启蒙价值。目前，关于《易经》成书的时间并不统一，有一种说法认为，"《易经》是伏羲氏、周文王、孔子这三位古代圣人合作的成果"⑤。总体看，《易经》在时代上也是比较古老的，在内容方面涵盖了"天道""人道""地道"，以及关于人类在天地之间安身立命的思想学说。《易经》包括两个部分：一方面是"经"，由卦图、卦辞、爻辞构成；另一方面是"传"，即为"经"所

---

① 《尚书·梓材》。
② 《尚书·周书》。
③ 《尚书·召诰》。
④ 《尚书·无逸》。
⑤ 傅佩荣：《易经——傅佩荣译解》，东方出版社2012年版，第1页。

作的注释。成中英先生认为,"中国哲学从《易经》哲学开始,就把宇宙与本体合为一体。宇宙即本体,本体即宇宙……这个本体化的宇宙和宇宙化的本体还包括了人的生活世界。天、地、人是合一的,人永远贯穿在天地之间,成为参与天地的一个活动力量和创造力量"①。这就说明,"天人合一"问题是贯穿中国传统思想文化的核心、精髓,人们在此过程中充分发挥其能动性和创造力,充分彰显了人的主体性地位。《易经》讲天地之道,目的是为了论证为人之道,为人生提供智慧。它总能让人在变换中不断调试自我,个人可以通过自己的德行、智慧和能力来不断改变自己。例如,当我们处于逆境的时候,我们不自卑、不放弃,要想到"否极泰来"。看到社会乱象也不能自暴自弃或随波逐流,要想到"革故鼎新"。所以,《易经》从"天道"导向"人道""人事",教人学会为人处世的道理。《易·系辞传》说:"是以明于天之道,而察于民之故,是兴神物以前民用。"正如方东美先生认为的那样,它是"把外在的自然界的艺术、道德的精神点化了,成为富有美、善的价值世界"②。天地宇宙彰显的大美、大善的境界同人的道德世界有着紧密的联系,正如朱熹把"元、亨、利、贞"四德与春、夏、秋、冬四季相对照解释一样,"元"代表生物的开始,是天地的大德,"于时为春,于人则为仁";"亨"是万物亨通,这是美事,"于时则为夏,于人则为礼";"利"是万物各得其宜,"于时为秋,于人则为义";"贞"是万物成熟,各足具其性理,"于时为冬,于人则为智"。③ 通过自然界的方式,把"人道"赋予"天道"的解释,所以,人继承"天道"善性内化为自己的本性,"继之者善也,成之者性也"。④ 这样,"天道"既构成了"人道"的前提,又表现为人道的形而上的根据。"人的价值创造被理解为'天道'的延续(继之者善也),而人格则被视为形上之道在个体中的展

---

① [美]成中英:《论中西哲学精神》,东方出版中心1991年版,第334页。
② 方东美:《原始儒家道德哲学》,黎明文化事业股份有限公司1983年版,第131页。
③ 李光地:《周易折中引》,九州出版社2002年版,第891页。
④ 杨国荣:《善的历程:儒家价值体系的历史衍化及其现代转换》,上海人民出版社1994年版,第127页。

开（成之者性也）。于是，从广义的文化演进到个体人格的形成，都无不奠基于形而上之道，换言之，作为宇宙普遍法则的天道，同时构成了文化创造过程中的价值本体。"① 天人关系就其基本类型而言分为两种：一种是天人之分；另一种是天人之合。不同于西方天人之分的思维方式，中国天人之合的思想一直占据主流。所以，中国人不是在人之外的世界寻找超越的实体，而是指向人自身，究其原因就在于这种天人合一的思维方式。在历史上，虽然像荀子这样的思想家也提出过"明于天人之分"②的思想，但此说法重在说明天与人各有其职分，即自然界和人类社会各有其运行的规律，"天之道在生植"，"人之道在法制"③。但两者并不是完全对立的，荀子认为天也有自己的道德属性，"诚心守仁则形，形则神，神则能化矣；诚心行义则理，理则明，明则能变矣。变化代兴，谓之天德"④。人德与天德仍有着某种内在的联系，换句话说，这种天人之分是蕴含在天人之合之中的。《易经》的经传中包含着丰富的"天人合一"思想，例如：

《象传·坤》说，"至哉坤元，万物资生，乃顺承天"。

《象传·咸》说，"二气感应以相与……天地感而万物化生"。

《易·系辞下传》说，"天地绸缊，万物化醇，男女构精，万物化生"，"天地之大德曰生"，等等。

《序卦传》开宗明义"有天地，然后万物生焉"，"有天地然后有万物，有万物然后有男女，有男女然后有夫妇，有夫妇然后有父子，有父子然后有君臣，有君臣然后有上下，有上下然后礼仪有所错"。这实际上就是一个由天道到人道的运行过程，体现着对天地之上的宇宙本源的探求，为人类社会道德的存在提供了本体论的形上价值依据。这就从宇宙生成的视角触及天人合一这一核心问题，并为天人合一的整体观提供了理论基础。"《易》之为书也，广大悉备。有天道焉，有人道焉，有地道焉。兼三才而两之，故六。六者非它也，三才

---

① 《易·系辞传》。
② 《荀子·天论》。
③ 同上。
④ 《荀子·不苟》。

之道也。"①《易经》的范围大而无所不包，天地人三才是其中的主要内容，如天的法则、地的法则和人的法则，人与天，人道与天道和谐一致性等。人们通过了解天地之道，不断了解人自身，所以孔子说，"'《易》，其至矣乎！'夫《易》，圣人所以崇德而广业也。知崇礼卑，崇效天，卑法地。天地设位，而《易》行乎其中矣。成性存存，道义之门"。"《易》与天地为准，故能弥纶天地之道"，"夫《易》开物成务，冒天下之道"，"是以明于天之道而察于民之故"②。这就是说《易经》已经明确了最高明的道理，有什么样的"天道"就有什么样的"人道"，"人道"可以在"天道"中找到依据，"天道"在"人道"中得到反映。如"天地感而万物化生，圣人感人心而天下和平。观其所感，而天地万物之情可见矣"③。所以，上至圣贤，下至平民百姓都是按照天地之道行事，"天地变化，圣人效之"④。乾卦《象传》说："天行健，君子以自强不息"，坤卦《象传》说："地势坤，君子以厚德载物。"君子应效法天地之德，既要刚健有为，自强不息，又要民胞物与，厚德载物，做到心存仁义，胸怀天下，这就是在演绎天地之道，从而达于天人合一的境界。所以，"夫大人者，与天地合其德，与日月合其明，与鬼神合其吉凶。先天而天弗违，后天而奉天时。天且弗违，而况于人乎？况于鬼神乎"⑤。《易传》从宇宙普遍的规律出发来说明人性，所谓"乾道变化，各正性命"，然后再通过"穷理尽性以至于命"，达到"天人合一"。这样就使人性的来源有了本体论的依据。《易·系辞传》曰："一阴一阳之谓道，继之者善也，成之者性也。"由此可见，凡是继此变化而生的就是善，由此变化而成的就是性，这就说明了人性的生成根源。道是阴阳二气搭配变化的过程与法则，按此变化过程而生成万物，物有其性，故"仁者见之谓之仁，知者见之谓之知，百姓日用而不知"。《易·系辞

---

① 《易·系辞传》。
② 同上。
③ 咸卦《象传》。
④ 《易·系辞传》。
⑤ 《文言传》。

传》总之，《易经》从"天道"论"人道"，天有大德，是"仁""善"的集合体，泽被万物，"天地感而万物化生"①，所以，君子法天之道，成就自我，再施仁义于天下，体现了由"天道"推衍"人事"的思维方式。

关于《易经》的演变和发展与孔子为代表的儒家学派有着深刻的思想渊源。据《论语·子路》记载"子曰：南人有言曰：'人而无恒，不可以作巫医。'善夫！""不恒其德，或承之羞。"子曰："不占而已矣。""不恒其德，或承之羞"，这句话是孔子引述《易经》恒卦中的爻辞，用它来说明如果人没有恒心、毅力这样的品性，就会失败而招致羞辱。从这里可以看出，孔子对《易经》有一定的研究，并以其传授弟子。同时，孔子认为，善于学习《易经》的人不一定要去占筮，即所谓"不占而已矣"。但可以通过学习《易经》来提高人的智慧和道德修养。孔子说，"加我数年，五十以学《易》，可以无大过矣"②。这就从道德层面说明了学习《易经》的重要意义。相传体现浓厚儒家思想色彩的《易传》（"十翼"）的作者就是孔子。《史记仲尼弟子列传》载："孔子传《易》于商瞿，瞿传楚人轩臂子弘，弘传江东人矫子庸疵，疵传燕人周子家竖，竖传淳于人光子乘羽，羽传齐人田子庄何。"根据各种史书的记载资料反映，以及《易传》本身体现的自强不息、厚德载物、刚健中正思想，与孔子为代表的儒家道德哲学和人生态度极为接近。我们知道孔子本人也是推崇刚毅坚强意志品格，例如他所说的"刚毅木讷近仁"③，以及作为君子应该具有的浩然之正气与历史担当等，不苟且偷生，做到"志士仁人，无求生以害人，有杀身以成仁"④。可见，《易传》蕴涵着丰富的儒家思想内容，体现了儒家的文化价值理想，易学思想在儒家内部一直是前后相承的。

孔子一生中并没有关于心、性、天道等范畴的具体论述，但从

---

① 咸卦《彖传》。
② 《论语·述而》。
③ 《论语·子路》。
④ 《论语·卫灵公》。

《论语》中能看到一些相关的说法，例如关于"天"的看法：

> 巍巍乎，唯天为大。(《泰伯》)
> 子见南子，子路不说，夫子矢之曰："予所否者，天厌之！天厌之！"(《雍也》)
> 获罪于天，无所祷也。(《八佾》)
> 天将以夫子为木铎。(《八佾》)
> 吾谁欺，欺天乎？(《子罕》)
> 子畏于匡，曰："文王既没，文不在兹乎？"天之将丧斯文也，后死者不得与于斯文也；天之未丧斯文也，匡人其如予何？(《子罕》)
> 死生有命，富贵在天。(《颜渊》)
> 不知命，无以为君子也。(《尧曰》)
> 颜渊死。子曰："噫！天丧予！天丧予！"(《先进》)
> 道之将行也与，命也；道之将废也与，命也。(《宪问》)

孔子是在什么意义上理解"天"？这个"天"与所谓的"神"或者"上帝"是一回事吗？"每当孔子忧烦或苦恼时，都会呼天唤地，在天之怀抱中，他找到了所需的安全感，以便祛除那种摇撼无助的恐惧。"① 与其说这个天是某种神秘的东西，倒不如说它是人的精神、情感的寄托所在，是一种逻辑意义上的必然。这就像孔子说的"五十而知天命"② 一样，这个命在孔子那里并不是完全神秘的宿命论，而是体现了在众多偶然性中蕴含的某种逻辑必然性。这一点孟子也有论述，"夭寿不二，修身以俟之，所以立命"，"知命者不立乎岩墙之下；尽其道而死者，正命也"③。总之，"知命""立命""正命"都体现了人自身的主体性，而不是完全的"听命""任命""宿命"。知

---

① 参见耿开君《中国文化的外在超越之路——论台湾新士林哲学》，当代中国出版社1999年版，第79—80页。
② 《论语·为政》。
③ 《孟子·尽心上》。

天命、畏天命、顺天命，通过守仁、为仁就能体会天命。

孔子的仁学思想是"天人合一"心性学的最初表现形式。孔子在人性观上提出了"性相近也，习相远也"①，从孔子对人性的表述来看，这个性是中性的，没有具体说明到底是善还是恶，只是说比较相近。《论语》中有记载，"夫子之文章，不可得而闻之；夫子之言性与天道，不可得而闻也"②。通过子贡的话可以知道，学生们听到的基本上都是孔子讲的关于诗书礼乐等文章，孔子慎言"性"和天道。由此可见，孔子在"性"与天道方面说得很少。孔子虽然没有明讲性与天道，但并不代表孔子对"性与天道"没有体认。例如孔子认为，"道之将行也与，命也；道之将废也与，命也"③。我们每个人面临纷繁复杂的偶然性生活，同时，又要坚持对自我的正确评估，坚守以"仁"为核心的正道，最终能够认识、把握自己的命运。这既是个人努力修行的结果，同时也是天命，两者具有一致性。"不怨天、不尤人，下学而上达。知我者其天乎！"④ 所以，不要怨天尤人，通过自己努力修养而达于天理、天命。这样就顺承天命了。孔子既看到了人事，又看到了天理、天命，两者有某种内在的关系。这就为以后人们对天人关系的认识提供了启示意义。孔子虽然不语"怪力乱神"⑤，但是对"天""天命"还是有一定认识和体悟的。"子曰：天何言哉，四时行焉，百物生焉。天何言哉。"⑥ 这里体现了天所具有的运行不息、生生不已的生命，人事与天道具有一致性。正如李泽厚所讲"天行健，继之者善也，即人性"⑦。孔子这里的天已不是非理性的、迷信的天，而是"理性之天"或"德性之天"，如"天生德于予，桓魋其如予何？"⑧ 孔子认为自己的品德是上天赋予的，桓魋对

---

① 《论语·阳货》。
② 《论语·公冶》。
③ 《论语·宪问》。
④ 同上。
⑤ 《论语·述而》。
⑥ 《论语·阳货》。
⑦ 李泽厚：《论语今读》，中华书局2015年版，第334页。
⑧ 《论语·述而》。

我又能怎么样，因为自己的德行就代表了"天意"，代表了民心，是人间正道，符合社会发展历史趋势，谁也阻挡不了。这进一步说明了人德与天德的一致性，人德即天德，这是"天人合德"思想的雏形。这里借助天，使得人德具有了神圣性和最终的支撑依据。可见，在孔子那里为了给道德的存在提供存在的理由，最终也走向了具有必然性的天。古代中西思想家在此问题上表现出了殊途同归的倾向。

孔子把"仁"作为最高的德行，是做人之道，是一切德行的总纲。因此，在孔子看来仁是无德不包的，是人应该追求的理想道德境界。从他对"仁"的论述看，"仁"主要有两方面的内容：一是"仁者爱人"，仁就在每个人的心中，只要想做到仁就能做到，"仁远乎哉？我欲仁，斯仁至矣"①；二是"克己复礼为仁"，仁的实现要以礼来规范自己的各种情感欲望。"礼"是对个体成员具有外在约束力的习惯、礼节、仪式等。礼从属于仁，外在的礼，服从内在的仁，所以说，"人而不仁，如礼何？人而不仁，如乐何？"② 仁是高尚的德行与理想境界，是人所不可缺少的内在价值。仁涵盖了一切的德行，人能有仁才是一个完人。"苟志于仁矣，无恶也"，"君子去仁，恶乎成名？"③ 所以，"志士仁人，无求生以害仁，有杀身以成仁"④。从孔子对待"仁"的态度看，他更强调人内在的道德情感，并以此作为完善人格的内在根据。总体来看，孔子的"仁"是以血缘关系为基础的，血缘关系成为社会的基本关系，在此基础上形成家国一体的社会结构，家是缩小的国，国是扩大的家。家成为社会伦理价值的出发点。孔子讲，"其为人也孝悌，而好犯上者，鲜矣。不好犯上而好作乱者，未之有也。君子务本，本立而道生，孝悌也者，其为人之本欤？"⑤ 在孔子看来"孝悌"之道是为人之本，是其他一切社会道德的根源所在。所以，中国传统伦理是从家族道德向外的扩大和延伸，

---

① 《论语·述而》。
② 《论语·八佾》。
③ 《论语·里仁》。
④ 《论语·卫灵公》。
⑤ 《论语·学而》。

所以，从个人修身入手，把齐家放在重要的位置，重要的是对个人在家族中的道德意识、道德行为、道德修养方面的综合考量。"子曰：弟子，入则孝，出则弟，谨而信，泛爱众，而亲仁。"① 年轻人在家里孝顺父母，在外面对同家族、宗族、氏族的同辈而年长者相互敬爱，谨慎、诚实，与整个家族、宗族、氏族的亲戚朋友友好相处，亲近有仁德的人。实际上，这就是要求人们在家族中不断提高自身的道德修养。这样走向社会，作为君子也能起到表率作用，"君子笃于亲，而民兴于仁"②。所以，在《大学》八条目中，"格物""致知""诚意""正心""修身""齐家""治国""平天下"，修身居于核心地位，身修则家齐，家齐则国治，国治则天下平。在彼此环环相扣的链条中，充分体现了家庭对个体道德的涵养作用。由此可见，孔子对"仁"的认识，并没有超出人的范畴，对于仁的形上根源思索的较少，他并不是要在人之外寻求一个最高的超越的宗教神，作为信仰的对象，只是带头行仁，倡导、教导他人为仁。孔子对"仁"的思考是从血缘家族入手的，从人的内心中去寻找，把人的心理情感提升为某种超越的道德理性，通过个人艰苦的努力和实践才能达到仁的境界。刘述先认为，"天"在孔子那里既不是有意志的人格神，也不是纯粹的客观自然运行规律。"天"从不干预人世间的行为，只是默默地发生作用，成为一切存在的价值的终极根源。孔子对"天"的超越性毫不怀疑，始终保持对"天"的敬畏和赞颂态度。③ 孔子在心性学上的贡献就在于他将个体成就道德的重心放在了人自身内部，成为一种内在超越，这种思维范式对后期心性论发展影响深远。此外，孔子提出"仁"的思想之后必然会引起人们对"仁"的进一步追问，逻辑地蕴含着人为什么会有"仁"，"仁"的根据是什么等前置问题。所以，在孔子之后，人们并不是停留在就"仁"说"仁"的层面，而是希望对仁有一个合理的解释。"按照当时的思维习惯，不得不由

---

① 《论语·学而》。
② 《论语·泰伯》。
③ 刘述先：《当代中国哲学论：问题篇》，八方文化企业公司1996年版，第94—96页。

仁说到性，由性说到命，由命说到天。只有为仁和德找到上天这样一个最后的源头，才能将这个问题作最后的了断。"① 可见，孔子以"仁"为中心开启了道德价值之源、德行生命之门。

孟子以孔子的继承者自居，对心性论进行了系统的论述，提出了心、性、天合一的命题，为儒家心性论奠定了坚实的理论基础。孔子对性、命、天的论述较少，而孟子直接把心、性、天联系在一起，论证了三者之间内在的逻辑关系。在孟子看来，人性是善的，"君子所性，仁义礼智根于心"② "仁义礼智，非由外铄我也，我固有之也，弗思耳矣"③。人先天就具有道德之心，"天之所以与我者"④，并引《诗经》中"天生烝民，有物有则。民之秉彝，好是懿德"⑤ 来说明这种天生的本性。孟子对儒家心性论的开创在于他提出了一个尽心知性而知天的思维理路。孟子为进一步阐发心性思想，他提出了心性论的总纲，认为"尽其心者，知其性也。知其性，则知天矣。存其心，养其性，所以事天也。夭寿不贰，修身以俟之，所以立命也"⑥。也就是说，人只要尽自己的善心，就能够觉悟到自己的本性，从而懂得天命。保存好自己的那份善心，养护好自己的本性，这就是对待天命的正常方法。孟子在天命观上认为，没有什么不是天命决定的，所以，人应该顺从天命，"莫非命也，顺受其正；是故知命者不立乎岩墙之下。尽其道而死者，正命也；桎梏死者，非正命也"⑦。透过尽心知性知天的心性论总纲，我们就能认识到孟子心、性、天为一的深刻本质。所以，他说："万物皆备于我矣，反身而诚，乐莫大焉。"⑧ "尽心"即是要真实无妄地自我反省，把自己内在的道德本心发挥到极致的状态，尽最大的努力，把心的要求体现出来。唯有尽心，才能知道

---

① 杨泽波：《从以天论德看儒家道德的宗教作用》，《中国社会科学》2006 年第 3 期。
② 《孟子·尽心上》。
③ 《孟子·告子上》。
④ 同上。
⑤ 《诗经·大雅·烝民》。
⑥ 《孟子·尽心上》。
⑦ 同上。
⑧ 《孟子·告子上》。

自己的本性。"知性"就是自觉认识先天的善性,即自己的本性。可见,心与性的内容意义是相同的,心即性。在尽心、知性的基础上,做到自己本心所要求的事,体认到自己的本性,进而知晓天理,悟出本性即天道,从而与天合一,这样,心性与天的内容意义相同,即心、性、天为一。这里孟子所说的天是具有道德属性的德行之天。天是人性、人道的价值之源,人性可以通天性,人道可以通天道,个体心灵与宇宙天心浑然一体。人只要通过不断的努力反省认识自己的本心,就能知道自己的本性,从而达到与天合一的境界。所以,天道在人,至诚无伪,"居下位而不获于上,民不可得而治也。获于上有道:不信于友,弗获于上矣。信于友有道:事亲弗悦,弗信于友矣。悦亲有道:反身不诚,不悦于亲矣。诚身有道:不明乎善,不诚其身矣。是故诚者,天之道也;思诚者,人之道也。至诚而不动者,未之有也;不诚,未有能动者也"①。人能达到至诚无妄的境界就可以与天相契合。在现实生活中,天固然是最高的存在,但只能在人的心中,通过心性体现出来。心即是性,性即是天。这就是心、性、天相互诠释的思维模式。从孟子对天的认识看,天是作为价值意向而存在的,成为一切德行的价值之源,然而这个价值之源又不是外在的,就在自己的道德本心之中,所以,"反身而诚,乐莫大焉"②。因而,要不断扩充自己的本心善端,这样就能认识自己的本性,认识了本性就认识了天,实现"天人合一"的道德境界。孟子认为,养"浩然之正气"存于天地之间。"其为气也,至大至刚;以直养而无害,则塞于天地之间。其为气也,配义与道;无是,馁矣。是集义所生者,非义袭而取之也。行有不慊于心,则馁矣。"③ 修养浩然之正气的方法就是"必有事焉而勿正,心勿忘,勿助长也"④。浩然之气并不是什么外在的东西,而是源于自身,一定要好好培养它,不能停止下来,心里不能忘记它,也不妄自助长它。要不断发挥自觉能动性,向自己的内心

---

① 《孟子·离娄上》。
② 《孟子·尽心上》。
③ 《孟子·公孙丑上》。
④ 同上。

追求。孟子在"尽心、知性、知天"的"心性"思想基础上,又提出"存心、养性、修身"的修养和实践方法。孟子说:"学问之道无他,求其放心而已矣。"①"求放心"就是要把浊世失落的道德本心或良心找回来,并将其扩而充之。这就要求不断加强修身养性,并且要"反身而诚",也就是思诚,思诚就是明善。"诚身有道,不明乎善,不诚其亲身矣。是故诚者天之道也,思诚者人之道也。至诚而不动者,未之有也。不诚未有能动者也。"②"诚"是天道,追求"诚"就是追求做人的道理,只有"明诚",明白做人之理,对道德行为时刻反思,才能修正"心性",实现"尽心、知性、知天"的终极目的,达到最高的情感体验。

前面谈到作为五经之首的《易经》相关"天人合一"思想,及其对儒学心性思想形成的开创意义。在儒家经典四书中,"天人合一""天人合德"思想体现得更为明显。《中庸》开篇就讲"天命之谓性,率性之为道,修道之谓教"这一根本命题。这是说性由天赋,来自于天这个宇宙本体。天命下贯流行于个体就是性,这说明人性来源于天命,天命就体现在人性中。天命就是天道,"'唯天之命,于穆不已',曰天之所以为天也"③。天高深莫测,无声无息,却肃穆庄严令人敬畏,因为它是不可抗拒的,这是天之所以为天。依从自己的真性就是道,道由性生。而且通过个人后天的不断学习、修养可以学习"道",即"修道"。"故君子不可以不修身;思修身,不可以不事亲;思事亲,不可以不知人;思知人,不可以不知天。"④由此看来,《中庸》形成了由"天"而"性",由"性"而"道",由"道"而"人",即从"天"到"人"的内在逻辑路线。如同一个事物的两个方面,在由"天"到"人"的过程中,又同时完成着由"人"到"天"的逻辑过程,将个人道德修养上升到天道,实现了天人相通、天人合一。"天道"与"人道"既有相通的一面,同时

---

① 《孟子·告子上》。
② 《孟子·离娄上》。
③ 《中庸》。
④ 同上。

又相互区别。"诚"作为天道与人道的桥梁,"诚"与"诚之"的区别,是天道与人道的分野。这里的"诚"是真实无伪,是天道的一种品格。而作为人,要通过不断努力,发挥主观能动性,使之诚而真实无伪,此即人道的法则。《中庸》言"诚者,天之道也;诚之者,人之道也"。"天道"至诚、至善,所以说"天命之谓性"。《中庸》通篇没有离开"诚","诚"既是天道,也是人道,即所谓"天人合一"之道。"不诚无物"不仅对天道如此,而且人若"成己"也不能离开"诚"。"惟天下至诚,为能尽其性;能尽其性,则能尽人之性;能尽人之性,则能尽物之性;能尽物之性,则可以赞天地之化育;可以赞天地之化育,则可以与天地参矣。"① 可见,"诚"贯通天人、物我,通过个人不断努力,就可以打通天人之脉,从而实现与天地参的境界。

谈及天人关系问题,不能跨越西汉时期董仲舒的"天人相类"思想。因为他是秦以后的第一大儒,开创了秦以后,独尊儒术的局面。《汉书·董仲舒传》说:"仲舒遭汉承秦灭学之后,六经离析,下帷发愤,潜心大业,今后学者有所统一,为群儒首。"虽然,"天人相类"观与传统的"天人相通"观有一定的差异,但从儒学发展体系的角度来看,有必要对其思想加以考究。"天人相通"强调两者之道在根本上是一致的,"天道"与"人道"一以贯之。而"天人相类"强调的是两者在诸多方面的相似性,以天喻人。对此,张岱年也认为,"天人相通的学说,认为天之根本德行,即含于人之心性之中;天道与人道,实一以贯之……天人相类是一种牵强附会思想,认为天人在形体性质上相似"②。儒家思想在西汉时期开始被确立为正统思想,由此奠定了其在整个封建社会中的主体地位。为了论证儒学的合理性,董仲舒提出了"天人感应"的思想,"天人之际,合而为一"。董仲舒提到的"天"是具有人格意志的主宰之天,如"天亦人之曾祖父也"③,"天

---

① 《中庸》。
② 张岱年:《中国哲学大纲》,江苏教育出版社2005年版,第177页。
③ 《春秋繁露·为人天者》。

者，百神之大君也"①，"察于天之意，无穷极之仁也"②。董仲舒认为天人同构，世界万物都是由天创造的，包括人类自身。"天地者，万物之本，先祖之所出也。"③"天德施，地德化，人德义……天地之精所以生物者，莫贵于人。"④ 这样，人的根据和本源在天那里都能找到。他认为天有四时，人有四肢；天有五行，人有五脏；天有日月，人有耳目——把天与人一一做了对应，这也就是董仲舒的人副天数说。在天人同类的基础上，董仲舒进一步论证了人的道德意识与天的关系。董仲舒认为，天是至善至仁的，天的本质属性是仁，仁就是"天心"。人之所以有道德，有仁爱，社会有仁义制度，都是因为人受命于天，天人具有相同的道德属性，"仁之美者在于天。天，仁也，天覆育万物，既化而生之，有事功无已，终而复始，凡举归之以奉人，察于天之意，无穷极之仁也。人之受命于天也，取仁于天而仁也"⑤。所以，圣人法天立道，"仁义制度之数，尽取之天"⑥，"王道之三纲可求于天"⑦。这实质上就把人类社会的一切人伦道德、纲常名教的根源都归为有人格意志的天。而且，天不变，道亦不变。他将人的道德提升到天的高度，赋予其神圣性、权威性和绝对性。如果不考虑董仲舒"天人相类"学说的政治目的的话，就其道德体系的建构而言，逻辑思路还是非常严密的。他在先秦天人关系基础上加以发挥，形成了比较完整的理论体系，成为上至君臣，下至黎民百姓都要遵循的道德价值尺度。当然，董仲舒讲的天更具有神秘性，是一种最高的神，而且提出"君权神授"思想，总体看，他的天人学说思想具有明显的神学宗教主义色彩，最终走向神秘化。

在中国伦理思想史上，宋明理学是对先秦儒学的复兴，对《周易》《大学》《中庸》《论语》《孟子》等思想加以继承和发展，并使

---

① 《春秋繁露·郊祭》。
② 《春秋繁露·王道通三》。
③ 《春秋繁露·观德》。
④ 《春秋繁露·人副天数》。
⑤ 《春秋繁露·王道通三》。
⑥ 《春秋繁露·基义》。
⑦ 同上。

得中国儒学思想体系进一步理论化、系统化，使儒学发展达到巅峰状态。宋明理学把儒家心性论发展到一个极致状态，由前期的人性论、修养论走向了本体论，构建了全方位的儒家"心性论"思想体系。宋明理学分为两个方向，一个是以程朱为代表的理学路线；另一个是以陆王为代表的心学传统。无论哪个派别其基本命题都是对前期儒家心性论的进一步论证与阐扬。虽然理学心性论上承于先秦儒家，但与其又不完全相同，它讲的天多是性理的天，天地合一侧重于万物一体的境界，从而建立了比较系统的宇宙本体论，因而使其心性论具有形上学本体论特点。由于理学心性论体系的庞大与复杂，这里仅就两个学派的代表性观点加以比较性阐述。一是以程朱为代表的理学心性论。该学派的侧重点放在一个客观的"理"上，认为"理"是最初的本源，"理"成为其理论体系的最高范畴。朱熹作为理学的集大成者，继承并发展了二程的理学思想，把理（又称太极），作为自己学说的最高范畴。朱熹的《太极理气》篇记载："太极只是天地万物之理。在天地言，则天地中有太极；在万物言，则万物中有个太极。"①朱熹认为，"理"在事先，是万物之本，"未有天地之先，毕竟也只是理，有此理，便有此天地。若无此理，便亦无天地，无人无物，都无该载了。有理便有气流行发育万物"②。又说，"未有这事，先有这理。如未有君臣，已先有君臣之理；未有父子，已先有父子之理"③。他发挥了"二程"关于"理一分殊"的理论，认为事物各有其"理"，各物之"理"是对"天理"的分有，称为"理一分殊"。朱熹用"日照万川"比喻"理一分殊"，"如月在天，只一而已，及散在万川，则随处可见"④。理是万事万物的本源，万事万物只有一个共同的理，理虽然只有一个，但可以被分有。"万物皆有此理，理者同出一源。但所居之位不同，则其理之用不一。如为君须仁，为臣须敬，为子须孝，为父须慈。物物各具此理，而物物各异其用，然莫非

---

① 《朱子语类》卷一。
② 同上。
③ 《朱子语类》卷九十五。
④ 《朱子语类》卷十八。

一理之流行。"① 万物之理的最高理就是"天理",也称"太极",具有道德属性,其他"理"均由其派生而来,"太极只是个极好至善的道理……是天地万物至好的表德"②。"宇宙之间,一理而已。天得之而为天,地得之而为地,而凡生于天地之间者,又各得之以为性。其张之为三纲,其纪之为五常,盖皆此理之流行,无所适而不在。若其消息盈虚,循环不已,则自未始有物之前,以至人消物尽之后,终则复始,始复有终,又未尝有顷刻之或停也。"③ 程朱对"心性"的理解与先秦孟子有别,孟子并没有对心性严格区分,性即为心,心即为性。所以尽心知性则可以知天矣。而在程朱看来心与性是有区别的。"心性固只一理,然自有合而言处,又有析而言处。须知其所以析,又知其所以合,乃可。然谓性便是心,则不可;谓心便是性,亦不可。"④ 可见,这里性与心是有区分的,性与心是形上与形下,体与用的关系。所以,程朱认为,性是人所得于天之理,心是人的知觉,"主于身而应事物者也"。例如,他用碗与水的关系来比喻心性之别,水要用碗来盛,心是性的载体,但不能说碗是水。他强调"性即理",人性就是宇宙万物之"天理"。"性是理,心是包含该载,敷施发用底。"⑤ 那么什么是理呢?《周易》讲的"一阴一阳之谓道"中的道就是理。任何事物都有一阴一阳的变化,因而都有其理。理是形而上者,而心以理为存在的根据,性、理均为宇宙本体。所以,朱熹在肯定心性联系的前提下,强调心性二元,心性有别。"心与性自有分别。灵底是心,实底是性,灵便是那知觉底。"⑥ 由于程朱认为心性有别,所以,他们认为天人之间的必然联系是间接的,因此要有一个理作为中介,人的修养过程就是一个"格物致知"的认识过程,其最终的目的是为了"明理",即明"天理",达到人心与天理的统一。

---

① 《朱子语类》卷十八。
② 《朱子语类》卷九十四。
③ 《朱文公文集》卷十七。
④ 《朱子语类》卷十八。
⑤ 《朱子语类》卷八。
⑥ 《朱子语类》卷十六。

朱熹对"心统性情"说作了发挥，他把"心"分为"性"与"情"两个方面。"性"是天理，源于本体世界，它是所谓的"未发"，也称为"道心"，纯理性的。与"道心"相对的"人心"即情，是"已发"，具有感性的成分，性与情的区分实际是"天命之性"与"气质之性"的差异。"天命之性"也就是"义理之性"，专指理本身而言，它是绝对的善。但是，理表现在每一个具体的人身上则与气相联系，就成为气质之性了。气有浑浊，所以气质之性也有善有恶，而天命之性即理本身则是绝对的善。万事万物中只有一个太极，即"理"，天人皆统一于此"理"之中，而天本身是"气之清者"，所以，天理是至明、至善的，而作为人则是"禀气之浊者"。因此，人要不断地去努力，格物穷理，做到《大学》中所说的"明明德"，才能摒除浊气，与天地合。朱熹讲格物穷理，"所谓致知在格物者，言欲致吾之知，在即物而穷其理也。盖人之心之灵，莫不有知，而天下之物，莫不有理。惟于理有未穷，故其知有不尽也。是以大学始教，必使学者即凡天下之物，莫不因其已知之理而益穷之，以求至乎其极。至于用力之久，而一旦豁然贯通焉，则众物之表里精粗无不到，而吾心之全体大用无不明矣"①。这就说明，人通过格物穷理，豁然贯通，就能够实现与天合一。为了进一步说明"天道"与"人道"的一致性，朱熹以"天道"喻"人道"，"以天道言之，为元亨利贞；以四时言之，为春夏秋冬；以人道言之，为仁义礼智"②。同时，赋予道德权威性和神圣性，"盖天道运行，赋与万物，莫非至善无妄之理而不已焉，是则所谓天命者也"③。由此不难看出，朱熹以天理为基础，天理是至善的，而作为对天理分有的人理、人道也应该是善的。"道者，人之所共由；德者，己之所独得。"④从朱熹对"道""德"解释说明来看，"天道"与"人道""人德"的一致性，关键在于个人的自我修养。朱熹讲："自天之生此民，而莫不赋之以仁义礼智之性，叙之

---

① 朱熹：《四书集注》。
② 《朱文公文集》卷十七。
③ 朱熹：《论语或问》卷三。
④ 《朱子语类》卷六。

以君臣、父子、兄弟、夫妇、朋友之伦，则天下之理，固已无不具于一人之身矣……然君子之所以仁，臣之所以敬，子之所以孝，父之所以慈，朋友之所以信，皆人心天命之自然，非人之所能为也。"① 实际上，这与《中庸》"天命之谓性"的思想是一致的，朱熹在这里进一步细化，特别是从性理的角度加以发挥，强调性即是理。

另一派的陆王心学直接继承孟子思想而来，与程朱"心性为二"不同，陆王以"心性不二""心理不二"发明自我道德本心为基本主旨。陆九渊是宋明心学的开山鼻祖，他的思想是对孟子心性论的继承和发展，他曾写道"宇宙便是吾心，吾心便是宇宙"②，陆九渊把仁义归于人的本心。他认为，每个人都有先验的道德本心，这个本心为人提供道德法则，激发道德情感，践行道德行为。为什么社会上存在不道德行为，在他看来，那是因为失去了道德本心，"先王之时，庠序之教，抑申斯义以致其知，使不失其本心而已"③，又说，"仁义者，人之本心也。孟子曰：'存乎人者，当无仁义之心哉？'又曰：'我固有之，非由外铄我也。'愚、不肖者不及焉，则蔽于物欲而失其本心；贤者，智者过之，则蔽于意见而失其本心"④。陆九渊不仅解释了人的本心存有仁义，而且进一步说明了现实生活中为什么有的人失去本心，最终导致丧失德性。"仁即此心也，此理也。求则得之，得此理也；先知者，知此理也；先觉者，觉此理也；爱其亲者，此理也；敬其兄者，此理也……此吾之本心也。"⑤ 陆九渊否认"道心"与"人心"的区别，认为"心即性""性即理"，所以，心即理。"道心"与"人心"相贯通，这样就实现了两者统一，"道心""人心"本是一心。他说："天理人欲之言，亦自不是至论。若天是理，人是欲，则是天人不同矣。《书》云：'人心惟危，道心微微。'解读者指人心为人欲，道心为天理。此说非是，心，一也，人

---

① 《朱文公文集》卷十五。
② 《陆九渊集》卷三十六。
③ 《陆九渊集》卷十九。
④ 《陆九渊集》卷一。
⑤ 同上。

安有二心。"① 人心与宇宙就是一回事,"吾心便是宇宙",人心即天理,天理即人心,"人皆有是心,心皆有是理,心即理也"②。中间没有什么隔阂,所以,尽己之心便能与天同,实现天人合一。不同于朱熹的理,陆九渊是从人的心说明道德的根据。这个本心不仅是道德的来源,而且具有辨别是非善恶的能力,本心是绝对善的,"苟此心之存,则此理自明,当恻隐处自恻隐,当羞恶,当辞逊,是非在前,自能辨之"③。所以,在陆九渊看来人们只要开发自己的道德本心,就可以达到道德的自足。

作为心学的集大成者王阳明,继承发挥了孟子的思想,并把它和陆九渊的心学结合起来,提出了"致良知""知行合一"的思想,从而把良知(心)上升到哲学本体论的高度。王阳明认为自己全部学说都概括在"良知"里面,"除却良知,还有什么说得!"④ 又说:"心不是一块血肉,凡知觉处便是心。"⑤ 他认为,没有人的良知就没有天地万物,"若草木瓦石","无人的良知,不可以为草木瓦石矣。岂惟草木瓦石为然,天地无人的良知,亦不可以为天地矣"⑥。因此,王阳明认为,"心外无物,心外无事,心外无理,心外无义,心外无善"⑦。这种思想是对陆九渊"宇宙便是吾心,吾心便是宇宙"思想的继承与发挥。良知是固有的,"知是心之本体,心自然会知,见父母自然知孝,见兄自然知悌,见孺子入井,自然知恻隐,此便是良知,不假外求。若良知之发,更无私意障碍"⑧。这个心是什么呢?心即是理,王阳明认为,"心之体,性也,性即理也。故有孝亲之心,即有孝亲之理;无孝亲之心,即无孝亲之理。有忠君之心,即有忠之

---

① 《陆象山全集》卷三十四。
② 《陆九渊集》卷十一。
③ 《陆九渊集》卷三十四。
④ 《王阳明集·寄邹谦之书》。
⑤ 《传习录》下。
⑥ 同上。
⑦ 《王阳明集·与王纯甫》。
⑧ 《传习录》上。

理，无忠君之心，即无忠之理矣。理岂外于吾心邪？"① "事父不成去父上求个孝的理，事君不成去君上求个忠的理，交友治民不成去友上求个信与仁的理，都只在此心，心即理也。此心无私欲之弊，即是天理，不须外面添加一分。"② 由于良知本身能够分清善恶是非，因此，人就不需要放弃本心到外面再去寻求，而是要不断向内发力，求诸本心。他说："今必曰穷天下之理而不知反求诸其心，则凡所谓善恶之机，真妄之辨者，舍吾心之良知，亦将何所致其体察乎？"③ 按照王阳明的理解良知是绝对的、永恒的，"良知人人皆有，圣人只是保全"④。这就回答了为什么人们还要加强后天的道德修养问题，尽管圣人善于保全良知、本心，但是普通人的良知有时候会被各种物欲所遮蔽，自己认识不到。如果人心不被私欲遮蔽，便是灵明的。所以，陆王与程朱在理上做功夫不同，而是强调在心上做功夫。要人将良知、良心用在意念上，以正其行。这种功夫在陆九渊那里就是"切己反思"，反思去蔽，恢复本心。而在王阳明那里表现为"致良知"，他认为良知就是天理，是天理之昭明灵觉。"所谓致知格物者，致吾心良知于事事物物也。吾心良知，即所谓天理也。致吾心良知天理于事事物物，则事事物物皆得其理矣。致吾心之良知者，致知也；事事物物皆得其理者，格物也。是合心与理而为一者也。"⑤ 王阳明的致良知认为良知是本来具有的，是人的本性，通过致知，使心与天理合而为一。所以说"性无不善，故知无不良。良知即是未发之中，即是廓然大公、寂然不动之本体，人人之所同具者也。但不能不昏蔽于物欲，故须学以去其昏蔽"⑥。由于物欲遮蔽了良知，天理被人欲所窒塞。人的所作所为往往为了一己私利，导致道德败坏。那么，如何使人成为有德性的人呢？王阳明提出了"致良知"的道德修养方法。

---

① 《传习录》中。
② 《传习录》上。
③ 《传习录》中。
④ 《传习录》下。
⑤ 《传习录》中。
⑥ 同上。

"良知不由见闻而有，而见闻莫非良知之用……良知之外，别无知矣。故良知是学问大头脑，是圣人教人第一义。"① 换句话说，"致良知"就是除尽利欲，恢复本有之良知，具体而言就是常讲到的四句话，"无善无恶是心之体，有善有恶是意之动，知善知恶是良知，去善去恶是格物"②。由此不难看出，良知是至善的，而人心发生意念活动的时候，就有了善恶之分。因此，按照良知的本性去做就是善，反之，违背良知，泯灭良知就是恶。致良知要求主体不断地向自己内心世界下功夫，通过"格物"使人正，符合道德要求。王阳明认为，"格物是止至善之功"③。通过主体不断地格物而达于良知，即达于"天理"，因为"天理"就是"良知"，两者是完全一致的，"纯乎天理，而无人欲之杂"。"格物如孟子大人格君心之格，是去其心之不正，以全其本体之正。"④ 总之，陆王心学以心性为一，强调内求于自己的本心，这个本心就是天心，两者完全是合一的。

尽管宋明理学各派存在着不同的特点，但总体而言各派心性论的精神实质是一致的，最终都是要达到明天理良心这一目的。程朱重在理，认为理为本体，通过人的格物致知，只有充分完成了"道问学"，才能明晓天理，做到扬善抑恶。陆王遵循孟子良知学说，认为"天理"就是"人心"，一个人将良知或良心用在自己意念上就能知善恶，明是非。可见，程朱理学与陆王心学殊途同归，都是从形上学的本体论出发来论证道德存在的根据，突出强调了道德理性与人的主体性地位，通过个人不断努力，实现内在的自我超越，最终实现天人合一的终极价值目标。

二 天为人德之本

从"天人合一"心性学发展历程来看，各个学派无一例外地都将道德的终极根源指向了天。天作为绝对意义的最高本体成为人类道德

---

① 《传习录》中。
② 《传习录》下。
③ 《传习录》上。
④ 同上。

生活的最终根据。天在中国传统文化中具有不可估量的价值，渗透于人的言行举止之中。正如司马迁《屈贾列传》中说："人穷则返本，故劳苦倦极，未尝不乎天也。疾痛惨怛，未尝不乎父母也。"可见，人对天的依赖性。在传统的自然经济条件下，农业的丰歉与天有着直接的关系，人对天始终保持着敬畏的心理，天被广泛地提及。但从儒家天人合德思想看，这个天主要是指德行之天或者说义理之天，正是在此意义上我们才能更好地把握天为人德之本的深刻意蕴。

天是道德价值的终极根据。在传统伦理思想中，"天道"与"人道"密切相关。儒家认为在日常人伦以及天地万物生生不息运动的背后有一种超感性的秩序或规律——天道。天能够成为价值之本和终极的评判根据在于其有至善的道德属性。在道德评价的价值标准上，人类经过长期的思考摸索之后，最终追溯到天。儒家的天是至善的，不仅是世界万物存在的本体，而且也是人类社会道德的价值本体。从而，以"天道"为本体确立社会伦理道德的价值依据。这样，无论是个体德行还是社会的基本道德原则、价值取向等都本源于天。"天成为一切价值的内在根据，是衡量一切价值是否真正具有价值以及有多大价值的绝对标准，它是价值的价值，因而也是绝对的、超越的终极价值"，"以天为本，天规定着人的一切包括人的本质和道德价值。这种以天为最高价值和道德价值本源的理念，实际上是传统伦理思想最核心的理念和最根本的理论特质"①。

以天为道德的终极价值根据，是人天生的形上本性的必然结果。道德作为人存在的方式，必然也趋向形上追求。谈到伦理道德就不能离开其形上学。"形而上者谓之道，形而下者谓之器。"② 超越在形体之上的称为"道"，"道"是看不见，摸不着的，但是它无所不在，潜移默化地发挥着作用，"化而裁之谓之变，推而行之谓之通，举而错之天下之民谓之事业"③。道德的形上学是社会道德存在的价值基础和本体论根据。中国传统道德的形上学就是"天人合一"思想，

---

① 参见张怀承《简析天人合德的理论意蕴》，《伦理学研究》2004 年第 6 期。
② 《易·系辞传》。
③ 同上。

也就是"天道"的观念。"天道"虽然不能为人所见,但是人能体验到这种超感性的秩序或规律的作用。整个宇宙中万事万物遵循"天道"而运行,和谐而有序,正如《诗经》中描述"天生烝民,有物有则。民之秉彝,好是懿德"①。从天道论出发,作为宇宙中万物之精灵的人类也自然应遵循此"天道",天道流行即为人道,成为人类社会的永恒价值追求。这样,"天道"自然成为传统道德的形上价值基础。人类道德的本体论或道德形上学在《易经》(经、传)、《论语》《中庸》《孟子》以及宋明理学中体现得非常明显。

> 天地感而万物化生。(咸卦《彖传》)
> 天与地相似,故不违,知周乎万物,而道济天下,故不过。旁行而不流,乐天知命,故不忧。安土敦乎仁,故能爱。范围天地之化而不过,曲成万物而不遗,通乎昼夜之道而知。(《易·系辞传》)
> 天行健,君子以自强不息(乾卦《象传》),地势坤,君子以厚德载物。(坤卦《象传》)
> 天命之谓性。(《中庸》)
> 尽其心者,知其性也,知其性,则知天矣。(《孟子·尽心上》)
> 宇宙之间,一理而已。天得之而为天,地得之而为地,而凡生于天地之间者,又各得之以为性。其张之为三纲,其纪之为五常,盖皆此理之流行,无所适而不在。若其消息盈虚,循环不已,则自未始有物之前,以至人消物尽之后,终则复始,始复有终,又未尝有顷刻之或停也。(《朱文公文集》卷十七)
> 宇宙便是吾心,吾心便是宇宙。(《陆九渊集》卷三十六)
> 心外无物,心外无事,心外无理,心外无义,心外无善。(《王阳明全集·文录一》卷二)

---

① 《诗经·大雅·烝民》。

以上论述,都阐明了"天"作为道德的本源、本体的终极价值依据。成中英认为:"'天道'本身的流行,表现为'阴阳',天道是本体,而阴阳是其功能,阴阳的变异表现出宇宙是一个不断创造的过程。宋明时代的形上学发展出两个基本观念,即理与气的观念。世界是合理的、有原则的存在。理是原则、客观的秩序条理,气则是存在的实际。因此,人的实际存在可以而且应该是理性的、有条理的及自然的。这两个基本观念说明了'人为何是理性的'和'人生为何有价值',而且我们可以在客观的宇宙内找到根据。总之,中国哲学内有形上学,中国伦理学也有其形上学为其基础。"①

传统的"天"体现了生生不息的创造性,即天的道德创生性。天为德本的命题,不仅表明天是道德价值的终极依据,而且还蕴含着对道德的创生性。"生生之谓易。"② 生而又生,生生不息,绵延不绝,事物不断向前发展变化,体现出"苟日新,日日新,又日新"③ 的不断变革创新精神。"天行健,君子以自强不息"④,"地势坤,君子以厚德载物"⑤。这就要求君子要如同"天地"之大德一样,展现出刚毅坚卓,奋发图强,修德进业,开拓进取的自强不息精神。同时,又要具备君子之大德,心存仁义,胸怀天下,正如北宋大思想家张载所言,"为天地立心,为生民立命,为往圣继绝学,为万世开太平"⑥。道德的产生问题历来是人们不解的话题,而天为德本就回答了道德的起源问题。"天地之大德曰生。"⑦ 这句话体现了天地最大的创生功能,包括对人类道德的创生。儒家认为人伦道德是天德发用流行,人之德行秉受于天之德行,即"天之所以与我者"⑧。天是至高的道德本体,以生生为根本大德。宇宙间万事万物的运动变化以及人类社会

---

① 成中英:《从中西互释中挺立》,中国人民大学出版社 2005 年版,第 229 页。
② 《易·系辞传》。
③ 《大学》。
④ 乾卦《象传》。
⑤ 坤卦《象传》。
⑥ 《张子语录》。
⑦ 《易·系辞传》。
⑧ 《孟子·告子上》。

的运动发展都体现着天的大德——以"仁"为核心的伦理精神。天地创造生命的"大德"是人类道德产生的根源,人类社会的根本精神发源于此。在中国传统文化中,作为本体的天,被赋予伦理精神,可以给予道德的诠释。"道德应然不仅是人类社会生活的客观要求,而且直接是宇宙本体自然呈现出的必然表现,是世界存在的本真、本然。"① 这样就把人类社会的伦理道德抽象、升华为本体的高度,赋予其本体论价值,进而再借用这一具有伦理意义的本体来论证人类社会道德的缘起及其合理性。所以,张岱年先生认为:"宇宙本根,乃人伦道德之根源;人伦道德,乃宇宙本根之流行发现。本根有道德的意义,而道德亦有宇宙的意义。"② 这一思维路数在宋明理学那里表现得更为明显,天与人、道与德在本体论层面上完全实现了合一。从道德的创生性来看,天不仅是个人道德之本,而且是社会道德之本。宋明理学强调,"天理"是人的道德根源,所谓得道就是得天理,道德的本意就是对天道的体认而有所得。所以,个人的德行是对天道的觉悟与感知。张横渠把人性分为"天地之性"和"气质之性",天地之性是善的根源,并以此作为自己的本性。而社会的道德关系和道德原则是本体的天理观念的流行。正如朱熹所认为的,整个宇宙是"天理"的流行发用。理就是仁义礼智,"未有这事,先有这理。如未有君臣,已先有君臣之理;未有父子,已先有父子之理"③。这种理在事先的观念将道德的根源直接追溯到天理。在儒家伦理道德体系中,人道本于天道,人性本于天性,人德本于天德。天不仅是人和万物的根源或本体,也是人类社会道德法则的理论渊源。

以天为人德之本的重要价值。从今天的眼光看,也许有人认为儒家以天为德之本的做法比较迂腐,道德的根源只能在人类社会生活之中,不可能在其之外。但是,从当时人们所处的社会历史条件来看,对于一些社会现象的认识还不够深刻,有些问题还不能做出合理的解释,加之人的形上本性驱使,所以,人类从自身之外寻求

---

① 张怀承:《简析天人合德的理论意蕴》,《伦理学研究》2004 年第 6 期。
② 张岱年:《中国哲学大纲》,中国社会科学出版社 1982 年版,第 173 页。
③ 《朱子语类》卷九十五。

道德的根源在所难免，最终都找到了"天"这里。从这个角度看，以天为德之本倒是儒家智慧的显现。对此，我们可以从人作为反思性存在本身入手，人来到这个世界上总是要问一些看似最简单而又难以回答的问题，比如我从哪里来？我是谁？我为什么要有道德？等问题。按照这样的思维路数，传统的伦理道德自然也会遇到这样的问题，即人为什么会有仁？对于这一难题的解答显然在经验领域很难找到答案，必然将仁的根源向上推，最终推到了天那里，天成为道德的形上根源。所以，杨泽波认为，郭店楚简"性自命出，命自天降"，孟子的"天之所以与我者"以及《中庸》的"天命之谓性"等一系列论述，都是对仁的根源的合理性解释。儒家将仁的源头上推于天的做法有效地解决了道德的形上根源问题。一旦将道德何以可能的源头置于上天，道德就有了终极原因的诠释，这样，人们就不再有存疑了。为什么要做个好人，为什么要行善，良心的根源在哪里等一系列问题都迎刃而解。因此，"这个在理论上看似极为复杂的问题，在儒学史上却以一种相对简单的方式得到了解决。换句话说，'以天论德'虽然只是将道德的终极源头归到天上，但这种做法在儒学中的作用却是绝对不可轻视的。……一旦将道德的源头归于上天，这个问题也就回到了'阿基米德'起点，不能再问了，人们思维的形上要求就此暂时得到一种满足，人们对于道德也会有一种敬畏敬重之情。这样一来，这个表面看起来并没有实质内容的天，对于儒家来说，却具有不可或缺的重要价值"①。儒家的智慧之处正在于此。当然，儒家提出一个天，并没有认为其一劳永逸，而是不断完善，使其在逻辑上更加严谨，理论上更有说服力，信仰上更坚定。从宋明理学来看，它对这一形上理论发展到登峰造极的地步。"天理良知""天地良心"无不体现着天的崇高地位和人的真诚信仰。这不仅为人的道德和价值提供了本体论的价值根据，也为传统道德存在的合理性提供了充分的论证。

---

① 杨泽波：《从以天论德看儒家道德的宗教作用》，《中国社会科学》2006年第3期。

三 天人合德

所谓天人合德，就是说天与人有着共同的德行和价值基础。天人合德具体表现为同一过程的两个方面：一方面，"天道"由上彻下内在于人，"天道"与"人道"合一；另一方面，"人道"由下上升而通于"天道"，"人道"与"天道"合一。虽然，这里说明的都是"天道"与"人道"合一问题，但"天道"与"人道"合一体现了由上至下与由下至上两个方面的统一。这近乎孔子"下学而上达"的理路。为了更好地理解天人合德思想的内涵，从逻辑上分开来说，但就天人合德本身来看则完全是同一过程，没有所谓的先后之分。

首先，"天道"由上彻下内化为"人道"。"天道"相对于"人道"而言，既远又近。为什么说它远？因为天是存在于人之外的高高在上的客观存在，用孔子的话讲，"天何言哉？四时行焉，百物生焉，天何言哉？"① 从此意义上看，感觉天距离人们很遥远，当然，这个天是从自然属性来说的，亦即"自然之天"。然而，从"义理之天"的角度看，"天理流行，触处皆是。暑往寒来，川流山峙，'父子有亲，君臣有义'之类，无非这理"②。这个"义理之天"离人又很近，"道不远人""不可须臾离也"③，正如孟子所说，"反身而诚，乐莫大焉"④，它就存在于人伦日用之中，所以，"百姓日用而不知"⑤。《中庸》讲"天命之谓性"，"天性"即"人性"，"天道"即"人道"，"天理"即"人理"，"天德"即"人德"，两者是同一的，即"天人合一"。"诚者，天之道也；诚之者，人之道也。"⑥ 真诚无妄是天之道，所以说"自诚明，谓之性；自明诚，谓之教"⑦。由秉性真诚而

---

① 《论语·阳货》。
② 《朱子语类》卷四十。
③ 《中庸》。
④ 《孟子·尽心上》。
⑤ 《易·系辞传》。
⑥ 《孟子·离娄上》。
⑦ 《中庸》。

明悟了"天道",这就是天性;由于明白了天理而内心真诚,这就是教化的结果。换句话说,真诚就可以明白天理,明白天理就会真诚,即所谓"诚则明矣,明则诚矣"①。由此可见,"自诚明"体现了由"天道"向"人道"转化的过程,那么,"自明诚"则体现了由"人道"向"天道"转化的过程,这是同一个过程的两个方面。通过后天的教化与个人不断加强道德修养而逐渐领悟"天道",这个"天道"实质就是"人道",两者完全同一。

现代新儒家非常重视传统伦理思想中的天人合德、天人交贯的观念,认为在道德实践时"天即同化于吾心,而人性即天性,人心即天心"②。天命内在于人则为仁心仁性。"中国人以存养实现之态度对此道体,彻之而下,则此道体唯是天命。天命即人性。人之诚意正心、亲亲仁民爱物,以至赞天地之化育,即此内在的天人合一之性命之实现,而昭布于亲、民万物之中者。"③《易·说卦传》中立天、地、人三才,确立了天道、地道、人道统一的思维模式,"是以立天之道曰阴与阳,立地之道曰柔与刚,立人之道曰仁与义"④。由此,确立了性善论的价值系统,"一阴一阳之谓道。继之者善也,成之者性也","成性存存,道义之门"⑤。天地阴阳之气使万物得以生长,人能继承天地之道那就是善,天地之道能够贞定万物的本性,道义由此而生。所以,"有天地然后有万物,有万物然后有男女,有男女然后有夫妇,有夫妇然后有父子,有父子然后有君臣,有君臣然后有上下,有上下然后礼仪有所措"⑥。按照冯友兰对天、命、理、性关系的解释,也可以理解这种由上而下的路向。"天"是万有之总名,兼具本然与自然,它是至善的本体。而事物之所以成为该事物是因为事物各有其理,事物所必须依照的理都可以说是天命。事物依照理而成为某事物

---

① 《中庸》。
② 唐君毅:《人文精神之重建》(一),广西师范大学出版社 2005 年版,第 69 页。
③ 同上书,第 71 页。
④ 《说卦传》。
⑤ 《易·系辞传》。
⑥ 《易·序卦传》。

者就是性。① 所以，一切事物依照天命而有其性，此所谓"各正性命"②。就天人关系来说也是如此，命是联结天与人的中间环节。牟宗三认为天道步步下贯，贯注到人的心性之中，成为人的主体。我们对自我不是自我否定，而是自我肯定。天道天命越是层层下贯，我们的主体愈得到肯定，越显得自我肯定有价值。这样，天命天道下降成为人的本体，则人的"真实性的主体性"形成。此时的主体不是形下的生物学意义或心理学意义上的主体，而是体现价值的、形上的真实主体。孔子的"仁"和孟子的人性善等都是由此真实主体导出。③

其次，"人道"由下上升而通于"天道"。由于天是一切价值的源头，因此，人本着自己的天性，在道德实践的功夫中可以达到天德、天心，即所谓"下学而上达"，子曰："不怨天，不尤人，下学而上达。知我者其天乎！"④ 所以，下学人事，上达天命。人通过不断的觉悟和自我修养过程，扩充本性，进而体现天道。实际上《中庸》所言"肫肫其仁，渊渊其渊，浩浩其天"，就表示仁心仁道深远、广大与天同一。在儒家文化中"天"或"天道"并不是远在彼岸的救世主，而是与人道相合的天道。因此，人出于人道，提高自己的德行，就能合乎天道，与其同一。人道与天道之间没有什么隔绝，天的德行与人的心性相通，"此心此性，同时即通于天。于是人能尽心知性则知天，人之存心养性亦即所以事天。而人性即天性，人德即天德，人之尽性成德之事，皆所以赞天地之化育"⑤。人能尽己内在心性即可以达于天德、天心、天理。杜维明认为，天的实体对于人决不是陌生的，能为人的意志、情感所领悟。通过心灵的培育和修养，人可以察觉到天地运作的奥妙。"儒家对人的固有意义的'信仰'，是对活生生的人的自我超越的真实可能性的信仰。一个有生命的人的

---

① 冯友兰：《新理学》，生活·读书·新知三联书店2007年版，第79—80页。
② 乾卦《象传》。
③ 牟宗三：《中国哲学的特质》，上海古籍出版社1997年版，第16—18页。
④ 《论语·宪问》。
⑤ 牟宗三等：《为中国文化敬告世界人士宣言》，转引自张君劢《新儒家思想史》，中国人民大学出版社2006年版，第570页。

身、心、魂、灵都充满着深刻的伦理宗教意义。具有宗教情操在儒家意义上，就是进行作为群体行为的终极的自我转化。而'得救'则意味着我们的人性中所固有的既属天又属人的真实得到充分实现。"①

最后，达于天人合德的至上境界。无论天由上彻下内在于人，还是人由下上升而通于天，都表明天与人具有本质的同一性即人的道德与天的德行完全内在一致。这种至高至上的境界是每个人都应该追求的，而且通过自身的努力是能够实现的。在儒家看来人都是应该有道德的，这是"人禽之别"的根本所在，否则人与禽兽无异。而人德即天德，人理即天理，所以，看似高远的境界实现起来并不是很难，尽人道就是体天道，尽人德就是行天德，"天人之本无二""天人异用，不足以言诚；天人异知，不足以尽明。所谓诚明者，性与天道不见乎小大之别也"②。人只要尽心，知性，知命就可以知天，而与天合德，从而达到"存人道以配天地"，"保天心以立人极"③，人德与天德合而为一，所以"夫大人者，与天地合其德，与日月合其明，与四时合其序，与鬼神合其吉凶。先天而天弗违，后天而奉天时"④。所以，在中国传统伦理思想中，这种天人合德境界并不是神秘莫测难以企及的，而是在于人的自我努力，最终落实到"人道"之上。因此，个人要不断修身养性，反省内求，不断扩充人之善性，从而与天融为一体。故《中庸》言："惟天下至诚，为能尽其性；能尽其性，则能尽人之性；能尽人之性，则能尽物之性；能尽物之性，则可以赞天地化育；可以赞天地之化育，则可以与天地参矣。"通过个人德行修养的提高，可以使人与天的精神相贯通。徐复观在对天命内敛于人的心性认识上也阐明了两者的内在一体性，他认为："天是伟大而崇高的课题，性是内在于人的生命之中的主体。若按照传统的宗教意识，天可以从上面，从外面，给人的生活行为以规定；此时作为生命主体的人性，是处于被动的消极的状态。但在孔子，则天是从自己的

---

① 杜维明：《杜维明全集》第三卷，武汉出版社2002年版，第252页。
② 《正蒙·诚明》。
③ 《船山全书》。
④ 《周易·文言》。

性中转出来；天的要求成为主体之性的要求；所以孔子才能说'我欲仁，斯仁至矣'这类的话。对人做决定的是我而不是天。对孔子而言，仁以外无所谓天道。性与天道的贯通合一，实际是仁在自我实现中所达到的一种境界。"① 从徐复观的话语中我们可以认识到天人合德的本质含义，而且在"合"的过程中凸显了人的主体性地位。表面看似人受制于天，实际上是人自己把握自身，人在天面前不是无能为力的，因为天道自在人心之中，只要人不断发挥主体能动性，努力践行人道，也就体悟了天道，践行人道就是践行天道。实现天人合德需要人的道德自觉，以及积极主动的能动态度。天人合德的过程正是主体逐渐发现、证明自己存在、觉醒的过程。人通过对善的认知和追求，不断超越自我，最终实现对生命本真的复归，与天的本质同一，达于天人合德之境界。天人合德作为中国文化的一种独特价值，它是人与宇宙创造活动的源泉，也是其终极价值目标。而且，天人合德逐渐成为中国人的心态基础，"在历史的过程中逐渐表示为明显的哲学思想或发挥为明显的艺术之创造及明显的道德实践"②。

四 "天人合一"信仰模式的特点

中国传统道德建立在天人合一信仰基础之上，因此，传统道德的特色之处主要体现在天人合一信仰模式方面。它的突出特点可以概括为：内在、超越、知行合一。这与西方外在超越、知行相对分离的特点形成鲜明对比。关于内在与超越的话题，学术界论述的很多，一般也都把西方文化看成外在超越文化，中国文化看成内在超越文化。本书对此观点是基本认同的。但本书研究内在超越、外在超越并不是在两大文化体系之间作比较，而是立足于道德的信仰基础这一维度具体阐释传统信仰模式的突出特点。实际上，内在与超越是不可分的，内在性本身蕴含了超越性，而超越的依据不是在人之外，而是在于人自身，所以两者合在一起即为内在超越。从价值层面看，内在与超越联

---

① 徐复观：《中国人性论史》，华东师范大学出版社2005年版，第63页。
② 成中英：《从中西互释中挺立》，中国人民大学出版社2005年版，第244页。

系密切，但侧重点略有差异，内在强调一种方向性，有别于"外"；而超越侧重于价值的提升程度，趋向于终极的价值。内在与超越的结合注定人们在道德实践中走一条"知行合一"的道路。

（一）内在性。内在与外在相对，突出向内的转化与作用，具体表现在两个方面：一方面，为天道向人道贯注，内化为自己的德行而成为人之性，因而是内在的；另一方面，人在心性修养上，强调向内用力，"为仁由己"，"依自不依他"（章太炎语）。

从心性学的角度看，"天道"与"性命"是两个主要的范畴，"天道"往往代表超越性，而"性命"代表内在性。人的"心性"问题就是从主观上讲人的本质与价值，天道贯注于人身，内在于人而成为人之性。"天道""天理"并不同于西方的上帝在人之外，可望而不可即，而是性命天道相互贯通。天即同化于人心，人性即天性，人心即天心，这就是陆九渊讲的"宇宙便是吾心，吾心便是宇宙"①。唐君毅认为："中国人以存养实现之态度对此道体，彻之而下，则此道体，唯是天命，天命即人性。人之诚意正心、亲亲仁民爱物，以至赞天地之化育：即此内在的天人合一之性命之实现，而昭布于亲、民、万物之中者。"②按照《中庸》"天命之谓性"的说法，人的本性就是天所赋予，天性即人性。所以，人无须向外探寻，只要在人自身寻找就足矣。正如牟宗三所说："中国的道德意识，源于天命、天道向下贯注，从而指向人自身；而西方的宗教意识，人要向上投注，指向上帝。"③中国的天道并非遥不可及而是天道性命相贯通，难怪孟子说："万物备于我矣。反身而诚，乐莫大焉。"④孟子关于人的内在性的论述较多，他说："尽其心，知其性也；知其性，则知天矣。存其心，养其性，所以事天也。"⑤人只要不断地扩充其善性，就可以实现内在的人心与天道的同一。因此，

---

① 《陆九渊集》卷三十六。
② 唐君毅：《人文精神之重建》（一），广西师范大学出版社2005年版，第71页。
③ 牟宗三：《中国哲学的特质》，上海古籍出版社1997年版，第19页。
④ 《孟子·尽心上》。
⑤ 同上。

孟子尤其重视个人内在的修养，强调"寡欲""内省"。"养心莫善于寡欲"，只有寡欲，才能使内心的善端得以保存和发展。凡事要"反求诸己"，即向自己内部下功夫，经常检点自己的行为。宋明理学进一步强化了内在性的重要意义，无论是程朱的"性即理"还是陆王的"心即理"，都是要以人内在的主观努力来实现心性与天理的同一。在杜维明看来，每个人能够成为他应该成为的人，关键在于自我转化即主体内化、精神吸取的过程。所以，他认为"'天视自我民视，天听自我民听'，天与人事是紧密相连的，超越之中，体现着'内在'"①。

天道性命相贯通，天命向内在心性聚敛而后再外扩，昭布于亲、民、万物之中。为实现这一转变过程，儒家特别强调道德修养，目标投注于人的内心，特别注重对自身的修养功夫，提倡"慎独""反求诸己""内省""持敬"等道德修养方法，使人不断地在向内修习和磨砺的心性修养中达到人生追求的终极价值。例如，"慎独"的修养方法要求在人所不知而自己所独知的内心活动下，能够经常小心、谨慎。不仅不能放松，还要更加注意自己的言行举止，在"隐"和"微"上下功夫，防微杜渐，使人保持纯洁的道德心灵。通过"为仁由己"，"尽心、知性、知天"，"践形尽性"的内倾路径，把现实世界与价值世界统一起来，使价值理想在现实生活中完全实现出来。余英时认为，"'仁'是一个道德观念，其根据在心性体，这是内在超越的取向"②。所以，内在于个人自我，而自觉地修养德行。"中国人相信价值之源内在于一己之心而外通于他人及天地万物，所以反来覆去地强调'自省''自返''反求诸己''反身而诚'之类的功夫。"③这就难怪中国人注重向内用力，收敛，在道德修养上不离"自"字，所谓自求、自知、自得、自明、自觉、自省、自诚、自作主宰，等等。"正己而不求于人则无怨。上不怨天，下不尤人。"④ 孔子特别强

---

① 杜维明：《儒家传统的现代转化》，中国广播电视出版社1992年版，第207页。
② 余英时：《内在超越之路》，中国广播电视出版社1993年版，第32页。
③ 同上书，第43页。
④ 《中庸》。

调,"为仁由己,而由人乎哉?"具体的实现路径就是做到"非礼勿视、非礼勿听、非礼勿言、非礼勿动"①。在中国人性善文化里,没有西方那种人性恶而需要救赎的观念。虽然,也有性恶的一面,但在传统文化中那并不是人类的本质。人的真正本性就是善,而恶正是失去了或遮蔽了善之本性的表现,所以,在人的一生中,最重要的就是心性修养,通过个人不断地自我努力,保留善良的本心,防止失掉本心。这不同于西方人性恶、灵肉分离的思想,人类自身无法拯救自己,需要依靠上帝的救赎。在性善论文化中,为仁由己,自我就可以拯救自己。

(二)超越性。对于超越的向度,有学者认为超越是宗教所关怀的,是宗教的专利,在中国传统文化中根本不存在超越。如美国学者郝大维、中国香港学者冯耀明都否认儒学的超越性②,还有学者认为中国的儒学只是具体的人伦日用之学。然而,真正了解儒学天人合德、天人交贯、天人合一精神的不能不承认其固有的超越性。儒家的人伦日用绝不是就那么简单的人伦日用,它能在几千年的历史长河中传承,发扬光大,自有其自身独特的价值与智慧。儒家的人伦日用并没有离开"道","道不远人""不可须臾离也"③,"道"就在人伦日用之中,"百姓日用而不知"④。就像孟子说的那样"反身而诚,乐莫大焉"⑤,所以,中国儒学的超越性不像西方宗教文化那样直观,它需要人不断地去感悟、体会,进而达到一种直觉与智慧。在现代新儒家看来中国人的伦理道德实践涵有宗教性的超越感情。从中国人道德思想看,非常重视天的作用,尽管这个天有多重含义,但无论如何,也不能否认天是超越现实的个人自我与现实人与人关系的。"人心之所安之道之所在,即天地正气之所在,即使人可置死生于度外,则此心之所安之道,一方内在于此心,一方亦即超越个人之现实生命之

---

① 《论语·颜渊》。
② 郭齐勇:《中国儒学之精神》,复旦大学出版社 2009 年版,第 243 页。
③ 《中庸》。
④ 《易·系辞传》。
⑤ 《孟子·尽心上》。

道，而人对此道之信仰，岂非即宗教性之超越信仰？"① 针对西方哲学界认为儒学只是具体的人伦日用之学，而缺乏超越精神的观点，牟宗三认为这是对中华民族文化生命的否定。他通过对"性与天道"的关系的研究阐释了天道具有超越的意义。超越的天道贯注于人性成为人道，人道与天道相贯通。儒家虽然肯定日常人伦，但并不离弃价值之源的超越实体，只不过这种超越与内在并不隔离，体现为内在与超越的统一，此时可谓兼具宗教与道德的意味，宗教重超越，而道德重内在。② 这完全体现在中国传统的天人合一心性学中。"今人如能了解此心性之学，乃中国文化之神髓所在，则绝不容许任何人视中国文化为只重外在的现实的人与人之关系之调整，而无内在精神生活及宗教性形上性的超越感情之说。"③

"天"在孔子那里就具有超越性，人只能通过努力践仁，"下学而上达"，才能与天道相契合。所以，孔子说："知我者其天乎。"④ 在这里孔子的天显然是代表一种超越的实体，尽管孔子没有明确说天究竟是什么，但可以看出他对天是默而识之，也就是说体验到天命的真意。在传统伦理思想中，"就其'超越'而言，比较集中地体现在传统中经常浮现的'天''天命'这些观念上"⑤。刘述先认为人永远有形而上的欲望，同样，人永远有超越的祈向。"天"是孔子的超越向往，《论语》展示的是一种既内在又超越的形态。如果认为孔子只是个彻底的人文主义者，而缺乏超越的祈求，则是对孔子精神生活的无知。天始终是他所归向的终极源泉。"朝闻道，夕死可矣！"正表明一种超越性情怀。⑥ 人虽然是渺小而有限的，但人能够通过自己的心性修养实现其生命内部的价值，同时又能赞天地之化育，与天地

---

① 牟宗三等：《为中国文化敬告世界人士宣言》，转引自张君劢《新儒家思想史》，中国人民大学出版社2006年版，第566页。
② 牟宗三：《生命的学问》，台湾三民书局1970年版，第74页。
③ 牟宗三等：《为中国文化敬告世界人士宣言》，转引自张君劢《新儒家思想史》，中国人民大学出版社2006年版，第570页。
④ 《论语·宪问》。
⑤ 杜维明：《儒家传统的现代转化》，中国广播电视出版社1992年版，第207页。
⑥ 刘述先：《儒家思想开拓的尝试》，中国社会科学出版社2001年版，第79—84页。

参,在有限中通于无限,这就是超越的过程。"儒家把握超越的方式与基督教完全不同:基督教一定要把宗教的活动与俗世的活动分开,儒家却认为俗世的活动就充满了神圣性;基督教要仰仗对于基督的信仰、通过他力才能够得到救赎,儒家的圣人则只是以身教来形成一种启发,令人通过自力就可以找到自我的实现。既然民之秉彝有法有则,自然不难理解万物皆备于我,反身而诚,乐莫大焉的境界。"①可见,儒家超越性的独到之处在于其没有离开现实世界,而是体征于日用行常之中,这与儒学世俗化倾向与经世致用思想完全一致。正如梁启超所说:"各国之尊天者,常崇之于万有之外,而中国则常纳于人事之中,此吾中华所特长也。……其尊天也,目的不在于天国而在世界,受用不在未来(来世)而在现在(现世)。"② 所以,杜维明认为儒家有超越性的"终极关切",但超越性体现的不明显,超越性与现实性是不可分割的两个方面。要通过现实世界来体现它的高远境界,不像基督教那样,离开现实世界另外创造一个天国,相当于空中楼阁。而儒家则是内在于现实世界并实现转化,所以,儒家的超越的精神价值是内在于现实来体现的。"超越要扣紧其内在,其伦理必须拓展到形而上的超越层面才能最后完成。伦理最高的完成是'天人合一',但它最高的'天',一定要落实到具体的人伦世界。既要超越出来,又要深入进去。"③ 正所谓"百姓日用而不知"④,"致广大而尽精微,极高明而道中庸"⑤。

由于超越与内在是不可分的,超越的依据就在内在之中,所以,不需要依靠外部的约束,而是通过主体加强内心修养,不断地自我超越以实现人善之本性即天性的终极价值追求。在孟子看来人生来虽有善端,但如果后天不扩充,就会被各种物欲遮蔽,会导致恶。为此,后天努力很重要,无论是"寡欲""内求"还是"自省""致良知"

---

① 刘述先:《儒家思想开拓的尝试》,中国社会科学出版社2001年版,第86页。
② 梁启超:《论中国学术思想变迁之大势》,上海古籍出版社2001年版,第11页。
③ 杜维明:《儒家传统的现代转化》,中国广播电视出版社1992年版,第13页。
④ 《易·系辞传》。
⑤ 《中庸》。

等，都是人对现实之我的不断扩展、提升的超越过程。唐君毅以"经验之我"和"超越的我"来说明人的这种超越性。"道德精神为主观之自觉，自己规定支配主宰其人格的形成之精神。在道德精神中，可说被规定被支配之自我为客我（Me），而去规定支配之者为主我（I）……此是就已自觉的求规定支配自己时说。若就吾人尚未自觉求规定支配自己时说，则亦可说将被规定支配之我，为经验的我、主观的我，而将呈现为能规定能支配此我之我，为超越的我、客观的我。"① 他同时认为，道德精神活动与宗教精神活动所依据的"形上实在"可以是相同的。"宗教上所信仰皈依之天心或神可同时为启示吾人以道德命令之天心或神。即其所依形上实在或道体可相同。故吾人实践道德命令以规定与支配自己道德生活，与信仰祈祷神之宗教生活，可相交会。然宗教信仰皈依神之活动方向，乃自下向上；而道德性之实践神之命令之活动方向，乃自上而下。故同此一神，宗教信仰中之神常为超越之神。而道德实践中之神，则宜为内在之神。人之宗教信仰主宰其道德实践时，神恒高高在上。而人之道德实践主宰其宗教信仰时，神恒即在吾心。"② 他以心灵境界说分析了人的生命心灵由"经验的我"到"超越的我"，人的心灵境界由"客观境"到"主观境"再到"超主客观境"，逐渐上升，不断超越小我的过程。③ 可见，超越的过程就是主体无限的本心本性由道德实践向天人合一至上境界不断提升的过程。

（三）知行合一。沿着天人合一、内在超越的逻辑进路，在道德上必然是知行合一或者说是信仰与道德实践的同一。"天人合一"说明人与天具有本质上的同一性，人性即天性、人德即天德、人道即天道，所以，人在践行尽性，实现内在超越的过程中，也就是在完成着"天人合一"的信仰过程，而这种信仰反过来又会进一步强化道德实践。道德实践与信仰是同一个过程的两个方面，不可分离。这如同王

---

① 唐君毅：《人文精神之重建》（一），广西师范大学出版社2005年版，第68页。
② 同上书，第68—69页。
③ 唐君毅：《生命存在与心灵境界》，中国社会科学出版社2006年版，第498—508页。

阳明所讲的"知行合一"关系一样,把知行比作"始末"关系,彼此不分。关于知行合一的思想在历史上早已有之,由先秦孔孟到宋明儒学有一贯的共同认识。成中英认为,《易经》中"天行健,君子以自强不息"的思想,就是以"知以成行,行以见知"为基础的。他从"诚"与"知"的关系入手,认为"诚"是实现及创造真实的力量,知能把诚的动能实现到人的行为上,所以,诚明合能必然导向知行合一。因这种知而做的行的功夫,就是行的最好表现。① 孔子、孟子都有相关的思想。孔子认为君子要言之可行,反对言过其行。对于仁,他认为仁就是爱人。所以,一个有仁心的人在行动上自然会爱他人,这在孔子看来是不言自明的内在道理。"仁者安仁,知者利仁。"② 又说:"我未见好仁者,恶不仁者。好仁者,无以尚之,恶不仁者,其为仁矣,不使不仁者加乎其身。"③ 孔子经常教育其弟子学以致其道,"朝闻道,夕死可矣"④。他同时强调人的言行要一致,知行合一,"始吾于人也,听其言而信其行;今吾于人也,听其言而观其行"⑤。孟子认为"强恕而行,求仁莫近焉"⑥,能够更多地体谅、理解他人,按恕道办事,便接近仁了。尽心、知性、知天的过程同时也是践行尽性的过程。到宋明理学时期,知行合一问题有了比较系统的论述。王阳明首次提出了知行合一的概念。今天我们谈到知行合一往往想到认识与实践,"知"就是认知;"行"就是行动、实践。这是认识论层面上的理解。而在传统伦理思想中,它主要是指道德意义上的知行合一。"知",主要指人的道德意念;"行",主要指人的道德实践。根据王阳明的理解,知行是一回事,是不能分开的。"知是行的主意。行是知的功夫。知是行之始,行是知之成",他认为,只说一个知,已自有行在;只说一个行,已自有知在,知行分不开。⑦

---

① 成中英:《从中西互释中挺立》,中国人民大学出版社2005年版,第252页。
② 《论语·里仁》。
③ 同上。
④ 同上。
⑤ 《论语·公冶长》。
⑥ 《孟子·尽心上》。
⑦ 《传习录》上。

知与行是同一个过程的两个方面，两者相依而进。所以，知之深则行之切，知而不行只是未知，没有真正的良知。王阳明知行合一思想是建立在其"心即理""心与理一"的本体论基础上的。既然心即理，那么知与行就是一回事，不能分开。总体看，王阳明的知行合一理论是对传统"天人合一"思想内在本质的深刻体现。他把天道、天性与人道、人性的关系最终落实于道德实践的知行合体上。有一点需要说明的是，王阳明的"知行合一"强调有知便是行了。这让一些人误解为他只重视知，而不顾行，人只要有一个道德的意念就足以了，无须行动。实际上，按照王阳明的理解，这样的知不是真知，所以，知中要有行，行中也要有知。本书用"知行合一"概念来概括传统伦理道德实践的特点旨在说明人的道德实践与信仰的同一过程。

中国传统道德的独特之处就在于"知行合一"的道德实践，人们在从事道德实践的同时就能体会到一种神圣感，从而得到精神上的满足感，这与孔子说的"朝闻道，夕死可矣"①的体验是一致的。这是一种"为天地立心，为生民立命，为往圣继绝学，为万世开太平"②的崇高使命感和荣誉感。道德实践不是单纯地就道德而道德，而是有着"天道""天理"的神圣体验，行人道、践人德实际上就是体悟"天道""天德"。"天道"是至高至上至善的，它是超感性的。整个宇宙中万事万物都遵循天道而运行，"与天地相似，故不违，知周乎万物，而道济天下，故不过。旁行而不流，乐天知命，故不忧。安土敦乎仁，故能爱。范围天地之化而不过，曲成万物而不遗。通乎昼夜之道而知"③。天道流行即为人道。超越性天道与个体德行之间上贯下达，合而为一，"天道"贯于"人道"，"人道"上通于"天道"。正如唐君毅所说："个人依儒者之道以尽心知性知天，至诚如神，觉此心即天心，人即天人。另无外在之神，固是一精神之极高境界。"④在人道的背后是天道，能按此道行事，人就能

---

① 《论语·里仁》。
② 《张子语录》。
③ 《易·系辞传》。
④ 唐君毅：《人文精神之重建》（一），广西师范大学出版社2005年版，第5页。

坦坦荡荡，有一种浩然之正气充塞于天地之间，这样，人才不愧为人。反之，违背良知就是违背天良，必然心虚而惴惴不安。善恶因果报应正是建立在天道、天理基础上的。"丧尽天良""替天行道"的背后都有一个不言而喻的"天"，有天道、天理的神圣根基。何光沪先生认为，"中国人愿意讲天理良心，遇到太邪恶的人与事，我们称之为丧尽天良。所谓天理、天道就是指人要受一个绝对标准的裁判。我不同意一些文化学者的说法，他们认为中国没有超越性文化传统。事实上，'皇天上帝'并不是外来语，它早就存在于中国文化典籍之中，中国人历来就相信它"[1]。所以，积德行善自然就能体验到一种崇高感，从而得到精神上的满足。唐君毅对此也有精彩的论述，"须知在真正之道德生活中，我们对我们自己之意念行为，皆有一自内心深处自动自发的'安或不安之感'（孔子）、'悦心或不悦心之感'（孟子）、'好之或恶之之情意'（《大学》），故可说我们之每一意念行为，皆对照于一'昭明灵觉之天理……此亦是说，吾人每有一意念行为，皆有一良知之直接判断昭临于上，而是是非非，而好善恶恶"，"在完满的道德生活中，吾人之一般意念，念念相续，此良知判断，亦恒念念相续，即知即行，彻上彻下，存中形外。此即天理之自上而下自内而外以相续流行。此良知天理，因其初为内在而又超越，且普遍无私，廓然大公，故讲到最后，必须承认其来自我即来自天，属于我心，亦即属于天心"[2]。天心、天理同于人心、人理，融于道德之实践，天人合德、知行合体，遂显神圣与崇高。

从这一过程来看，人的道德实践与信仰体验是分不开的，完全是同一的。按照现代新儒家的理解，"依觉悟而生实践，依实践而更增觉悟。知行二者相依并进"[3]，这种觉悟实际上就是对天性、天德、

---

[1] 何光沪：《有心无题》，生活·读书·新知三联书店2003年版，第181页。
[2] 唐君毅：《人文精神之重建》（二），广西师范大学出版社2005年版，第420—421页。
[3] 牟宗三等：《为中国文化敬告世界人士宣言》，转引自张君劢《新儒家思想史》，中国人民大学出版社2006年版，第569页。

天道的体悟，亦即所谓的天人合一信仰。这与西方的宗教信仰及其道德实践的关系大为不同，在西方宗教文化中，作为人类的救赎者的上帝与人类本身没有共同的本体基础。个人为了获得生存的意义，必须在人之外找到拯救的力量。所以，它是先有对上帝的信仰，后有道德实践。"在西方，信仰和伦理是分开的，人性恶，所以，以信仰为前提，伦理才有根据。在中国，人性善，伦理的根据在于人的与天相一致的本性，善是人的本性和天良。这是一种'天人合德、天人合一、天人不二、天人同体之观念'。中国文化中信仰和伦理是统一的，'中国民族之宗教性的超越感情，及宗教精神，因与其所重之伦理道德，同源于一本之文化'。这种宗教伦理合一的观念，就是中国的心性之学，人之本心即天心，人之性理即天理，人之良知灵明，即天地万物之灵明，人之良知良能，即乾知坤能，这是中国文化之精髓所在。西方人做人的根据在人之外，在上帝，中国人做人的根据在人之内，在心性。中国人的道德实践本身就具有信仰的意义，本身就是神圣的。"① 所以，高文新教授认为，中国人在现实道德生活中能够同时获得一种与天道合一的超越性与高尚感，这与宗教生活中达到的精神满足是一致的。② "知行合一"的道德实践不仅能使人得到与宗教信仰相同的精神满足，而且，它的高明之处在于将道德实践与信仰融为一体，道德实践中就能体验到神圣性与崇高性，反过来，超越性的信仰又不断激励着人的道德实践，两者相依并进。这就不难理解历史上无数的仁人志士一直坚守着道义的制高点，"志士仁人，无求生以害人，有杀身以成仁"③。例如，有为了捍卫"仁义"不惜牺牲性命的文天祥，留下"人生自古谁无死，留取丹心照汗青"④ 的铮铮誓言；有心系苍生忧国忧民的范仲淹，写下"先天下之忧而忧，后天下之乐

---

① 高文新：《对〈基督教经典译丛〉总序的几点讨论》，《社会科学战线》2010年第11期。
② 高文新：《中国传统哲学宗教的特点与新哲学的建构》，《吉林大学社会科学学报》2004年第6期。
③ 《论语·卫灵公》。
④ 文天祥：《过零丁洋》。

而乐"的治世名言，正可谓"君子抱仁义，不惧天地倾"①。

　　道德与信仰的同一不仅是逻辑上的同一，而且时间上也是完全同一的，无内外、上下不可逾越的空间隔阂以及时间上的前后差异。所以，在人伦日用之中就蕴含着神圣的信仰，道德也就具有了信仰功能。道德的这种信仰功能无须外在的道德说教强化，而是源于主体自身的深刻体验，人们在日常生活中不知不觉地在运用、践履和体悟，"道"就在人伦日用之中，"百姓日用而不知"。

　　在人的生命中，"道"无时无刻不发挥着作用，人们时时在用"道"。"道"虽然看不到，摸不着，但它就在人的身边，而不在什么"上帝"、佛那里，所以说"道也者，不可须臾离也，可离非道也"②，"道"就在百姓日用之中。因此，如果把传统道德仅仅理解为简单的"道义论"或者说"为了道德而道德"，这显然是一种简单的、粗糙的认识，没有深刻理解传统道德的深厚精神蕴意。传统道德不仅有血有肉，更有精神。如果单纯地为了道德而道德，那样的道德就不可能有多大的约束力，更不可能在两千多年的历史长河中长久不衰，并在社会上产生广泛而又深刻的影响。传统道德的真正精髓在于其深厚的精神底蕴。这样，才能使人在道德实践中有神圣性的、超越性的体验与精神满足。这样，道德就不是外在的强制，而变成内在的自觉——真正的道德自觉。

第三节　"五四"新文化运动对传统
道德信仰基础的瓦解

　　关于"五四"运动的界定，学术界有广义和狭义之分，狭义的"五四"运动特指 1919 年的学生爱国运动；广义的"五四"运动则是指 1919 年前后长达十余年的新文化运动。从时间上看，新文化运动早于"五四"运动，但两者之间的联系比较密切，本书主要涉及

---

① 王建《赠王侍御》。
② 《中庸》。

两者在反对传统道德一致性态度方面，所以，行文中将其合在一起使用，统称为"五四"新文化运动。关于这一点，李泽厚定义"五四"运动时也认为，"'五四'运动包含着两个性质不相同的运动，一个是新文化运动，一个是学生爱国反帝运动"①。"五四"新文化运动触及中国社会存在的民族文化的心理结构，触及根深蒂固的思想观念，触及中国传统社会秩序的根基，具有深远的社会影响。

一 "五四"新文化运动对传统道德信仰基础的冲击

"五四"新文化运动时期，传统的伦理道德遭遇了前所未有的抨击与批判，这是因为中国传统文化就是一种伦理型文化，特别是伦理政治化，政治伦理化，政治伦理一体化。因此，在"五四"新文化运动批判传统时，伦理道德必然是矛头所向。在批判传统文化的同时，也在不断地学习西方的思想文化，因此，这是一个自我批判与西化并存的时代，同时开启了人们思想解放的大门。正如李泽厚先生所说，这在中国数千年文化史上是划时代的，如此激烈地否定传统，追求全盘西化，在世界近现代史上也是极为少见的现象。②陈独秀于1915年9月创办了《新青年》杂志，这标志着以道德革命和文学革命为旗帜的新文化运动正式开始。新文化运动的矛头首先指向传统伦理道德，对其进行了全面的、猛烈的、直接的抨击。在新文化运动领导者看来改变中国面貌必须推翻旧道德，必须与传统观念相决裂，从而，接受西方的自由、民主、平等之学说。陈独秀认为，"我们不懂得旧道德的功效在那里，我们主张新道德，正是要彻底发达人类本能上光明的方面，彻底消灭本能上黑暗的方面，来救济全社会悲惨不安的状态，旧道德是我们不能满足的，所以，若说道德是旧的好，是中国固有的好，简直是梦话"③。他认为旧道德是造成社会动荡不安、停滞不前的根源，迫切需要唤起民众的觉悟，尤其是伦理的觉悟，"伦理思想，影响于政治，各国皆然，吾华犹甚。儒者三纲之说，为

---

① 李泽厚：《中国现代思想史论》，生活·读书·新知三联书店2008年版，第1页。
② 李泽厚：《中国现代思想史论》，东方出版社1987年版，第8页。
③ 蔡尚思：《中国现代思想史资料简编》，浙江人民出版社1982年版，第53—54页。

吾伦理政治之大原，共贯同条，莫可偏废。三纲之根本义，阶级制度是也。所谓名教，所谓礼教，皆以拥护此别尊卑，明贵贱之制度者也。近世西洋之道德政治，乃以自由、平等、独立之说为大原，与阶级制度极端相反。此东西文明一大分水岭也。……自西洋文明输入吾国，最初促吾人之觉悟者为学术，相形见绌，举国所知矣；其次为政治，年来政象所证明，已有不克守缺抱残之势，继今以往，国人所怀疑莫决者，当为伦理问题。此而不能觉悟，则前之所谓觉悟者，非彻底之觉悟，盖犹在徜徉迷离之境。吾敢断言曰，伦理之觉悟为最后之觉悟之觉悟"①。陈独秀从东西对比的角度阐述了伦理觉悟的重要性，没有伦理的觉悟，其他的一切改革都是空话。所以，要改变中国的社会面貌必须彻底批判旧思想、旧道德，在思想领域开展一场"大激战"。这一时期，易白沙、胡适、刘半农、鲁迅、李大钊等人陆续发表各种论说和白话诗文抨击传统道德观念。我们熟知鲁迅《狂人日记》中对传统道德批判的一段话，"凡事总须研究，才会明白。古来时常吃人，我也还记得，可是不甚清楚。我翻开历史一查，这历史没有年代，歪歪斜斜的每页上都写着'仁义道德'几个字。我横竖睡不着，仔细看了半夜，才从字缝里看出字来，满本都写着两个字是'吃人'"。新文化运动者不仅要与传统道德决裂而且要打倒"孔家店"，对万世师表的孔子本人也进行猛烈的抨击。易白沙在《孔子平议》中认为孔子不过是为独夫民贼作百世傀儡。这时期攻击孔子，打倒孔家店，可谓惊世骇俗。李大钊也认为："孔子者，数千年前之残骸枯骨也。"② 他号召青年人远离陈腐，要从灵魂深处彻底改造自我，"吾任重道远之国民乎！当今日为世界再造之初，中华再造之始。……革我之面，洗我之心，而先再造其我，弃罪恶之我，迎光明之我；弃陈腐之我，迎活泼之我；弃白首之我，迎青年之我"③。新文化运动把救国的使命落在了改造人的灵魂方面。因此，新文化运动对待传统文化的态度基本是持彻底否定的态度，几近完全否定，这在中国思想

---

① 陈独秀：《独秀文存》一，上海亚东图书馆1922年版，第55—56页。
② 《李大钊全集》第1卷，人民出版社2006年版，第242页。
③ 《李大钊选集》，人民出版社1959年版，第56页。

史上是一场前所未有的革命。

"五四"新文化运动虽然表现为救亡图存的爱国运动,但由于受到新思想的影响,在反对传统道德方面有过之而无不及。李泽厚认为,批判旧传统的新文化运动与救亡图存的"五四"运动很快合流,彼此声援,造成浩大的声势。"五四"以后的青年一代不仅在观念意识上批判旧传统,而且行为模式也发生了重要改变,开始在实践中改变行为。这相对于早期的新文化运动者而言是一个显著的变化。[①]"五四"新文化运动在道德领域里的革命不仅表现为对传统伦理道德的简单否定,打倒"孔家店",批判孔子,这是对传统儒家思想的直接否定,自然作为传统道德支撑体系的那套"天人合一"信仰基础,在"科学""民主"的呼声中也被排斥到九霄云外。"五四"新文化运动,要用西方的现代化来代替中国的旧文化,"新文化即西方的民主与科学的文化,儒学在这运动中首当其冲,成为反传统的主要对象。随着辛亥革命推翻了封建君主专制的制度,中国的传统制度一个个崩溃,儒学和制度之间的联系中断了,制度化的儒学已经死亡了","儒学死亡之后已成为一个游魂了"[②]。"于是,传统文化和道德被有意识地'遗忘'了,因为它们被判决为一种陈旧甚至腐朽的历史包袱,一种必须割掉的文化肿瘤或传统因袭。……'五四'先进者们在高喊'孔子已死'的激动时刻,却忘记了孔子关于人类文化道德的本真言述。"[③] 这样,几千年的传统道德及其为人们提供安身立命之基的信仰基础随之轰然倒塌了。表现在这一时期国人信仰混乱,"所以近一年,居然也有几个不肯徒托空言的人,叹息一番之后,还要想法子来挽救。第一个是康有为,指手画脚地说'虚君共和'才好,陈独秀便斥他不行;其次是一班灵学派的人,不知何以起了古奥的思想,要请'孟圣矣乎'的鬼来划策;陈百年、钱玄同、刘半农

---

① 李泽厚:《中国现代思想史论》,东方出版社1987年版,第19—20页。
② 余英时:《现代儒学的回顾与展望》,生活·读书·新知三联书店2012年版,第56页。
③ 万俊人:《思想前沿与文化后方》,东方出版社2002年版,第65页。

又道他胡说"①。由此可见,当时国人思想状况堪忧。陈独秀希望国人建立完全"自主的而非奴隶的人格","我有心思,自崇所信。决不让他人之越俎,亦不主我而奴他人:盖自认为独立自主之人格以上,一切操行,一切权力,一切信仰,唯有听命各自固有之智能,断无盲从隶属他人之理"②。

"五四"新文化运动反映了当时中国的知识分子求变的迫切心情,表现出深厚的国家情怀和强烈的社会责任感,希望通过吸收新思想,打破旧传统,以此改变中国的命运。但是,有些做法今天看来,过于偏激、绝对。例如钱玄同主张把线装书扔到茅厕,废除汉字,他说:"欲废孔学,不可不先废汉文;欲驱除一般人之幼稚的野蛮的顽固的思想,尤不可不先废汉文。中国文字,论其字形,则非拼音而为象形文字之末流,不便于识,不便于写;论其字义,则意义含糊,文法极不精密;论其在今日学问上之应用,则新理、新事、新物之名词,一无所有;论其过去之历史,则千分之九百九十九为记载孔门学说及道教妖言之记号。此种文字,断断不能适用于20世纪之新时代。欲使中国不亡,欲使中国民族为20世纪文明之民族,必以废孔学、灭道教为根本之解决;而废记载孔门学说及道教妖言之汉文,尤为根本解决之根本解决。"③胡适认为"中国人百事不如人""一分像人九分像鬼",等等。当时,反对孔子的人不曾把孔子的思想和专制帝王所利用的孔教分别看待,而是一概抹杀。伦理与政治捆绑在一起,一旦政治危机,伦理也难辞其咎。殊不知,传统伦理思想是有着深厚的文化底蕴与深邃精神支撑的。封建帝王所利用的孔教或道德仅仅是传统道德的一部分,而伦理精神是整个中华民族文化的内核、精髓。该时期,一味地反传统,连同内核精髓的东西一起都成了反对的对象,正如"倒洗澡水连同孩子一起倒掉了"。余英时曾说:"中国近代一部思想史就是一个激进化的过程,最后一定要激进到最高峰。"④ 传统

---

① 鲁迅:《鲁迅全集》第1卷,人民文学出版社1981年版,第116页。
② 陈独秀:《独秀文存》,上海亚东图书馆1922年版,第4—5页。
③ 《新青年》第四卷第四号,1918年4月。
④ 余英时:《钱穆与中国文化》,上海远东出版社1994年版,第201页。

的东西是不是一无是处，精华和糟粕还是要区分的，对传统应该有必要的尊重，对于其不足的方面要给予批判，采取一种扬弃的方式。如毛泽东在《反对党八股》中所说："五四运动时期，一班新人物反对文言文，提倡白话文，反对旧教条，提倡科学和民主，这些都是对的。在那时，这个运动是生动活泼的，前进的，革命的。"① 毛泽东在对"五四运动"积极方面肯定的同时，也指出其局限的地方，"五四运动本身也是有缺点的。那时候的许多领导人物，还没有马克思主义的批判精神，他们使用的方法，一般地还是资产阶级的方法，即形式主义的方法。他们反对旧八股、旧教条、主张科学和民主，是很对的。但是他们对于现状，对于历史，对于外国事物，没有历史唯物主义的批判精神，所谓坏就是绝对的坏，一切皆坏；所谓好就是绝对的好，一切皆好"②。当时国难深重的知识分子，把中国的现状归咎于旧思想旧文化，只有对传统进行彻底的清算，划清界限，洗心革面，净化灵魂，才能真正改变中国的面貌。殊不知现实情况绝没有那么简单。

二 走不出传统的"怪圈"现象

实际上，彻底割断传统远比我们想象的复杂，因为人就生活在一个连续不断的传统之中。从人类产生以来，虽然历经无数朝代的更迭，但是有哪一个朝代与从前的历史毫无关联，彻底划清界限呢？只是相对地划分"新"与"旧"，所以，人无时无刻不生活在传统之中。针对传统的延续性，思想界有一个奇怪的"怪圈"现象，就是一些反传统的人往往又成为传统的维护者或继承者。袁伟时先生曾写道："这是20世纪中国带规律的现象。一代又一代的思想家由鼓吹西方现代文化的启蒙者向程度不等的东方文化救世论者复归。梁启超、章士钊、杜亚泉、孙文……都没有走出告别传统到复归的怪圈。于是，一个争论不休的问题至今仍在困扰着中国的史学家们：这是由少

---

① 《毛泽东选集》第3卷，人民出版社1991年版，第831页。
② 同上书，第831—832页。

不更事而趋于成熟,还是无力把握正确方向的迷惘?"① 的确有许多人早期的时候对传统持否定批判的态度,到晚年的时候又回到传统的轨道上。就如同一个人的成长过程一样,经历着"肯定—否定—否定之否定"的辩证过程,耄耋之年的老人看似又返回到"婴孩"的状态,俗称"老小孩",但这个"老小孩"的思想已经趋渐成熟。对于这些思想家早期和晚期的思想变化起伏,我们应该客观地对待。随着社会、时代的发展变化,人们的思想认识也不断深化,有的时候,前后出现不一致或相互矛盾的思想也在所难免。例如梁启超早年曾是中国的启蒙之父,他批判传统,鼓吹学习西方,然而晚年一反自己原来的文化观,成为传统文化尤其是儒家学说的代言人,他说"当时讴歌科学万能的人,期望着科学成功,黄金世界便指日出现。如今功总算成了,一百年物质的进步,比从前三千年所得还加几倍,我们人类不唯没有得到幸福,倒反带来许多灾难,好像沙漠中失路的旅人,远远望见个大黑影,拼命往前赶,以为可以靠他向导,倒不知赶上几程,影子却不见了,因此无限凄惶失望。影子是谁?就是这位'科学先生'。欧洲人做了一场科学万能的大梦,到如今却叫起科学破产来"②。梁启超指出,大凡一个人,若使有个安心立命的所在,虽然外界种种困苦,也容易抵抗过去。近来欧洲人,却把这件没有了。为什么没有了呢?最大的原因,就是过信"科学万能"。③他曾经号召青年人用儒家思想去拯救人类,要为"人类全体的幸福"而振作起来,"大海对岸那边有好几万人,愁着物质文明破产,哀哀欲绝地喊救命,等着你去超拔他哩!"④ 胡适被看作个人主义的代表人物,鼓吹西化的领袖人物,但其在日记中也曾写道,"傅孟真(傅斯年)说,孙中山有许多腐败的思想,比我们陈旧多了,但他的安身立命却完全没有中国传统的坏习惯,完全是一个新人物。我们的思想新,信

---

① 袁伟时:《中国现代思想散论》,广东教育出版社 2008 年版,第 228 页。
② 王德峰编:《国性与民德——梁启超文选》,上海远东出版社 1995 年版,第 198—199 页。
③ 同上书,第 196 页。
④ 梁启超:《欧洲心影录》,《饮冰室合集》之二十三。

仰新；我们在思想方面完全是西洋了，但在安身立命之处，我们仍是传统的中国人……孟真此论甚中肯"①。在安身立命方面，自觉不自觉地受到传统思想的熏陶感染。这里的安身立命即是西方人所说的终极关怀（ultimate concern），也就是价值根源。20世纪30年代，胡适在芝加哥讲授儒教的历史时曾说："儒教已死，儒教万岁，我现在也可以是儒教徒了。"② 这里胡适从作为统治者的工具性儒教角度分析，认为儒教已经被打倒了，儒教可算是死了。但从儒学获得新生的角度阐明了自己对待儒学的肯定态度，或者说是一种根深蒂固的情结。孙中山早期有反传统的思想，后来还身体力行，对中国传统道德的某些内容进行了现代阐释，例如他在《三民主义·民族主义》第六讲中所说：现在一般人民的思想，以为到了民国，便可以不讲忠字，以为以前讲忠字是对于君的……现在民国没有君主，忠字便可以不用……这种理论，实在是误解。因为在国家之内，君主可以不要，忠字是不能不要的，如果说忠字可以不要，试问我们有没有国呢？我们的忠字可不可以用之于国呢？我们到现在说忠于君，固然是不可以，说忠于国可不可呢？忠于事又是可不可呢？我们做一件事，总要始终不渝，做到成功，如果做不成功，就是把性命去牺牲，亦所不惜，这便是忠。③ 正如孙中山先生在临终前所说，革命尚未成功，同志仍需努力。这充分体现了其对待传统的态度，绝不是一概地否定，而是辩证地看待。"五四"的领袖虽然鼓吹西方文化，但是由于他们自幼受中国传统的熏陶，毕竟摆脱不掉那根深蒂固的群体意识。④ "鲁迅《狂人日记》中的'狂人'作为传统的掘墓人，把整个中国的历史概括为'吃人'二字，传统被彻底推翻了，变得无所依托，无所安生。横在

---

① 胡适：《胡适的日记》，转引自余英时《中国思想传统及其现代变迁》，广西师范大学出版社2004年版，第69页。

② 余英时：《现代儒学的回顾与展望》，生活·读书·新知三联书店2012年版，第56页。

③ 张锡勤、柴文华：《中国道德名言选粹》，黑龙江人民出版社1990年版，第37—38页。

④ 余英时：《现代儒学的回顾与展望》，生活·读书·新知三联书店2012年版，第123页。

鲁迅面前的便只能是一个巨大的虚无，他被这虚无包围着，不知何去何从，没有根底，没有定所，亦没有目标……只在当下漫无目的地奔忙。"① 鲁迅的价值之根仍在乡土……无家可归，无家可恋，心情何等苦痛！何况在鲁迅这里，无家可归还是时空二维意义上的。② 萧公权认为，当时中国的知识分子可以说在政治学术各个方面心安理得地接受现代西方的新观念和新价值，但在立身处世方面却仍守儒家的旧义不变。"20世纪上半叶，无论是反对或是同情儒家的知识分子，都曾是儒家文化的参与者，因为他们的生活经验中都渗透了不同程度的儒家价值。"③

打倒孔家店，摧毁旧的儒家纲常，以及儒学的天地人心说，中国人的精神如何安顿？如何安身立命？必须寻求出路。这是"五四"新文化运动后中国人面临的现实境况。制度化的儒学消亡了，但作为系统化儒学中的一些价值性的东西并没有完全消失，用余英时的话讲，儒家思想的游魂即精神价值还在游荡，它成为一种文化的积淀，渗透于中华儿女的血液骨髓之中。尤其在民间还有一定的市场，如民间祭祀的"天地国（君）亲师"，"天地国（君）亲师"成为人们长久以来祭拜的对象，充分地表现出儒家信众对天地的感恩、对国家的热爱、对师长的尊重之情。

三 马克思主义的广泛传播

"五四"新文化运动在对传统思想文化批判的同时，对人的思想解放起到了重要的启蒙价值，崇尚科学和民主的精神，反对封建纲常礼教的束缚，追求个人的自由解放，成为这一时期人们的主要活动方向。这为新思想在中国的传播奠定了基础。早期的马克思主义者在对待中西文化时采取了辩证分析的态度，如李大钊认为，东西文化就像车的两个轮子，像鸟的翅膀，都有其自身的价值和不足。瞿秋白在

---

① 启良：《20世纪中国思想史》，花城出版社2009年版，第98—99页。
② 同上书，第99页。
③ 余英时：《现代儒学的回顾与展望》，生活·读书·新知三联书店2012年版，第265页。

《赤都心史》中写道:"新文化的基础,本当联合历史上相对待的而现今时代之初又相补助的两种文化:东方与西方。现时两种文化,代表过去时代的,都有危害的病状,一病资产阶级的市侩主义,一病东方式的死寂,'我'不是旧时代孝子顺孙,而是新时代的活泼稚儿。"①"五四"新文化运动的思想启蒙意义是应该得到肯定的,这是一场前所未有的思想解放运动,"中国有史以来,还不曾有过这样一个敢于向旧势力挑战的思想运动,来打破已经存在的几千年的旧传统,推动社会的进步……没有民主思想的觉醒,不可能有民族意识的高涨,也不可能接受马克思主义的思想"②。正是在启蒙思想的指导下,各种思潮涌入中国,马克思主义也是在此背景下广泛传播,并逐渐为人们所认可,尤其是伴随着马克思主义中国化的进程,马克思主义成为中国人新的价值追求。对此,毛泽东也认为,"五四"运动具有启蒙意义,他说:"五四运动替中国共产党准备了干部。那个时候有《新青年》杂志,是陈独秀主编的。被这个杂志和五四运动警醒起来的人,后头有一部分进了共产党,这些人受陈独秀和他周围一群人的影响很大,可以说是由他们集合起来,这才成立了党。我说陈独秀在某几点上,好像俄国的普列汉诺夫,做了启蒙的工作,创造了党。"③"五四"新文化运动发生在中华民族危机深重的时代背景下,挽救民族危亡是当时知识分子的重任,在西方传入的各种思潮中,以解放全人类,实现人的自由发展为目标的马克思主义脱颖而出,成为中国人民谋求民族独立、实现自身解放的思想武器。马克思主义能够为中国人民所接受,这与中国的历史文化与国情密不可分。一方面,马克思主义符合中国的国情,它是站在广大人民群众的立场上,谋求民族独立和人民解放,这正适应了当时被压迫的中国人谋求出路、渴求解放的愿望;另一方面,马克思主义与中国的历史文化能够很快融合,逐渐实现马克思主义与中国国情相结合,成为中国化的马克思主义。

---

① 《瞿秋白文集》第1卷,人民文学出版社1985年版,第213页。
② 周扬:《三次伟大的思想解放运动》,转引自《纪念五四运动六十周年学术讨论论文选》,中国社会科学出版社1979年版,第6—9页。
③ 《毛泽东文集》第3卷,人民出版社1996年版,第294页。

虽然马克思主义在19世纪末20世纪初开始传入中国，但是当时了解的人还很少。十月革命之前的中国先进分子用理性追求作为一种信仰以指导人生和现实活动，在救亡图强这一时代召唤下和"西学东渐"的大潮中，逐渐从流派纷呈的西方社会思潮中发现了马克思主义，仅仅是"感性的认识"。① 故而只是把马克思主义作为众多思想中的一种在中国"传播"，粗浅地介绍马克思主义或翻译其著作，内容是比较肤浅、零碎的，缺乏整体性。正如毛泽东谈到早期马克思主义的认识时所说，"十月革命一声炮响，给全世界无产阶级及其他先进分子上了共产主义的一课。马克思、恩格斯创立马克思主义学说始于1843年，但由一八四三年到一九一七年，七十四年之久；影响主要限于欧洲，全世界大多人还不知道有所谓马克思主义。马克思主义产生于欧洲，开始在欧洲走路，走得比较慢。那时我们中国除极少数留学生以外，一般人就不知道，我也不知道世界上有马克思其人……不过以前在中国并没有人真正知道马克思主义的共产主义"②。"七十多年马克思主义走得那样慢，十月革命以后就走得这样快。因为它走得这样快，所以一九一九年中国人民的精神面貌就不同了，五四运动以后，很快就晓得了打倒帝国主义、打倒封建势力的口号。在这以前，哪个晓得提这样的口号呢？不知道！这样的口号，这样明确的纲领，从中国无产阶级产生了自己的先锋队——共产党起，就提出来了。"③ 因此，十月革命之前马克思主义在中国的流传范围不可能扩大到一小部分知识分子之外，更不可能与工人运动发生直接联系，因而其影响范围十分有限，但在客观上也起到了一定启蒙作用，并在部分先进知识分子头脑中留下了深刻的印记，中国很多早期马克思主义者都是受此影响而逐步走上马克思主义道路的。

"五四"新文化运动促使各种新思潮纷纷涌入中国，除了马克思主义之外，还有空想社会主义、无政府主义、修正主义、泛劳动主

---

① 魏胤亭、杨东：《马克思主义中国化的内在逻辑》，天津人民出版社2007年版，第116页。
② 《毛泽东文集》第3卷，人民出版社1996年版，第290页。
③ 同上书，第290—291页。

义、基尔特社会主义、民生社会主义、新村主义，等等。这时期的知识青年开始走上对某种主义的信奉道路，因为他们向往一种完全美好的理想社会。李维汉回忆说："我们读了那些无政府主义和宣传社会主义的书刊，对于书中描绘的社会主义和共产主义的美妙远景，对于那种没有人剥削人，人压迫人，人人劳动，人人读书，平等自由的境界，觉得非常新鲜、美好，觉得这就应该是我们奋斗的目标。"① 不同的思想学说之间相互激荡，更能凸显出各自学说的理论价值，李达在谈到这一问题时说道，"近来讨论社会主义的人渐渐多了，这确是一个好现象。因为社会主义的真谛若能充分地阐发出来，批评者就不会流于谩骂，信仰者就不会陷于盲从……所以我说现时讨论的人越多，越是好现象。"② 比如这一时期的问题与主义之争，在争论中真理愈辩愈明，进一步促进了马克思主义的广泛传播。李大钊于1919年在《新青年》上刊登发表了《我的马克思主义观》一文，系统论述了马克思主义思想立场、观点、基本内容体系及其价值地位，极大推动了马克思主义在中国的传播。胡适从实用主义的角度提出"多研究些问题，少谈些主义"，认为主义不可靠，高谈主义，不研究问题的人，只是畏难求易，只是懒。李大钊发表《再论问题与主义》对胡适的思想进行批判。此外，该时期还有无政府主义与马克思主义的论战等。在经历了与各种非马克思主义思潮的斗争后，马克思主义凭借其独特的理论魅力为当时中国先进的知识分子接受，并与中国国情相结合，指导中国革命找到了一条正确的道路。先进的中国人将它作为改造社会的思想武器，对中国社会产生了深远影响。毛泽东指出，"'五四'以后，中国产生了完全崭新的文化生力军，这就是中国共产党人所领导的共产主义的文化思想"③。马克思主义、共产主义信仰成为人们终身奋斗的价值追求。也是从这时开始，马克思主义在中国广泛传播，并逐渐在思想领域占据主导地位，成为中国社会新道德的信仰基础。

---

① 李维汉：《回忆与研究》上，中共党史资料出版社1986年版，第13—14页。
② 《李达文集》第1卷，人民出版社1980年版，第57页。
③ 《毛泽东选集》第2卷，人民出版社1991年版，第697页。

第四节　现代新儒家对儒学的复兴与创新

"新儒学"的概念原来指相对于孔孟"原儒"的宋明理学,而现代新儒学则是指宋明理学之后的儒学,也称为儒学的第三期。按照牟宗三提出的儒学三期理论,儒学的第一期为先秦至东汉末年,主要指孔孟儒学;第二期为宋明理学,即新儒学;现代新儒学自我定位是儒学发展的第三期。作为现代新儒学载体的现代新儒家主要是指"产生于本世纪 20 年代、至今仍有一定生命力的,以接续儒家'道统'、复兴儒学为己任,以服膺宋明理学(特别是儒家心性之学)为主要特征,力图以儒家学说为主体为本位,来吸纳、融合、会通西学,以寻求中国现代化道路的一个学术思想流派,也可以说是一种文化思潮"[①]。他们力图通过弘扬中国传统文化特别是儒学精粹,融合西方近代文化精神,以创建中国新文化。时至今日,现代新儒家经历了几代人的发展,如第一代的梁漱溟、熊十力、张君劢等;第二代的牟宗三、唐君毅、方东美等;第三代的成中英、余英时、刘述先、杜维明等。现代新儒学以弘扬儒学为己任,这对于今天提倡文化自信,弘扬优秀传统文化,为中华民族的伟大复兴提供文化支撑具有重要的借鉴意义。

一　儒学的复兴与创新

现代新儒家的诞生和中国 20 世纪初的中华文化传统危机有直接的关系。随着"五四"新文化运动对传统儒家伦理思想的彻底批判,现代新儒家的创始人之一梁漱溟举起了现代新儒学的大旗,展开了对儒家文化传统的辩护活动。他认为中国的传统文化要复兴,世界未来的文化就是中国文化的复兴,"有似古希腊文化在近世的复兴那样"[②]。他通过对古希腊文化、古中国文化、古印度文化的对比研究,

---

[①] 方克立:《现代新儒学与中国现代化》,天津人民出版社 1997 年版,第 19 页。
[②] 梁漱溟:《东西方文化及其哲学》,商务印书馆 2009 年版,第 202 页。

认为当时西方文化盛极一时，为什么会这样呢？"只在其适应人类目前的问题，而中国文化、印度文化在今日的失败，也非其本身有什么好坏而言，不过就在于不合时宜罢了。"① 中国文化表现得相对比较早熟，问题还没有出现就已经有了成熟的思想，这一点在中国传统文化中体现得比较明显，例如早在《易传》中就有了"形而上者谓之道，形而下者谓之器"的深刻论断，直接上升到哲学的高度。高文新教授在论述中西哲学范畴产生的不同过程时曾经做出这样形象的比喻，"犹如两个孩子，一个孩子一点点地学习说话，从具体的名词、动词开始，而另一个孩子则一开口就说出'本体''实体'等词，让人瞠目结舌。这个让人吃惊的孩子真的是神童，像马克思说的亚细亚的'早熟的小孩'吗？还是这个小孩其实年龄已经不小，而且背后已经学会了说话呢？这是一个极其复杂的问题。中国哲学思想在开端也应该是个渐进过程……中国作为古代东方国家，由于一开始便是大土地所有制，因而'早熟'"②。梁漱溟认为中国文化表现的早熟，就是说问题还没有出现就已经有了成熟的思想，"把以后要走到的提前走了，成为人类文化的早熟"③。所以，中国的文化在近代表现得不如西洋文化那样鲜明，如征服自然、科学、民主等。从未来的社会发展来看，儒学有复兴之势。梁漱溟认为，"我们已经看清现在将以直觉的情趣解救理智的严酷，乃至处处可以出现理智与直觉的消长，都是不得不然的。这样，就从理智的计虑移入直觉的真情，未来人心理上实在比现在人逼近了一步，如果没有问题则已，如有问题，那么，这个问题就对他压迫得非常之累。从孔家的路子更是引入到真实的心理，那么，就是紧凑"④。这里梁漱溟从人的心理精神慰藉的角度阐述了儒学的现代价值，解救现代人的精神危机。儒学重视修身的学问，修己安人，强调包容性，厚德载物，民胞物与，尤其在实现人与自身和谐方面发挥着重要的作用。中国文化的复兴在于西方文化自身

---

① 梁漱溟：《东西方文化及其哲学》，商务印书馆2009年版，第202页。
② 高文新：《欧洲哲学史研究》，人民出版社2016年版，第56页。
③ 梁漱溟：《东西方文化及其哲学》，商务印书馆2009年版，第202页。
④ 同上书，第203页。

无法解决的困境危机,例如资本主义重理智、重利益、重自由竞争,忽视人文关怀,从而带来了前所未有的灾难,贫富差距扩大、阶级对立、社会矛盾加深以及个人的焦虑、困惑。当人类由求生存即"物质不满足"的时代转向"精神不安宁"的时代,中国文化就有了用武之地,因为中国文化一直是以人和精神为中心的。梁漱溟认为,西方人持求生存的态度,"总是改造外面的环境以求满足,求诸外而不求诸内。求诸人而不求诸己,对着自然界就改造自然界,对着社会就改造社会,于是征服了自然,战胜了威权,器物也日新,制度也日新,改造又改造,日新又日新,改造到社会大改造,理想的世界出现,这条路便走到了尽头处"①。西方人一向重视理智,重视向往探求,"人像是觉得只有自己,自己以外都是外人或敌人","弄得自然对人像是很冷,而人对自然更是无情","外面生活富丽,内心生活却贫乏至于零"。而对于中国文化来讲注重直觉,"中国哲学的方法为直觉,所着眼者在'生'",梁漱溟断言,"现在世界直觉将代理智而兴"②此后人们对物质生活的态度"比今人(指西洋人)一定恬淡许多,而且从容不迫,很像中国人从来的样子。因此那时社会上,物质生活的事业也就退处于从属的地位,不同现在之成为最主要的,那么,这又是中国的模样"③。由于西方文化出现了无法解决的困境,西方文化"山穷水尽"之时就是中国文化复兴之日。中国文化在当前的失利主要是因为不合时宜,由此可以看出,中国文化复兴是历史发展的必然趋势。"照我们历次所说,我们东方文化其本身都没有什么是非好坏可说,或什么不及西方之处;所有的不好不对,所有的不及人家之一点,就是步骤凌乱,成熟太早,不合时宜。并非这态度不对,是这态度拿出太早不对,这是我们唯一致误所由。我们不待抵抗得天行,就不去走征服自然的路,所以至今还每每要见厄于自然。我们不待有我,就去讲无我,不待讲个性伸展就去讲屈己让人,所以至今也未得以种种威权底下解放出来。我们不待理智条达,就去崇尚那非论

---

① 梁漱溟:《东西方文化及其哲学》,商务印书馆2009年版,第171页。
② 同上书,第171—176页。
③ 同上书,第197页。

理的精神，就专好用直觉，所以至今思想也不得清明，学术也都无眉目。并且从这种态度就根本停顿了进步，自其文化开发已初到他数千年之后，也没有什么两样。他再也不能回头补走第一路，也不能往下去走第三路；假使没有外力进门，环境不变，他会要长此终古！……中国人之有今日，全由于自己的文化，而莫从抵赖。"① 在对待中国传统文化态度上，他一方面要求革除旧弊，如服从、懦弱等；另一方面要求理直气壮地弘扬那些具有永恒价值的东西。比如他在谈到西方重欲望时，而"孔子是全力照注在人类情志方面的……西方人向不留意到此，现在留意到了，乃稍稍望见孔子之门矣！我们所怕者，只怕西洋人始终看不到此耳，但得他看到此处，就不怕他不走孔子的路！"② 梁漱溟在对待中国传统文化与西方文化态度上还是比较辩证的，既看到了各自优势的方面，又看到了其存在的不足。他看到了中国文化的特质，西方科学文化并不能拯救世界。客观地讲，中国文化所呈现的包容性，存仁义，怀天下，这些正是世界发展所需要的。基于此，他提出复兴儒学。他说："我敢断言，一切所有的宗教不论高低都要失势，有甚于今；宗教这条路定然还是走不通。但是宗教既走不通，将走那条路呢？这些动机将发展成什么东西，或这些问题将由怎样而得应付？这只有辟出一条特殊的路来：同宗教一般的具奠定人生勖慰情志的大力，却无藉乎超绝观念，而成功一种不含出世倾向的宗教；同哲学一般的解决疑难，却不仅为知的一边事。而成功一种不单是予人以新观念并实予人以新生命的哲学。这便是什么路？这便是孔子的路。" 又说"孔子那求仁的学问将为大家所讲究，中国的宝藏将于是宣露"③。梁漱溟提出的中国文化复兴的思想，对于今天的中国人增强文化自信，弘扬优秀传统文化具有重要的借鉴意义。

现代新儒家不仅要推动儒学复兴，而且主张在创新的基础上发展新精神。张君劢就是其中的代表性人物。张君劢为了充分说明儒学复兴之必要和心性之学在未来的价值，认为当下中国学术研究，重要的

---

① 梁漱溟：《东西方文化及其哲学》，商务印书馆 2009 年版，第 205—206 页。
② 同上书，第 174—175 页。
③ 同上书，第 200 页。

是挖掘出传统文化里有助于人们过"内生活"的精神财富。为了充分说明儒学复兴的必要性，张君劢从心性学在人类社会未来价值的角度进行了系统的阐述。"我毫不怀疑地认为儒家思想在未来的中国思想上还将占有重要的地位。"① 张君劢将中国文化特征归为四个方面②：一是中国人在哲学方面的兴趣集中在道德价值方面。认为人是宇宙的中心，人与人的关系是儒家首先必须考虑的。孔子说："弟子入则孝，出则恭，谨而信，泛爱众而亲仁。行有余力，则以学文。"③就是试图建立一种理想的人际关系。不但如此，儒家提出了系统的道德规范要求，不同的社会成员有不同的道德规范，这一点在孟子的"五伦"中体现得最为明显，君臣、父子、兄弟、夫妇、朋友都有相应的道德要求。中国是伦理型文化社会，中国人的兴趣更倾向于道德价值方面。二是中国人重视道德价值，同时又不乏对形上世界的思考。但他们的形上学永远是理性主义的，不带超自然主义的色彩。他们认为天是道德的根源，并以自然界阴阳二力或变化来解释天与道德的关系。由于形而上学的理性主义色彩，中国人自孔孟以来，皆肯定天地之间万物的客观存在。三是中国人最大的兴趣是对"心灵的控制"，即热心过"内生活"。自古以来，国人就深感心灵常为物欲和偏狭所蔽，所以将"净心"作为得道的先决条件。一旦把自私的念头去掉，心便能不偏不倚，便能明朗和具有远见。四是中国人极其重视身体力行，重视对道的弘扬。人若有志于道并愿献身于道的话，首先要做的便是将自己所信的原则付诸实行——自己身体力行，在自己的家里以及对国家所尽的义务中具体地表现出来。张君劢环球演讲，竭力弘扬中国儒家心性之学，但他却不认为中国人可以做西方人的"救主"，用中国文化去救西方人。例如对于梁漱溟关于中国文化挽救世界的思想，张君劢认为"梁先生断定世界未来文化，就是中国文化的复兴。此类勇气，吾是极端赞成的。但是今日尚在振作精神，创造新文化之时，自己文化如何，尚不得而知，而竟断定'世界文化即

---

① 张君劢：《新儒家思想史》，中国人民大学出版社2006年版，第542页。
② 启良：《20世纪中国思想史》，花城出版社2009年版，第155—156页。
③ 《论语·学而》。

中国文化复兴'，不免太早计了"①。张君劢认为，儒学复兴是中国现代化过程中思维方式创新的必然要求，"在一般人的心目中，'儒家'一词代表的是一种旧学说或旧规范，而'现代化'一词所指的则是从旧到新的一种改变，或对新环境的一种适应。然而，如果人们深究儒家思想的根源，显然，儒家思想是基于一些原则的：如理智的自主，智慧的发展，思考与反省的活动，以及质疑与分析的方式。如果这一看法不错，则儒家思想的复兴适足以导致一种新的思想方式，这种新的思想方式将是中国现代化过程中的基础"②。张君劢主张发挥传统儒家文化优势，坚定对本国文化的信念，不断创造新文化。他指出，"所谓造成新文化，并不是说只要新文化而把旧的文化打倒；尽管采取新文化，旧文化不妨让其存在。因旧者并不妨碍新者之发生。在两者并存之中，各人自然知道须选择方法。五四运动以后之'打倒孔家店''打倒旧孔教'等口号，是消灭自己的志气而长他人威风的做法。须知新旧文化之并存，犹之佛教输入而并不妨碍孔门人伦之说。欧洲有了耶教，何尝阻止科学技术民主政治之日兴月盛"③。由此可见，他主张新旧文化并存，发挥各自的长处。张君劢重点阐释了创新与传统的关系问题，主张在创新的基础上保存传统。张君劢说，国人在思想上以孔孟之经籍为宗，在政治上有专制帝王，在宗教上有本土之拜祖先教与后来之道教及印度之佛教；合此种种，可名之曰传统。在此传统之空气中，各个人之精神自由，即令有所表现，亦必托之于孔孟之名；在艺术家有所谓仿米襄阳、临王麓台之笔法。吾以为今后此等遗产中之应保存者，必有待于新精神之发展；无新精神之发展，则旧日传统亦无由保存。何也，旧传统之不能与欧西文化竞争，证之近百年之历史已甚显著，今后必须经一番新努力，以求新政治之基础之确立，而后旧传统反可因新努力而保存，而不致动摇。否则新者不能创造，而旧亦无由保存。④ 张君劢承认旧文化难能与西方文化

---

① 张君劢：《中西印哲学文集》，学生书局 1980 年版，第 224 页。
② 同上书，第 579 页。
③ 张君劢：《立国之道》，民国二十七年版，第 532 页。
④ 同上书，第 348 页。

竞争，民主政治、科学方法等无法求之于传统，因此人们不应该"徘徊于古人之墓前"，必须走创新之路，发展新精神，建设新文化。但创新与传统并非截然对立，新旧文化可以并存，而且只有"在日新之中"，才能保存好祖宗的遗产。

　　在对待中国文化的看法上，张君劢肯定中国传统文化优点的同时，也揭露了中国传统文化的缺陷，在此基础上指明了中国现实和未来文化的发展方向及其途径。张君劢尤其对中国的传统艺术进行了褒扬，认为"吾国之文化成绩为西方人所最赏识者，莫过于艺术……吾国人之思想之中心为'天人合一'。在宗教方面，以天道迁就人事，则天道流于浅薄。而在艺术方面，以天地纳入于山水之中，则山水自具有一种穆然意远，与天地为俦侣之意；如深山流水旁高僧修道之像，立意既超绝人寰，则意境自深远矣。王维米南宫之画，淡墨数行，而富有宇宙无穷之意味，此乃天地与艺术合而为一之所致也。故吾国艺术之长，不仅以'真'为务，兼具天道于其中；所以为所叹赏者，即在于此"①。传统艺术具有与天地合一的特点，具有超越的意味和深邃的意境。在中国现实和未来文化的走向上，张君劢提出的总原则是"造成以精神自由为基础之民族文化"，在张君劢看来，"君主政体之下……命令下之守法，命令下之道德，而非出于个人精神上之自由也。……社会上类此之风尚一日不变，则人之精神自由永不发展，而吾国政治亦无改良之一日。……此自动之精神不存在，即责任心无由发生"②。"吾国今后新文化之方针，当由我自决，由我民族精神上自行提出要求。"③ 所以，要建立民族自信心，从民族文化中汲取力量，"民族而有自信心也，虽目前有不如人处，而可徐图补救；民族而失其自信心也，纵能成功于一时，终亦趋于衰亡而后已"。④ 总体看来，张君劢主张在继承传统优秀文化的基础上不断创新民族文化精粹。

---

① 张君劢：《立国之道》，民国二十七年版，第343—344页。
② 张君劢：《明日之中国文化》，商务印书馆民国二十五年版，第348—349页。
③ 张君劢：《欧洲文化之危机及中国新文化之趋向》，《东方杂志》1922年第2期。
④ 张君劢：《立国之道》，民国二十七年版，第346页。

在创新儒学方面,贺麟主张儒家思想的新开展,使现代与古代交融,他认为儒家思想的新开展将是中国现代思潮的主流。从"五四"新文化运动来看,表面上是打倒孔家店,推翻儒家新思想的运动,但实质上是破除僵化、腐朽的部分,而对于孔孟的"真精神、真意思、真学术"并没有被打倒,反而是促进儒家思想大发展的良机。同时,贺麟认为儒家思想融合传入的西方文化精华也可以促进儒家思想的新开展。以中华民族精神或儒家思想为主体,借助西方的哲学发挥儒家的理学,"因东圣西圣;心同理同。苏格拉底、柏拉图、亚里士多德、康德、黑格尔的哲学与中国孔孟、老庄、程朱、陆王的哲学汇合融贯,而能产生发扬民族精神的新哲学,解除民族文化的新危机,是即新儒家思想发展所必循的途径"①。总之,儒家思想取得新开展,必须把儒家思想当作"不断发展的有机体,而非呆板机械的死教条"②。儒家思想能"把握、吸收、融合、转化西洋文化,以充实自身,发展自身,儒家思想则生存、复活而有新的发展"③。这样,儒家的"真精神"与"真意义"在现代社会生活中得以运用。"我确切看到,无论政治、社会、学术、文化各方面的努力,大家都在那里争取建设新儒家的思想。在生活方面,为人处世的态度,立身行己的准则,大家也莫不在那里争取完成一个新儒者的人格。大多数的人具有儒家思想而不自知,不能自觉地发挥出来。有许多人表面上好像在反对儒家思想,而骨子里正代表了儒家思想,实际上,反促进了儒家思想。自觉地、正式地发挥新儒家思想,蔚成新儒学运动,只是时间的早迟,学力充分不充分的问题。"④ 儒家思想的新开展,将是中国现代思潮的主潮,它的实现与否,关乎民族文化的前途。贺麟指出,"民族的复兴本质上应该是民族文化的复兴。民族文化的复兴,其主要的潮流、根本的成分就是儒家思想的复兴,儒家文化的复兴。假如儒家思想没有新的前途、新的开展,则中华民族以及民族文化也就会没有新的前

---

① 贺麟:《文化与人生》,商务印书馆2006年版,第8页。
② 同上书,第17页。
③ 同上书,第6页。
④ 同上书,第4页。

途、新的开展。换言之,儒家思想的命运,是与民族的前途命运、盛衰消长同一而不可分的"①。例如贺麟主张对五伦推陈出新。他指出,五伦的观念是几千年来支配了我们中国人的道德生活的最有力量的传统观念之一。它是我们礼教的核心,它是维系中华民族的群体的纲纪。我们要从检讨这旧的传统观念里,去发现最新的近代精神。从旧的里面去发现新的,这就叫作推陈出新。② 总之,儒家思想新发展前途是光明的。

二 现代新儒家对儒家伦理内在精神根据的辩护

1958年元旦,当代新儒家学者牟宗三、张君劢、唐君毅、徐复观联合发表《为中国文化敬告世界人士宣言——我们对中国学术研究及中国文化与世界文化前途之共同认识》(以下简称《宣言》),阐明了儒学的超越价值与精神家园意义。

《宣言》阐明了中国人的精神世界安顿的迫切性问题。人的精神世界建设比起物质世界建设更为重要,关乎中华民族的未来和人民生活的福祉。他们认为中国有占世界四分之一的人口,这些人的精神寄托应引起全人类的共同关注。"这全人类四分之一的人口之生命与精神,何处寄托,如何安顿,实际上早已为全人类的共同良心所关切。中国问题早已化为世界的问题。……则此近四分之一的人类之生命与精神之命运,便将永成为全人类良心上共同的负担。而此问题之解决,实系于我们对中国文化之过去现在与将来有真实的认识。如果中国文化不被了解,中国文化没有将来,则这四分之一的人类之生命与精神,将得不到正当的寄托和安顿。"③

现代新儒家认为,中国人的精神寄托无须外寻,就在中国传统儒学文化中。现代新儒家在对传统儒家伦理分析中,认识到世俗伦理的

---

① 贺麟:《文化与人生》,商务印书馆2006年版,第4—5页。
② 贺麟:《儒家思想的新开展——贺麟新儒学论著辑要》,中国广播电视出版社1996年版,第111页。
③ 牟宗三等:《为中国文化敬告世界人士宣言》,转引自张君劢《新儒家思想史》,中国人民大学出版社2006年版,第554页。

根源，从而追溯先验或超验的天道、天理。"对于中国文化，好多年来之中国与世界人士，有一种普遍流行的看法，即以中国文化是注重人与人之间伦理道德，而不重人对神之宗教信仰的。这种看法，在原则上并不错。但在一般人的观念中，同时以中国文化所重的伦理道德，只是求现实的人与人关系的调整，以维持社会之秩序；同时意味中国文化中没有宗教性的超越感情，中国之伦理道德思想，都是一些外表的行为规范的条文，缺乏内心之精神生活上的根据。这种看法，却犯了莫大的错误。"① 这些人只是看到了中国一般百姓生活风俗外表的东西，只看到了一些表面的伦理规范、礼教仪节，而没有看到中国人伦理道德内在的精神生活上的根据以及其所包含的宗教性超越感情。针对西方人认为中国缺乏超越性情感问题，现代新儒家认为中国传统文化中的"天人合一""天人合德"思想都包含超越性的信仰因素，人性与"天道""天理"是完全一致的。《中庸》的"天命之谓性"就是说人性是天赋予的，这是天理、天道。儒家人伦的背后是天命之伦，也就是一种终极价值。为道德提供终极价值指向的无疑是"天""天理""天道"。所以，牟宗三等人认为，"从中国人对于道之宗教性信仰，便可转到论中国之心性之学。……此心性之学，正为中国学术思想之核心，亦是中国思想中之所以有天人合德之说之真正理由所在"②。现代新儒家认为，那些认为中国儒学只做到重视现实的伦理道德缺乏超越性感情的观点，从另一个方面倒是证明了中国民族的超越性的宗教情感及宗教精神，因为它们完全合一了，"同来源于一本之文化，而与其伦理道德之精神，遂合一而不可分"③。这就回答了中国缺乏超越性精神的问题，中国不像西方社会"两分"式超越那样明显，因为中国是"合一"式的超越，西方人没有注意到而已。

中国人的伦理道德实践是如何涵有宗教性的超越性情感的呢？一方面，从中国的义理之学分析，人们自觉的道德依据是从义理的正当

---

① 牟宗三等：《为中国文化敬告世界人士宣言》，转引自张君劢《新儒家思想史》，中国人民大学出版社2006年版，第563页。
② 同上书，第567页。
③ 同上书，第564页。

性出发，人的道德人格是在恪守义理的过程中形成的，而把利益、祸福、生死置之度外，显然有更高的价值支撑，这就是在表示"现实自然生命以上，种种外在利害关系以外，有一超越的道德理性标准，此即仁义、礼义、本心等字所表示，这超越的标准如展为道德法则，其命于人而为人所必须依之以行动，不是先验普遍的，是什么？"① 所以，牟宗三认为正是有了这超越性的价值标准，人们才能为道义置生死于度外，可谓"杀身以成仁"。那么，这超越性的价值是什么？就是儒家的"道"，正如孔子说的"朝闻道，夕死可矣"②。在现代新儒家看来，这与西方宗教信仰所追求的超越性价值体验是一样的。"而此中之只求依义理之当然，而不求苟生苟存，尤为儒者之学之所特注意的。我们须知，凡只知重现实的功利主义者，自然主义者，与唯物主义者，都不能对死之问题正视。因死乃我的现实世界之不存在，故死恒为形上的宗教的思想之对象。然而中国之儒家思想，则自来要人既正视生，亦正视死的。所谓杀身成仁，舍生取义，志士不忘在沟壑，勇士不忘丧其元，都是要人把死之问题放在面前，而把仁义之价值之超过个人生命之价值，凸显出来。而历代之气节之士，都是能舍生取义、杀身成仁的。西方人对于殉道者，无不承认其对于道有一宗教性之超越信仰。则中国儒者之此类之教及气节之士之心志与行为，有岂无一宗教性之信仰之存在？而中国儒者之言气节，可以从容就义为最高理想，此乃自觉的舍生取义，此中如无对义之绝对的信仰，又如何可能？此所信仰的是什么，这可说即是仁义之价值之本身，道之本身。亦可说是要留天地正气，或为要行其心之所安，而不必是上帝之诫命，或上帝的意旨。然而此中人心之所安之道之所在，即天地正气之所在，即使人可置死生于度外，则此心之所安之道，一方内在于此心，一方亦即超越个人之现实生命之道，而人对此道之信仰，岂非即宗教性之超越之超越信仰？"③ 另一方面，从中国的心性学看，心

---

① 牟宗三：《心体与性体》，上海古籍出版社1999年版，第102页。
② 《论语·里仁》。
③ 牟宗三等：《为中国文化敬告世界人士宣言》，转引自张君劢《新儒家思想史》，中国人民大学出版社2006年版，第566页。

性学是人的道德实践的基础。从孔孟到宋儒的心性学，说明了人为何按义理而为的内在根据，是中国"天人合德"学说的真正理由所在。"此心性之学中，自包含一形上学。然此形上学，乃近乎康德所谓道德的形上学，是为道德实践之基础，亦由道德实践而证实的形上学。"① 现代新儒家强调心性学在中国传统文化中的主导地位——"中国文化之神髓"。在此前提下，中国传统道德则有其立论的基础。中国人一向追求"天人合一""天人合德"的观念，这里的天虽有多种意义，但终究是超越现实人与人关系之上的一种形上价值。中国文化能使天人交贯，不仅使天由上彻下，从而内化于人，而且可以使人由下升上而通于天，下行上达。中国的心性学的特质在于"合一"性，即道德实践与觉悟的合一，天人的合一。这完全不同于西方的宗教信仰，先有对上帝的信仰，再有道德的实践。中国人的道德实践与觉悟是相依而进，相辅相成的，"依觉悟而生实践，依实践而更增觉悟"，"由先秦之孔孟以至宋明儒，明有一贯之共同认识。共认此道德实践之行与觉悟之知二者系相依互进；共认一切对外在世界之道德实践行为，唯依于吾人之欲自尽此内在之心性，即出于吾人心性自身之所不容自己的要求；共认人能尽此内在心性，即所以达天德、天理、天心而与天地合德，或与天地参"②。这是理解"合一"的关键所在，这与王阳明所提出的"知行合一"是一致的，知就是行矣，否则不是真知。余英时《内在超越之路》一书也认为，不同于西方文化"外在超越"的价值系统，中国文化价值系统的突出特点是"内在超越"，"中国人相信价值之源在于一己之心，而外通于他人及天地万物，所以，翻来覆去地强调'自省''自返''反求诸己''反身而诚'之类的功夫。"③ 人通过内求、反省就能实现"下学而上达"，达到"天人合一"的境界。可见，传统道德是与天相联系的人间正道。这种道德哲学同时具有信仰的功能，正如李泽厚《论语今

---

① 牟宗三等：《为中国文化敬告世界人士宣言》，转引自张君劢《新儒家思想史》，中国人民大学出版社2006年版，第569页。
② 同上书，第570页。
③ 余英时：《内在超越之路》，中国广播电视出版社1992年版，第43页。

读》一书中所认为的，儒家道德本身远不止是一种简单的格言、常识，而是有着对人的终极关切的，即对超越世俗伦理道德的"天地境界"的体认和追求。这种终极关切成为个体安身立命，精神皈依的归宿。①

总之，"五四"新文化运动以来，制度化的儒学已经解体，价值系统的儒学遭遇前所未有的打击，成为"死而不亡"的"游魂"（余英时语）在风雨中漂泊不定。民主、科学固然重要，但毕竟是形下层面的实体，它不能替代人的形上精神家园。新文化并不能解决所有心性问题，而且对人们原有的精神家园冲击较大。事实上，精神家园是不可或缺的，人们不能没有信仰。"中国虽然是一个宗教意识比较单薄的国家，但国人同样是需要信仰的，需要心性之方……中国不是没有宗教，但任何宗教都不能取代儒家的地位而成为全民的精神依托。这是儒家之祸，也是儒家之福。言之为'祸'，是因为它既是国民的精神家园，又是专制统治的护符；言之为'福'，是因为它作为国人的精神血脉，早已深入骨髓之中。"② 现代新儒家担负起复兴儒学，使人走出意义失落困境的重任，重申了儒学终极价值关切与精神家园意义。

---

① 李泽厚：《论语今读》，商务印书馆2004年版，第5页。
② 启良：《20世纪中国思想史》，花城出版社2009年版，第73页。

第四章　中西传统道德之信仰基础价值评析

通过对中西传统道德信仰基础的比较分析，我们对西方传统道德的宗教信仰价值基础以及中国传统道德的"天人合一"信仰价值基础有了深刻的认识。由于中西方发展历史、环境的差异，两者在表现形式和内容方面有所不同，但是在道德建构方面有些原理是相通的，值得我们进一步深入思考。

第一节　中西传统道德之信仰基础异同概略

中西传统道德均有相应的信仰支撑体系，为道德提供了基础。但在表现形式和内容方面有同有异。从同的角度看，中西方都认识到道德不能孤立地发挥作用，必须依附于一定的价值体系。为此，中西传统道德在建构逻辑理路方面有异曲同工之处，都为道德提供了形上的价值支撑，使道德有了形上的价值基础。从差异的角度看，由于中西方人文社会条件和自然条件的差异，采用的形上价值表现形式也是不一样的，一种是宗教式的；一种是"天人合一"式的。无论采取何种形式，均有其独特的价值。

一　形式与内容差异

中西传统道德的信仰基础可谓有同有异，形式方面的差异比较明显，一个是宗教信仰，有一个绝对万能的"上帝"；一个是奉行"天人合一"信仰，一个可以接近的"天"。西方社会主张性恶论，认为人生而有罪，因而人自身不能建立善良幸福的社会生活，必须依赖一个超验的绝对性，一个神或上帝。而中国是"天人合一"信仰，这种"天人合一"不同于宗教信仰，没有所谓的"神"或者上帝，即便有个"天"，但这个"天"究竟是什么，中国人并不在意，也不刻意去追究，它可以是自然之天、道义之天也可以说是逻辑之天，总之，它是一个超越现实关系的形上价值。中国传统社会主张性善论，认为人具有与"天理"一致的善良本性，人性即天性，人只要保存和修养自己的善良本性，就可以无愧天地，坦荡做人。中国文化的超验性不在于神，而在于人与"天"一致的人性与心性。"所以，没有神，中国伦理有根据；没有神，西方伦理就没有根据。"① 中国伦理的根据就在人自己的心性，这个心性同时也是天性，因此，无须外求，通过主体的自省、内求，不断向自身发力即可，正所谓"我欲仁，斯仁至矣"②，"反身而诚，乐莫大焉"③。这在西方宗教文化体系中是不可思议的，神不可能在人的心中，说认识就能够认识到，西方宗教文化恰恰需要一个绝对至上的神。

从具体内容看，西方宗教信仰强调神人相分，作为绝对救赎者的上帝高高在上，而罪性的世人则在其下，救赎者与人类之间无共同的本体基础。在西方宗教文化中，上帝与人是不同质的存在，神人之间存在不可逾越的界限，所以，人无论如何也不能成为神。人只能不断地忏悔，虔诚地信仰上帝，祈望得到上帝的恩典与救赎，这就形成一种外在超越。外在超越突出强调人的用力方向是向上、向外，超脱个人罪性的肉体。这样，人的注意视线也就在人之外，表现出对彼岸上帝的无限崇拜与对天堂的无限向往。人的现世行善是为了来世的救赎，所以，先有对上帝的虔诚信仰，然后才有具体的道德实践，进而实现来世的报答。这种先后不仅是逻辑上的，而且也是时间上的。宗教文化强调灵魂不朽，把人的生命无限延长，外在超越也是一个无限

---

① 高文新：《欧洲哲学史研究》，人民出版社2016年版，第268页。
② 《论语·述而》。
③ 《孟子·尽心上》。

的过程。尽管在现实生活中，有的时候我们很难区分道德行为与上帝信仰的先后关系，但其逻辑与时间的起点始于上帝信仰是毋庸置疑的。

中国"天人合一"信仰强调的是天人相合，而不是相分。天并不是独立于人之外的人格神，人与天具有本质上的同一性，人性即天性、人德即天德、人道即天道，"道不远人"，"反身而诚"。所以，人的注意视线不是在人之外，而是在人之内，内在于现实人伦世界，形成一种内在超越，突出强调向内发力，为仁由己。人通过践行尽性，践仁知天，最终达到天人合德。尽人道就是尽天道，尽人德就是尽天德，道德实践与信仰密不可分，是同一个过程的两个方面，即知行合一，人们在道德实践的同时就能获得超越性的体验与精神满足。信仰与道德实践的同一性，表明两者在逻辑与时间上没有先后关系，是完全同一的。

二 基本思路相同

历史往往具有惊人的相似性，正如亚斯贝斯在其历史"轴心期"（公元前800年至公元前200年）概念中阐述的那样，这一个时期是最不平常的，中国的孔子、老子，包括墨子、庄子等诸子百家都出现了，印度出现了《奥义书》和佛陀，巴勒斯坦从以利亚经由以赛亚和耶利米到赛亚第二，先知们纷纷出现。希腊贤哲如云，如巴门尼德、赫拉克里特、柏拉图等。在这几个世纪内，几乎同时在中国、印度和西方这三个互不知晓的地区出现了一大批思想家，而且他们不约而同地意识到整体的存在、自身和自身的限度，都开始了对终极关怀的觉醒。[①] 实际上，中西传统道德的信仰基础最终体现的也是对人的终极关切，正是这种终极的价值关怀，使人的意义世界变得丰富而充实，使道德有了终极的价值支撑。这就从一开始铸就了中西传统道德在发展思路方面有相同之处。

一是"上帝"与"天"存在的本体价值。西方宗教信仰中有

[①] 雅斯贝斯：《历史的起源与目标》，魏楚雄译，华夏出版社1989年版，第8—9页。

"上帝",中国信仰中有"天",这里就有个疑问,为什么人类的道德要引入个"上帝"或者"天"?这就必然涉及"上帝"与"天"在道德领域中的存在价值问题。在宗教文化中,上帝是万能的,它不仅是价值之源而且能够赏善罚恶,所以,通过上帝就回答了人为什么应该有道德的问题,这样人们就不再追问了,道德领域中的其他问题也都迎刃而解。这是一个道德形上问题,是道德存在之存在的价值本体。即便在康德那里让上帝复活,其真正的用心所在是要解决"人类个体生命存在的有限性与人类整体追求的无限性所构成的内在矛盾"①。所以,必须假设上帝的存在来保证人的道德律,并将其视为有可能实现最高善的前提或保证。杨泽波认为,康德学说不讲上帝,人们会询问圆善如何可以得到保证的问题。由此可见,道德学说中保留一个形上根据的必要性。② 在西方宗教文化的大背景下,"任何人生哲学都要以一种形而上学为基础。人们不可能把人生寄托在一种变幻不定而没有绝对实在性的主观现象之上,而一定要寄托在一种永恒性之上。伦理学作为人生的知识,是一种经验性;而宗教作为人生的信仰,是一种超验性。对超验信仰的否定会动摇经验伦理的基础"③。同样,中国将道德的源头上推于天的做法有效地解决了道德的形上根源问题。一旦将天设定为道德的终极原因,"人为何行善?""良知何来?"等一切问题都能在这个形上之天中找到答案。所以,杨泽波认为将道德的源头归于天,这个问题也就回到了"阿基米德"起点,思维的形上要求就得到满足,因为人天生有形上的欲望。这个天会激起人们道德的敬畏敬重之情,因而,具有不可或缺的重要价值。④

二是对人精神家园的关切。人是一种有灵性的生命,他不同于动物之处的一个重要方面在于其有精神需求。根据马斯洛需求层次理论,人的需求像阶梯一样从低到高依次为生理需要、安全需要、情感

---

① 万俊人:《信仰危机的"现代性"根源及其文化解释》,《清华大学学报》(哲学社会科学版)2001年第1期。
② 杨泽波:《从以天论德看儒家道德的宗教作用》,《中国社会科学》2006年第3期。
③ 高文新:《欧洲哲学史研究》,人民出版社2016年版,第266页。
④ 杨泽波:《从以天论德看儒家道德的宗教作用》,《中国社会科学》2006年第3期。

和归属的需要、尊重的需要和自我实现的需要。由低到高，逐渐由物质领域转向精神层级，人们对意义世界的需求越来越重要。这是因为"人不是一种只会逻辑思维的理性机器，人同时也是有感情和欲望的精神存在，人需要实证科学知识之外的人文观念来提供价值、善良和终极关怀"①。在西方宗教文化中，"宗教指向人类生活中终极的、无限的、无条件的一面。宗教就该词最宽泛、最基本的意义而论，就是终极的关切"②。宗教是人们的信仰和精神寄托，为人的灵魂提供了归宿和终极关怀。虽然，中国的"天人合一"信仰区别于西方宗教的灵魂理论，但是在人伦日用之间体现终极关怀的"天人合一"形上境界，同样可以满足人的精神情感需求，从而使人体会到生命存在的价值和意义。所以，杜维明认为"天道"与"人道"相合是体现终极关怀的特殊形式。③ 这样，人们就在现实道德生活中同时获得一种与"天道"合一的超越性与高尚感，这同宗教文化中在专门的宗教生活才能达到的精神满足是一致的。④ 所以，中国传统信仰具有终极关怀的品性，可以为人们提供安身立命、精神皈依的归宿，而不至于使人的灵魂漂泊不定，无家可归。

三是信仰、超越性、人性论预设方面的相同之处。中西传统社会都有信仰，而且信仰都为其道德的价值之源和动力保证，对道德起着重要的形上支撑作用。虽然有些学者认为中国没有像西方社会那样纯粹的宗教信仰，但实际上中国人是有其独特的信仰形式的，只不过在表现形式上不同于西方而已。西方宗教信仰以"神人相分"的神秘形式表现出来，而中国人的信仰是以"天人合一"的世俗化形式表现出来。不管怎样，中西方的信仰都能够为人提供安身立命的根基，

---

① 高文新：《中国传统哲学宗教的特点与新哲学的建构》，《吉林大学社会科学学报》2004年第6期。

② [美]保罗·蒂利希：《文化神学》，陈新权等译，工人出版社1988年版，第7—8页。

③ 杜维明：《现代精神与儒家传统》，生活·读书·新知三联书店1997年版，第418页。

④ 高文新：《中国传统哲学宗教的特点与新哲学的建构》，《吉林大学社会科学学报》2004年第6期。

使人的精神有归宿，体现了对人的终极价值的关切。在超越性方面，都体现了超越的向度，超越现实的人与人的关系，诸如利益、荣誉、祸福、生死，等等。由于信仰对象的差异，西方宗教社会体现的是外在超越，而中国则是内在超越。在人性论预设方面，中西方都有性善论、性恶论的学说，都在人性方面做出了预设，成为中西传统道德的逻辑起点，并由此建立起各自的道德理论体系。

总之，中西道德从历史中一路走来，尽管在发展的阶段性上表现出一些差异，但隐约还能看到一些共通的东西在延续。西方进入现代社会以后，人的主体意识觉醒，理性主义至上，否定一切权威，开始了"上帝人本化的过程"，信仰在理性知识膨胀的挤压下不断萎缩，然而，靠冷冰冰的理性法则并不能为现代人提供生活意义，反而加速了人与现实的疏离，导致现代人精神危机。西方建设性后现代主义肩负起回归信仰、建设精神家园的重任。同样，中国辛亥革命以后，制度化儒学崩溃了，价值系统的儒学遭遇前所未有的打击。民主、科学固然重要，但毕竟是形下层面的实体，它不能替代人的形上精神家园。现代新儒家担负起复兴儒学、使人走出意义失落困境的重任，重申了儒学终极价值关切与精神家园意义。大力弘扬优秀传统文化，加强文化自信，建设好人的精神家园仍是我们未竟的事业。这大概就是历史的相似性吧。

第二节 传统道德建构逻辑理路的现代价值

一 中西传统道德建构逻辑理路

中西传统道德都是一定的自然环境和社会历史条件发展的产物，正如马克思指出的那样，"人们自己创造自己的历史，但是他们并不是随心所欲地创造，并不是在他们自己选定的条件下创造，而是在直接碰到的、既定的、从过去承继下来的条件下创造"①。人们面临的生存环境和生产、生活方式直接决定了其行为方式、思维模式和思想

---

① 《马克思恩格斯选集》第 1 卷，人民出版社 1995 年版，第 585 页。

内容，由此看来，虽然中西传统道德的信仰基础表现为宗教信仰或"天人合一"信仰形式，但并不神秘，只不过是传统道德建构的一种逻辑理路罢了。无论中国还是西方，在道德建构的出发点上，都是以人性论为逻辑起点，表现为人性善或人性恶。前面已经讲过人性论是预设，由于人性论预设不同，最终导致两种不同的发展路向：在人性恶的基础上，形成一套宗教信仰体系，宗教信仰构成道德实践的价值基础；在人性善的基础上，形成了一套"天人合一"信仰体系，"天人合一"信仰成为道德实践的价值依据。这两套信仰价值体系看似偶然，实则有其形成的历史必然性，都是适应一定社会的道德需要或者说维持社会秩序的需要。这就呈现在我们面前一个基本事实，不是某种信仰体系产生了道德，而是根据现实道德的需要产生了相应的信仰体系，这种信仰体系反过来又成为道德的形上价值基础，规约着人的道德行为。康德也曾经指出"不要用《圣经》理解道德，而要用道德理解《圣经》"。马克思在《黑格尔法哲学批判》导言中对宗教起源作了说明，"人创造了宗教，而不是宗教创造人。就是说，宗教是还没有获得自己或已经再度丧失自身的人的自我意识和自我感觉。但是，人不是抽象的蛰居于世界之外的存在物。人就是人的世界"[①]。如同揭开宗教的面纱一样，其实，道德的信仰基础也有一层面纱，看似神秘，并不神秘。揭开了这层面纱，我们看到的是中西传统道德相同的建构逻辑理路。

  为什么传统道德需要沿着这种思路去建构，按照道德的应然要求，抛开一切外在的因素建构道德体系是否可行，道德能否完全自足而不依赖于其他价值根据。从历史上看，中西传统道德都未能抛开信仰而就道德自身建构道德体系。尽管康德颠倒了传统道德的神学基础，在道德领域实现了"哥白尼式革命"：不是宗教导致道德，而是道德导致宗教；神学不是道德的基础，相反，道德是神学的基础。康德把传统的宗教与道德的顺序颠倒过来，从纯粹理性批判的角度，把道德的基础完全建立在实践理性内部——意志自律之上，在此意义上道德是完全自足的，不

[①] 《马克思恩格斯选集》第1卷，人民出版社1995年版，第1页。

假外求。然而回到现实生活中,德福的矛盾无法解决。所以,康德在实践理性的价值世界又不得不复活了上帝,重新在道德的基础上确立了对上帝的信仰。根据梯利的叙述,康德对上帝存在的论证是这样的:"绝对命令统帅绝对的善良意志,有德行的意志和神圣的意志。理性告诉我们,这样一种意志应该幸福:一个好人应该幸福;因此,至善就在于有德行和享幸福,因为没有幸福,德行就不是完全的善。但是,在现实世界中德行和幸福并不相称,有德行的人不一定得到幸福。理性告诉我们,应该有一个神,他按照应得的报偿来分配幸福。而要这样做,他必须有绝对的智慧,或者是全智者:他必须洞察人类,他必须有人类的道德理想,就是说,他是善的;他必须拥有绝对的权力,以便把德行和幸福联系起来,或者是全能的。这样一个全智、全善和全能的神就是上帝。证明不死也建立在同样的前提上:道德律统帅神圣性或绝对的善良意志。因为道德律出自理性,它所责成的事必定可以实现。但是,我们不能在存在的任一时刻达到神圣性,而需要有无穷无尽的时间,趋向这种完善的永恒的进展。换言之,灵魂必须是不死的。"① 由此可见,对上帝的信仰是道德理性的基本要求,而且是不可或缺的,在康德那里信仰上帝与服从道德律是同义的,"康德则是理智地在道德的远景保留一位上帝的形象"②。如果康德在实践理性中不设上帝,人们心理上的形上本性要求就得不到满足,这样,不仅人没有归宿感,而且"圆善"的实现也没有保证。由此不难理解,康德在精神世界中复活上帝,在道德学说中保留一个形上的根据的用心所在。③ 正如万俊人教授所说,在康德那里"上帝"死而复活的重要性并不在于"上帝"复活的实体意义,关键在于"上帝"所代表的人类理想追求和无限性的价值目的。上帝存在的必要性就在于它能够帮助人们克服生命存在的有限性与人类整体追求无限性所构成的内在矛盾。④ 黑格尔经常

---

① [美]梯利:《西方哲学史》下册,葛力译,商务印书馆1979年版,第191页。
② 何怀宏:《道德·上帝与人》,北京大学出版社2010年版,第159页。
③ 杨泽波:《从以天论德看儒家道德的宗教作用》,《中国社会科学》2006年第3期。
④ 万俊人:《信仰危机的"现代性"根源及其文化解释》,《清华大学学报》(哲学社会科学版)2001年第1期。

讲到人的形而上学本性,"天生的形而上学家"①。作为有限的个体总是要探求无限的世界,探究意义的世界。道德从产生以来,并没有只停留在现实的"实然性"的层面,而是以传统、风俗、习惯等形式固定下来,为了使基本的道德规范得以保持和传承,它的神圣化和权威化是不可避免的,用海德格尔的话讲道德的本意就是"近神而居"。所以,道德还有高于现实的"应然性"价值诉求和理想境界。"没有了终极意义的追问,道德就会蜕变为一种单纯的认知实践和行为技术"②,一些道德规范可能流于形式而失去意义。关于这一点,李泽厚也认为,"社会性的伦理道德语言之所以要以神圣或神秘的言说来宣讲出现,就是因为只有以这种形式的言说才拥有使渺小的个体所不能抵抗,无力争辩,无法阻挡的力量而被认同,服从和履行,使它成为个体自觉意识的人生意义、生活价值、安身立命终极关怀之所在。……经验性的社会道德内容以先验的宗教性道德的形式出现,便能产生这样巨大的功能和效果。在这里,道德与宗教、道德情感与宗教情感便基本上是同一的了。这也就是我所说的社会性道德变为宗教性道德或者二者合而为一"③。李泽厚从"经验变先验"的必要性和意义的角度,进一步说明中西方传统伦理道德在建构过程中以神圣形式出现的缘由。从马克思主义唯物史观的角度来看,道德是人类社会发展的必然产物,道德并不是什么神秘的东西,但为了使道德凸显其神圣性,人们往往给道德披上了神秘的面纱,"它又常常凭借某种神奇性的伟大人物的行为、言语而赋以超越这个世界的严重的神圣性质,经验便由此变成了先验。世间的习俗、经验、法规披上神秘光环,成了神圣教义。神圣性使它获有了普遍必然性的语言权力,具有非个体甚至非群体所能比拟所可抵御的巨大力量,而成为服从、信仰、畏惧、崇拜的对象。各宗教教主如耶稣、释迦牟尼、穆罕默德,以及中国的周公、孔子,以及某些近代领袖,都如此。'宗教性道德'本来缘起于一定时空内的某种社会性道德,被提升为'普遍必

---

① [德]黑格尔:《小逻辑》,贺麟译,商务印书馆1996年版,第216页。
② 万俊人:《清华哲学年鉴2002》,河北大学出版社2003年版,第130—131页。
③ 李泽厚:《伦理学纲要》,人民日报出版社2010年版,第79页。

然性'的信仰、情感的最终依托，成为敬畏崇拜的神圣对象。我仍然欣赏这位深窥宇宙奥秘的人所说，'道德不是什么神的东西，它纯粹是人的事情'。但由于各种主客观需要，人的事情变成了神圣"①。同时，他也说明了这种"经验变先验"的独特方式存在的历史特殊性，在人类历史发展的初期，这种方式是有效的，但在今天，时过境迁，已经不具备当时的自然和社会历史条件。所以，这种方式所体现的人类智慧，对于今天的道德建设具有重要的范导价值，但不具有建构价值。我们应该重视和借鉴的正是其范导价值，尤其是方法论的指导意义。道德为了获得神圣化和权威性的价值根基往往自觉地趋向于信仰，依附于一定的信仰体系而发挥作用。中西传统道德就是沿着这样一条路子建构下来的，道德的这种建构的逻辑理路耐人寻味，值得深思。

二 传统道德建构理路的现实启示价值

道德需要形上的价值依据。从中西传统道德来看，无论是引出"天"还是"上帝"，都表明人们对道德形上方面的重视。中国传统意义上的"天"虽然与西方的"上帝"意义不同，但是它们的设定初衷是一样的。一个社会中道德原则、规范的制定固不可少，但它只是人类道德生活意义的一个基本方面。道德如果没有形上的价值支撑，形下的建设再完备也起不到根本性作用，因为没有了终极意义的追问，缺乏形上学的道德说教最终趋向虚无。所以，万俊人教授认为，如果现代伦理学仅仅停留在"一种行为规则或者道德规范的制定技术"层面，而很少关切现代人自身的道德存在本身的根源意义，"那肯定是过度宽恕了现代伦理学家的理论失误"②。结合我国国情，"后文革"时代，尽管伦理学作为一门学科得到承认，但道德形上学问题仍没有进入伦理学的研究视域，没有得到正确的对待与合法的认可，也就不可能有深入的研究。③ 因此，确立道德形上学不仅是历史

---

① 李泽厚：《历史本体论》，生活·读书·新知三联书店 2006 年版，第 53—54 页。
② 万俊人：《清华哲学年鉴 2002》，河北大学出版社 2003 年版，第 129 页。
③ 同上书，第 116 页。

的深刻启示，而且也是道德自身的期待。

重视信仰对道德的支撑价值。中西传统道德都以一定的信仰为基础，信仰对人的道德具有重要的支撑价值。信仰不仅为道德设定目的和价值，提供本体论根据，而且还是道德价值的依托和载体，可以造就道德化的结果，赋予道德以力量。诚如歌德所认为的那样，没有信仰就没有灵魂，也不会有高尚的道德情操。当然，这里的信仰一定要体现崇高的价值追求。道德建设并不是孤立地就道德研究道德，应该考虑其相应的价值支撑体系，否则，道德的维系将很艰难。康德的形式主义伦理学所弘扬的"普遍必然性"的先验道德律令，成为人道德的基础。康德的"绝对律令"来源于超乎经验的"先验理性"，不允许掺杂任何经验性的情感，尽管它本身是纯粹理性的，但作为主体的人是不能脱离感性情感的。所以，康德"为了道德而道德"的主张在现实生活中经常会遇到疲软的难题，正如李泽厚所讲的那样，"康德的伦理学有极高的神圣性，却很难有具体的操作性"[①]。道德是现实生活中人的道德，它必须和人的关系联系在一起，而不是束之高阁。因此，道德的现实性和可操作性是必须面对的现实问题。从历史上看信仰对于道德的作用发挥具有维系和支撑的价值。今天道德建设自然应从其价值支撑体系着手，当前道德领域凸显的问题以及信仰缺失的危机，反映了两者内在的必然联系。因此，道德建设不能仅仅停留在道德自身的层面上，而要从其支撑价值信仰发力，这样道德建设方可取得事半功倍的效果。

守护精神家园。人不同于一般动物，主要在于他是有自我意识的存在物。马克思主义认为，"可以根据意识、宗教或随便别的什么来区别人和动物。一旦人们自己开始生产他们所必需的生活资料的时候（这一步是由他们的肉体组织所决定的），他们就开始把自己和动物区别开来"[②]。当人类有了自我意识就有了对生命意义价值的思考，所以，他不仅仅关注当下现实生活，还有对未来意义的思考。作为人

---

① 李泽厚：《历史本体论》，生活·读书·新知三联书店2006年版，第82页。
② 《马克思恩格斯全集》第3卷，人民出版社1960年版，第24页。

自身又是有限的，人要通过自己的创造不断超越自我的有限性，追求无限的、普遍的、永恒的终极价值世界，这也就是人的精神家园。在纯粹的物质世界中，一切都是有限的，人找不到自己的精神归属和安身立命之所，表现出浮躁、焦虑、空虚。现代社会，一方面表现为物质世界的丰富充盈；另一方面是精神家园的荒芜。人的心灵世界陷入深沉的迷茫之中，内心世界的焦灼、矛盾、惶恐不安。只要人的精神世界还存在着矛盾，心灵得不到安宁，人的道德就很难扎根。精神家园的意义在于使人的心灵有归宿，有安全感。这就如同我们熟悉、亲切的家一样，真实、温暖。精神家园承载着许多真善美的终极解答、终极情感和终极关怀。

  从历史上看，传统道德生根的土壤在于人有精神的家园，人的灵魂有了栖居之所。人没有了精神家园，生活就失去了意义，其他的一切也就无从谈起。如果每个人都有自己的精神家园，而整个社会也有一个共同的精神家园，它就可以凝聚人心，催人奋进。现代社会出了一些问题，道德的失范，心理的浮躁、空虚，这与人的精神家园、灵魂的栖息地没有建设好有极大的关系。当前物质文明建设很重要，但人的精神家园建设更重要，它是每个人的精神支柱和情感寄托、心灵归宿的家园。所以，个体只有在精神家园的支撑与鼓舞下，才会感到生活的意义，才会对未来充满希望。"人生不能仅满足于知识和利益，人们要关心自己的灵魂，使灵魂有所寄托，使精神有个家园，使良心有所慰藉。要做到这一点，人们必须找到一种可靠的、稳固的实在性，而且必须比人自身更实在和稳固，否则难以成为人的寄托。因此，人的精神本能地需要形而上学。这是人性的原理，是人不可改变的生活方式。"①

  明确道德立论基础的逻辑理路与方法论意义。从中国传统道德发展的路数来看，用"天道"论证"人道"，是人为地将经验的"人道"上升为"天道"，"都是将'社会性道德'的经验内容塞入'宗教性道德'的超越形式，以成为普遍必然、神圣崇高的绝对命令。使

---

① 高文新：《欧洲哲学史研究》，人民出版社2016年版，第267—268页。

个体在履行这道德行为中，其内在心理境界超出狭隘的经验范围，具有某种独立自足无恃乎外的强大力量，从而富贵不能淫，贫贱不能移，威武不能屈。这也就是超越于现实功利的道德伦理领域的中的'自由意志'，作为'人'的标准永远激励后世，甚至千古不灭。经验性的社会道德内容以先验的宗教性道德的形式出现，便产生了这样巨大的功能和效果"[1]。关于"经验变先验"的论断，它一方面从唯物论的角度说明了道德产生的社会性质，道德起源于人类的社会生产关系。"人的本质不是单个人所固有的抽象物，在其现实性上，它是一切社会关系的总和"[2]。经验性指的就是人的社会属性或道德的社会性。另一方面它又回应了道德为什么要披上神秘的面纱这一问题，这就如同人根据自己的需要创立宗教一样，赋予道德神圣和崇高。这实质上也就是"经验变先验"的用意所在。当我们理解了这一用意，也就不难理解中西传统道德建构的逻辑理路，特别是对今天的道德建设思路具有启发意义。从中西方信仰与道德发展历史来看，伴随着信仰的消解，道德也变得碎片化，功利性的道德成了一种快餐式的消费品，用到的时候想起来，不用的时候甩到一边，甚至被遗忘。因此，常常听到有人说人心不古，道德滑坡。实际上，造成这种现象的原因是道德的神圣性消失了，作为纯粹的道德，它的约束力完全凭借个人自觉。然而，当功利占据了人的头脑时，道德也就一同被裹挟在里面，这也就难怪现代人对道德崇高性的感悟越来越淡化。时过境迁，今天我们不可能再学古人搬个"天"或"上帝"来，但传统道德理论基础的逻辑理路与方法论还是值得我们学习的。为了使人对道德行为动机建立起内在确信，必须诉之于对人性本身的确信，这就要有个人性论的预设，而为了使人确信这个预设，最终诉之于道德的形上学，即所谓的"天"或"上帝"。中西传统道德正是沿着这一逻辑理路发展下来的。

---

[1] 李泽厚：《历史本体论》，生活·读书·新知三联书店2006年版，第56页。
[2] 《马克思恩格斯选集》第1卷，人民出版社1995年版，第60页。

第五章　社会主义道德建设的信仰逻辑进路思考

中国进入现代社会以来，传统道德及其信仰基础在激烈的"五四"新文化反传统运动中彻底崩溃，然而，新的信仰与道德体系尚未完全建立起来，这期间道德与信仰经历了几次聚散离合，时至今日，信仰缺失、道德失范仍然是我们不能回避的重要课题。传统道德建构的逻辑理路为当前社会主义道德建设提供了方法论指导。当然，时过境迁，历史条件与现实环境大不相同，国情也各有差异，我们虽不能照搬，但可以去借鉴。诚如司马迁所言，"居今之世，志古之道，所以自镜也，未必尽同"[①]。当前，我国社会主义道德建设如何实现突破性进展，同样需要我们深刻反思。

第一节　中国现当代道德与信仰之离合

回顾中国进入现代社会以来信仰与道德发展的历史，经历了几次起起伏伏。起伏的背后隐藏着共同规律性的东西，一般而言，当信仰的程度化比较高的时候，人们的道德水平也比较高。相反，当信仰消解、迷失处于低谷的时候，人们的道德世界也往往变得混乱无序。从革命时期形成的"革命理想高于天"的共产主义道德到今天的社会主义道德，期间有反复、曲折，但每走一步都见证了信仰的足迹。

---

① 《史记·高祖功臣侯者年表》。

一 基于马克思主义信仰的道德

五四运动以后,马克思主义在中国得到广泛传播,被当时一部分知识分子特别是年轻一代接受和信仰。它取代了上代人所崇奉信仰的进化论,人们接受马克思主义以后,就很快将其运用到实践中,并取得了很大的成功。① 李大钊、陈独秀是中国马克思主义的早期理论代表,较早地接受和传播马克思主义。后来以毛泽东、刘少奇等人为主要代表,自觉地投入到革命实践,参与改造国民信仰的历史活动中,并最终确立了马克思主义、共产主义信仰的主导地位。由于中国国内局势复杂以及政治斗争的需要,马克思主义信仰一开始就与中国革命的具体实践联系在一起,表现在道德实践中,就形成了一种革命道德。"革命道德就是指中国共产党人、人民军队、一切先进分子和人民群众在中国新民主主义革命和社会主义革命与建设中所形成的优良道德。"② 它发端于中国共产党成立以后蓬勃发展的工农运动,经过国内土地革命战争、抗日战争、解放战争的长期发展,不断发扬光大。中国革命道德是与马克思主义、共产主义信仰分不开的。马克思主义、共产主义信仰就是要解放全人类,实现自由人的联合体。翻身求解放的劳苦大众正是在这种崇高信仰的激励下表现出高尚的革命道德情怀,形成了以全心全意为人民服务为根本宗旨,以集体主义为基本原则,以无私奉献、艰苦奋斗、顽强拼搏、勤俭节约等为主要规范的革命道德。"为了党的、无产阶级的、民族解放和人类解放的事业,能够毫不犹豫地牺牲个人利益,甚至牺牲自己的生命……这就是共产主义道德的最高表现。"③ 正是源于马克思主义信仰,才有了进行革命的精神动力,才有了精神的支柱。一批批马克思主义者在生命与信仰的选择关头,为了捍卫崇高的信仰,英勇奋斗,不惜献出自己宝贵的生命。方志敏狱中纪实写道,"敌人砍下了我们的头颅,决不能动摇我们的信仰,因为我们信仰的主义是宇宙的真理,为着共产主义牺

---

① 李泽厚:《中国现代思想史论》,东方出版社1987年版,第65页。
② 罗国杰:《论"五四"以来的中国革命道德》,《高校理论战线》2000年第1期。
③ 《刘少奇选集》上卷,人民出版社1981年版,第131页。

牲，为着苏维埃流血那是我们十分情愿的啊！"① 这坚定的信仰震撼了多少浑噩麻木的灵魂。夏明翰烈士的就义诗"砍头不要紧，只要主义真"，又激发了多少人前仆后继的斗志，表现了高尚的道德情操。马克思主义、共产主义信仰是革命道德的灵魂。只有坚持这种崇高的信仰才能真正全心全意地为人民服务，毫不利己专门利人，才能在道德境界上不断升华，才能成为"一个高尚的人，一个纯粹的人，一个有道德的人，一个脱离了低级趣味的人，一个有益于人民的人"②。根据淮海战役司令员陈毅回忆，淮海战役是老百姓用小车推出来的，源源不断地为前线提供人力、物力的保障。当时流传着这样一首歌谣，"最后的一口粮，用来做军粮，最后的一尺布，用来做军装，最后的一件老棉袄盖在担架上，最后的亲骨肉，含泪送战场"。这首歌谣一方面反映了军民鱼水情；另一方面也说明了人们为了崇高的信仰，从心底迸发出无穷的道德力量，顾大我，舍小我。所以，高扬马克思主义、共产主义信仰的确极大地提高了人们自觉的革命意识，鼓舞了人们的信念和斗志，形成了共产主义道德品质。

新中国成立初期基本延续革命道德传统，人们对于传统革命道德非常认同，而且革命道德的优秀品质具有很强的感召力和延续性，"革命的激情，荡涤着旧社会的污泥浊水，建设社会主义的热情，鼓舞着人们奔向光明。最能代表这段时期精神面貌的是'三大精神'，这就是人们常说的'雷锋精神''铁人精神'和'焦裕禄精神'。这些精神，是新中国社会主义道德精神的重要体现，是推动社会前进的重要力量。这些精神，以雷霆万钧之势，改变着旧社会的不良风气，它犹如清新的空气，滋润着人们的灵魂。这些精神，是革命时期的道德精神的继承和发扬"③。李泽厚在谈到中华人民共和国成立初期社会状况时，对这些精神也给予高度评价，他认为这是打倒剥削者、荡涤旧社会的革命之后充满理想和希望的胜利时期，人们对马列主义、毛泽东思想及其伟大的革命实践钦佩不已，以致在当时有人认为整个

---

① 方志敏：《可爱的中国》，中国青年出版社2009年版，第43页。
② 《毛泽东选集》第2卷，人民出版社1991年版，第660页。
③ 罗国杰：《新中国道德建设的回顾与展望》，《齐鲁学刊》2002年第2期。

中国有毛泽东思想就足够了，其他几亿人都不必思想了。中华人民共和国成立，中国人民彻底推翻了"三座大山"，真正站了起来，经济生活、政治地位、社会待遇甚至礼节、风俗等各方面都发生了前所未有的变化，政治清明，社会稳定，人民团结，社会风气和道德水平显著提高。① 有过这段生活经历的人在谈到这段历史时仍然记忆犹新，因为这是人灵魂深处的印记。时至今日这种革命道德传统仍发挥着重要作用。

尽管革命道德依然存续，但从这一时期主导道德看，政治道德仍为主流。从中国六七十年代社会主要矛盾变化情况来看，资产阶级与无产阶级的矛盾被认为是主要矛盾。政治挂帅，阶级斗争为纲，在道德上主要表现为政治道德。政治道德就是用阶级斗争的观点分析、看待一切事物，强调政治挂帅，突出阶级觉悟，一切服从、服务于政治，大到经济、政治、社会意识形态，小到日常生活的思想、情感甚至心灵都贯穿着这种政治思维模式。所以，李泽厚认为，该时期政治的内容就是道德的观念、标准，道德变成了政治，政治变成了道德。在全社会推崇无私奉献的牺牲精神和艰苦奋斗精神，把其作为生产发展、社会进步的决定性力量，无论革命还是建设，都强调"群众中蕴藏着一股极大的社会主义积极性"，要求每个人都应该具有不为名利，不怕苦，不怕牺牲，一心为革命的、彻底的无产阶级革命精神。② 在这种社会状态下，从社会经济到婚姻家庭，一切都依附于政治，从属于政治，政治成为社会发展的动力，这时的"共产主义"成了某种政治——道德理想。人终生努力的方向是政治觉悟高的圣贤，所以才有"春风杨柳万千条，六亿神州尽舜尧"的夸张说法。樊浩教授认为，从当时广大人民群众信仰状态看，人们对共产主义、毛泽东思想是真诚信仰的，每次运动除了对人们是一种政治上的换脑外，也是道德上的洗礼，因此，人们具有很强的道德上的神圣感。③ 但是，这种共产主义信仰已被曲解为政治道德理想，失去了原有的本真意义，道

---

① 李泽厚：《中国现代思想史论》，东方出版社1987年版，第181—182页。
② 同上书，第190页。
③ 樊浩：《中国伦理精神的现代建构》，江苏人民出版社1997年版，第164页。

德也脱离原来的趣味。

二 新时期信仰缺失与道德失范

"文革"以后,拨乱反正,历史进入改革开放的新时期。对于这三十多年来人们信仰与道德的状况,我认为用信仰缺失与道德失范概括比较贴切。就信仰而言,由于"文革"时期信仰被误导成狂热的崇拜,信仰政治化达到顶峰,结果信仰被政治束缚,信仰的崇高性淹没在政治的海洋中。"在那种政治是统帅是灵魂的社会运作机制中,政治和信仰之间的必要张力完全消失,信仰失去了它对政治的应有的牵导和矫正的功能,因而当政治导向出现偏离的时候,信仰不但失去了它应有的效力而且会对这种偏斜起一种强大无比的加力作用。在这种情况下,社会转型导致的政治改革必然带来严重而显现的信仰危机。"[①]"文革"以后,人们幡然醒悟,巨大的心理落差导致人们开始对原有信仰怀疑、厌倦,甚至有些人放弃对马克思主义、共产主义的信仰,这是"文革"造成的历史悲剧。继而"信仰失去了它对社会发展和人生导向的神圣性,信仰消失在功名利禄中,功名利禄成为人们行为总位移的本能的信仰"[②]。"文革"的震荡余波还没有完全平静,"苏东剧变"给社会主义伟大实践又是一个沉重的打击,人们对马克思主义信仰的合理性产生怀疑,怀疑共产主义,甚至怀疑中国特色社会主义伟大实践。在短短的几十年中,国人的信仰经历了几度大起大落,这使人们的精神世界飘摇不定。从当前信仰状态看,人们的信仰存在一定的迷茫性,信仰的缺失是客观现实,总体形势并不令人乐观。

从道德方面看,"失范"是对其综合性的概括,它表明当前的道德状态与社会所倡导的理想目标之间存在一种断裂或紧张状态。也有人对这一时期的道德问题概括为"道德危机""道德真空""道德滑坡"等,不管怎样说,这都表明当前道德问题已经到了非常严重的地

[①] 陈晏清、荆学民:《中国社会信仰的危机与重建》,《江海学刊》1998年第4期。
[②] 同上。

步。近年来，社会诸多领域相继发生的道德败坏事件足以表明，诚信的缺失、道德的滑坡已经非常严重。一个国家，如果没有国民素质的提高和道德的力量，不可能成为一个真正强大的国家。实现中华民族伟大复兴的中国梦，离不开道德的支撑力量。当然，我们在看到存在问题的同时，也不能忽视在道德建设方面取得的成绩。罗国杰教授认为，在党和政府的领导和教育下，无论是在道德实践还是在理论建设方面都取得了较大的进展。社会风气与道德面貌整体发生较大变化，并且在伦理道德建设方面基本形成了以马克思主义为指导的新的伦理学体系。[①] 党的十八大，在对社会主义核心价值体系概括和凝结的基础上，形成了社会主义核心价值观，从国家、社会、个人层面提出了基本要求，习近平同志强调："核心价值观，其实就是一种德，既是个人的德，也是一种大德，就是国家的德。国无德不兴，人无德不立。如果一个民族、一个国家没有共同的核心价值观，莫衷一是，行无依归，那这个民族，这个国家就无法前进。"[②] 社会主义核心价值观是道德建设方向的维度指针和基本原则，使道德建设更加系统化。总体看，我国现阶段的社会道德主流是积极、向上的，但道德领域中也存在着不容忽视的严重问题。一桩桩触目惊心拷问良知的道德事件频频发生，已经开始突破底线伦理的界限，且有愈演愈烈之趋势。这不能不引起我们的深思，道德失范深层次的原因是什么？如何克服？这是当前社会主义道德建设迫切需要解决的重大问题。

学术界对当前道德失范原因的论述颇多，从不同层面做了分析。在此我并不想再去重复论述，而是在简单梳理的基础上阐明我个人之见。学者对道德失范的分析基本围绕着经济利益这条主线。诸如市场经济的负面影响腐蚀人们的思想和道德观念。由于市场经济强化个人利益，利益驱动下容易诱发拜金主义和享乐主义，进而腐蚀人的道德观念，把人引向邪路。假冒伪劣、坑蒙拐骗、损人利己的不道德现象频频发生，从而影响整个社会风气；社会经济结构变化必然引起社会

[①] 罗国杰：《新中国道德建设的回顾与展望》，《齐鲁学刊》2002年第2期。
[②] 《习近平在北京大学考察时强调：青年要践行社会主义核心价值观与祖国人民同行努力创造精彩人生》，《人民日报》2014年5月5日第1版。

转型,导致道德秩序混乱。中国由传统的自然经济向工业经济转变,传统社会向现代社会转型,这种基础性的变化表现在道德领域为新旧道德观念冲突,价值观念多元化,道德秩序混乱;经济结构变化导致家庭结构变化,传统伦理道德意识淡化,熟人社会转向陌生人社会。随着中国由传统的农业社会向工业社会过渡,经济生活工业化、社会生活城市化的进程不断突破原有的血缘、亲缘、地缘的局限,使原来的家族、宗族结构肢解,家庭结构简单化。传统伦理道德是与原有的家族、宗族结构相适应的,然而,随着家庭结构简单化,传统意义上的伦理道德没有了生存的土壤,即使简单移植过来也很难找到价值的生长点。正如何光沪先生所言,"遗憾的是过去我们对传统破坏得太烈了,又不愿意'拿来',勉强拿来的也往往是一些虚无主义或实用功利的东西,偶有些精华也常被歪曲,以至于今天当我们想树立起些什么却已很难找到现实的价值生长点了。由于没有精神共识,由于一直靠政治意识形态来整合人心,而道德的政治化,意味着基本道德的淡化。当人类精神生活的理念基础被弄得面目全非时,人们便会轻易地将孩子连同洗澡水一起抛弃"[①]。所以,传统的伦理道德意识逐渐淡化。而且,在传统的家族、宗族伦理环境中,无论血缘、亲缘还是地缘都是一种熟人社会,"一个熟人社会以及形成熟人社会的许多社会组织都实际上构成了对人们的不道德、不轨行为的一种下意识的约束"[②]。而在这种简单家庭结构中,人们的生活单门独户,加之城市化人员高度流动,这样就由熟人社会过渡到陌生人社会,不道德现象大大增加了。此外,与经济结构变化、社会转型相适应的社会主义道德体系的建立也是一个长期的过程,是全社会共同的艰巨的任务。因此,社会转型所带来的一系列道德问题是不可避免的,尤其是原有的道德支撑体系随着社会的转型基本消解殆尽。现代道德更需要一种新的支撑体系。实际上,道德失范、信仰缺失绝不是孤立的现象,两者之间具有内在的因果联系。没有信仰支撑的道德是脆弱的。"较高的

[①] 何光沪:《言有尽》,山东友谊出版社2005年版,第254页。
[②] 刘智峰:《道德中国:当代中国道德伦理的深重忧思》,中国社会科学出版社2004年版,第400页。

社会道德水平需要相应的基础和支撑，道德建设的重要任务就是要增强这种基础性的支撑"，信仰"完全可以成为道德的重要支撑。因为支撑既可以是先天的，也可以是后天的。一个事物，它不仅从其产生的根源中获得其最初生存的支撑力量，而且在自身的发展中会进一步获得新的支撑力量。道德根源于人类社会生活的需要，但它在长期的发展中，把信仰、信念作为自己生存的重要支撑。在社会的信仰处于上升时期和稳定时期，人们的道德水平较高而且比较稳定。但是，信仰本身并不是稳定的，虽然对个体来讲信仰是不能随意改变的，但对整个社会来说，或对大多数人来说，一种信仰状态的长久保持也很难。当信仰弱化和出现问题时，道德就会失去心灵支撑。因此，道德建设的一项基本性工程，就是社会的信仰建设，这当然是非常困难的，也将是一个长期的过程"[①]。的确，没有信仰，人们的道德实践就没有形上的价值依据，这就必然造成各种繁杂嘈乱的观念沉浮跌宕，造成社会的混乱。所以，何光沪先生认为，"信仰的超越对象可以有不同的名称，信仰的精神状态，却决定着文明的兴衰、民族的浮沉"[②]。可见，信仰缺失是导致道德失范的形上根源。尽管道德失范的原因很多，形下的方面我们不能不考虑，但形上的根源尤其要重视，这样才能使社会主义道德建设取得事半功倍的效果。回顾中国现当代社会道德与信仰离合之进程，不难发现一个共同的现象：当道德与信仰联系密切，以信仰作为其形上的支撑价值时，人们的道德水平就比较高。例如中国革命战争时期形成的革命道德以及中华人民共和国成立初期良好社会道德风气就是很好的说明。邓小平在谈到这一时期的道德风气时赞叹有加，他在全国教育工作会议上的讲话中说，全国解放以后，"在很长的一段时间里，广大青少年好好学习，天天向上，爱祖国，爱人民，爱劳动，爱科学，爱护公共财物，英勇机智地同敌人、破坏分子作斗争，树立了一代新风。学校风气的革命化促进了社会风气的革命化。这种风气不仅是中国历史上从来没有过的，而

---

① 刘建军：《守望信仰》，人民出版社2013年版，第49—52页。
② 何光沪：《言有尽》，山东友谊出版社2005年版，第253页。

且受到了世界人民的赞誉"①。他老人家对这段时期的道德风气很是怀念，后期多次提到要恢复到20世纪50年代最好的社会风气时代。相反，信仰与道德疏离或者信仰走向极端化，那么道德也必然走向反面，"文革"就是典型的例证。新时期社会道德失范与信仰的缺失有很大的关系。当然，道德失范具有多方面影响因素，如经济转轨、社会转型、社会体制机制不完善等，实际上这是世界上任何一个国家在其发展过程中都不可避免的，这些影响都属于形下的领域，是在可控范围之内的。本书认为，道德失范的主要原因还要从形上方面去寻找，这才是根本。

第二节　社会主义道德建设的信仰逻辑进路思考

通过回顾现当代社会信仰与道德离合之历程，再结合中西传统道德的基础比较所得出的深刻启示，我们对当前社会主义道德建设不能不进行深入反思。当前伦理道德内在的精神生活上的根据是什么？或者说有没有一种形上的价值支撑？有没有共同的精神家园？人的情感寄托、心灵归宿、灵魂的栖居之所在哪里？如果不对这些问题进行深入的思考，就很难找到社会主义道德建设的根本出路。那样，个人道德素养的提高，社会道德风气的改善都将成为一句空话。当然，从这个角度下功夫比起简单的说教更难，但是它更有意义。杜维明在谈到中国社会出现了一些问题但还有元气时指出，"恢复'元气'的可能性很大。主要问题在于'心'。信仰、态度和行为互为作用，行为靠态度来支撑，态度靠信仰来支撑，信仰靠内心深处的精神价值来支撑。现在我们在行为上出现了一些问题，这也和态度、信仰有关系，所以，最核心的问题是从最基本的信仰和人生价值入手"②。可见，当前在伦理道德领域出现的一系列问题与人的信仰有着直接的关系，

---

① 《邓小平文选》第2卷，人民出版社1994年版，第105页。
② 杜维明：《社会"病"了，但"元气"尚存》，《国际先驱导报》2010年7月16日第20版。

没有了信仰，精神无处寄托，心灵得不到安顿，道德也就没有内在的精神生活上的根据。"人不可能为道德而道德，其道德意识必须有精神支撑。这种精神支撑使其道德实践显得充实、踏实。"① 所以，加强信仰建设是今后道德建设的一个重要立足点。当然，这主要是从形上层面的思考，形下的体制、机制建设等也不能忽视，只有这样才能体现社会主义道德建设的立体式、全方位图景。对于信仰问题，在中国这样一个人口众多、信仰薄弱而又相对复杂的国家，解决起来的确比较棘手。我们不可能让所有的人只有一种共同的信仰，那样无异于没有信仰。信仰本身就应该体现着多样化以及人的自由选择性。不论采取哪种信仰形式，关键在于它能否给人以精神的寄托与灵魂的安顿，能否赋予道德崇高与神圣，能否符合社会进步的潮流。总之，"人民有信仰，民族有希望，国家有力量"②。结合当前我国信仰的状况，笔者认为应该从伦理向度积极弘扬马克思主义信仰，并坚持其主导地位；重新审视儒学信仰的现代价值，尝试性地探索儒学与马克思主义的结合之路，以构筑现代中国人的精神家园；正确对待宗教信仰的合理成分，挖掘道德所需要的宗教的信仰文化资源。可想而知，这条信仰的逻辑进路之艰难与漫长，但为了使社会主义道德建设能够取得实质性进展，值得我们思索、探究。

一 弘扬马克思主义信仰的伦理向度

马克思主义信仰作为人类历史上崭新的信仰，贯穿于中国革命、建设和改革的全过程，是中国革命和建设取得卓越成就的巨大精神动力。正如邓小平同志所说："如果我们不是马克思主义者，没有对马克思主义的充分信仰……中国革命就搞不成功"，"对马克思主义的信仰，是中国革命胜利的一种精神动力"③。当前，面对马克思主义信仰主导地位弱化的事实，我们不能继续停留在以往仅仅局限于政

---

① 卓新平：《神圣与世俗之间》，黑龙江人民出版社2004年版，第106页。
② 习近平：《人民有信仰民族有希望国家有力量 锲而不舍抓好社会主义精神文明建设》，《人民日报》2015年3月1日第1版。
③ 《邓小平文选》第3卷，人民出版社1993年版，第63页。

治、意识形态领域的单一向度研究范式上，而应进行多向度研究，其中伦理的向度是一个重要着力点。正如荆学民所说："重建马克思主义信仰，理应紧密结合当代中国社会实践，除去继续保留马克思主义信仰的意识形态地位以外，应着力恢复或重建它应有的经济的、道德的、文化的特质。"① 马克思主义虽然没有系统的伦理文本，但马克思主义始终都没有离开"人"，都存在一个作为目的本身的人类自由发展的本源。马克思主义追求的"类解放"，实现自由人的联合体的崇高理想孕育着深刻的伦理内涵。马克思主义信仰本身作为一个整体属于信仰的范畴，因而，它对道德又起着形上学的支撑价值。这能够唤起人们追求崇高信仰的心理共鸣，不断提高对马克思主义信仰的认识和觉悟。

马克思主义自身透显出深刻的伦理意蕴与至高的伦理境界。一切伦理问题都是围绕着人、人性而展开的，因此，对人性的分析成为一切伦理问题研究的逻辑起点。马克思主义形成的基点也是始于对人性的认识和考究的。尽管在马克思之前就存在着各种各样的人性理论观点，但无论是唯心史观的人性论，还是唯物主义的人性观，在一定程度上都把人性抽象化了，把人理解为抽象的存在物，结果导致一种共同的、永恒的人性。马克思主义的人性观是在对传统人性论批判的基础上，立足于社会现实，历史地、现实地、具体地全面把握人性的。从《1844年经济学哲学手稿》关于人性的初步认识到后来《德意志意识形态》中研究了人的全部历史，研究人应该是现实的人，即以一定的方式进行生产活动的个人，此时，马克思对人的本质的理解更加深刻，超越抽象人性论和前定人性论的认识，从现实社会关系出发，全面地理解、分析人性。所以，马克思在《德意志意识形态》中认为："费尔巴哈对感性世界的'理解'一方面仅仅局限于对这一世界的单纯的直观；另一方面仅仅局限于单纯的感觉。费尔巴哈设定的是'一般人'，而不是'现实的历史的人'。"② 费尔巴哈把人的社会特质

---

① 荆学民：《当代中国社会信仰论》，人民出版社2008年版，第368页。
② 《马克思恩格斯选集》第1卷，人民出版社1995年版，第75页。

简单理解为以抽象的爱为核心的、内在的、无声的、把许多人纯粹自然地联系起来的共同性,所以,费尔巴哈所论证的人是缺乏现实社会意义的自然人。并且,马克思在《资本论》中运用唯物史观对一般人性进行研究,通过对资本主义社会的批判,提出了科学社会主义的论断,并分析了人全面发展的基础。总体看,无论马克思对资本主义的批判还是对未来共产主义的构想,都没有离开人,都是把人作为目的,把实现人的自由全面发展作为一切研究的出发点和落脚点。所以,马克思主义包含深刻的伦理内涵。正是源于对人的无限眷注,马克思对资本主义社会的不平等、不公正以及非人性的生活进行了深刻的批判,旨在建立一个平等、公正、自由、和谐的社会——实现自由人的联合体。由此可见,马克思主义执着于善的伦理追求,有着深深的人文情怀。马克思看到资本主义社会表面的平等掩盖着事实上的不平等,整个社会是一个异化的社会。从劳动异化分析入手,马克思揭露了工人与自己劳动产品的异己的对象关系。"工人在劳动中耗费的力量越多,他亲手创造出来的反对自身的、异己的对象世界的力量就越强大,他自身、他的内部世界就越贫乏,归他所有的东西就越少。"① 而且劳动本身并不是工人自觉自愿的生产活动,是被迫的强制劳动,正如马克思所说:"劳动的异己性完全表现在:只要肉体的强制或其他强制一停止,人们就会像逃避瘟疫那样逃避劳动。"② "异化劳动从人那里夺去了他的生产对象,也就从人那里夺走了他的类生活,即他的现实的类对象性。"③ 事实上,人作为一种类存在物,正是通过自觉、自愿的劳动,使人的本质力量对象化,从而确证着人的存在。所以,马克思主义的基本着眼点是"存在和本质、对象化和自我确证、自由和必然、个体和类之间的斗争的真正解决"④。人类的解放,共产主义的实现关键在于扬弃异化,达到人的"类本质"。"人"一直是马克思主义的核心,谋求人的自由与解放是马克思主义

---

① 《马克思恩格斯选集》第1卷,人民出版社1995年版,第41页。
② 同上书,第44页。
③ 同上书,第47页。
④ 《马克思恩格斯全集》第42卷,人民出版社1979年版,第120页。

的一贯立场和根本宗旨。马克思从现实的、历史的、具体的社会实践关系出发,以人的自我实现的自主活动为前提依据,在历史实践中探寻"全人类的解放"。只有实现全人类的解放才是彻底的解放,才能真正克服人与自然、人与人、个体与类的矛盾对立,实现人的"类本质"的回归,真正实现人对自己本质的确证和全面占有。"共产主义是私有财产即人的自我异化的积极的扬弃,因而也是通过人并且为了人而对人的本质的真正占有;因此,它是人向自身、向社会的(即人的)复归。"① 也就是要"把人的世界和人的关系还给人自己"②,使人真正成为自己生活的主人,从而恢复人本真的生活面目。在《共产党宣言》中他将类解放直接表述为"自由人的联合体",即"代替那存在着阶级和阶级对立的资产阶级旧社会的,将是这样一个联合体,在那里,每个人的自由发展是一切人的自由发展的条件"③。由此不难看出,马克思主义的"类解放"思想不仅体现了对全人类的终极关怀,而且也是对每个人自由全面发展的深刻眷注,从而达到至善的伦理境界。

马克思主义具有丰富的伦理内涵,这是就其自身所具有的伦理意蕴而言的,或者说是从形下维度分析的必然结果。但是,当从形上的维度看,马克思主义信仰作为一个整体,属于信仰的范畴,因而,它对道德又起着形上学的支撑价值。马克思主义信仰具有信仰的一般特性,但同时又有其自身的特点,相对于宗教信仰的超自然、超人类特点,马克思主义信仰立足于现实而又超越现实,具有全人类的情怀,是人类历史上迄今为止最崇高的信仰。其崇高性表现在解放全人类,实现自由人的联合体。生活于当下的个人由于存在级别、差别的限制以及各种物质利益关系的制约,因而,每个人只属于某个阶层、集团,或者说是该阶层、集团的代表,但并不能代表整个人类,还不是完全类意义上的人。类意义上的每个人都能代表整个人类,而整个人类与每个人是完全一致的,所以称为"类本质"。马克思主义信仰旨

---

① 《马克思恩格斯全集》第42卷,人民出版社1979年版,第120页。
② 《马克思恩格斯全集》第1卷,人民出版社1956年版,第443页。
③ 《马克思恩格斯选集》第1卷,人民出版社1995年版,第294页。

在消除异化，真正实现全人类的解放，从而由"必然王国"进入"自由王国"，也可以说由"此岸"走向"彼岸"，这种"自由王国"更具有终极理想性。可见，马克思主义要实现全人类的解放，相比于宗教的狭隘性，具有崇高的全人类情怀，是我们永恒的价值追求。马克思主义信仰彰显的崇高价值与终极理想，为道德提供了形上的支撑价值。如果说上面的分析，还仅仅停留在逻辑的层面，那么，从历史上看无论是革命年代还是建设时期，当人们执着于马克思主义信仰时，道德风尚就比较高，反之，道德也变得弱化。马克思主义信仰是进行革命的精神动力，革命者能够赴汤蹈火，前仆后继，直到革命的胜利，关键在于有崇高信仰的支撑。在这种精神氛围中，一切人性中的卑微的心理都得到了空前的净化，高尚的精神得到了空前的升华。一批批马克思主义者在生命与信仰的选择关头，为了捍卫崇高的信仰，英勇奋斗，不惜献出自己宝贵的生命，表现出高尚的道德情怀。中华人民共和国成立初期，社会主义道德深入人心，涌现出焦裕禄、雷锋等一批先进道德模范人物，原因就在于当时人们对马克思主义的执着信仰。可见，一个人有什么样的信仰，就有什么样的道德。一个坚定的马克思主义信仰者，就会形成热爱祖国、热爱人民、无私奉献的崇高道德境界。正是源于承载着人类无限美好理想的马克思主义、共产主义信仰，人们才形成了高尚的道德情操。

德国伟大诗人歌德说过，"世界历史的唯一真正主题是信仰与不信仰的冲突。所有信仰占统治地位的时代，对当代人和后代人都是光辉灿烂、意气风发和硕果累累的，不管这信仰采取了什么形式；另一方面，所有不信仰占统治地位的时代，也不管这信仰是什么形式，都只得到一点点微弱的成就，即便它暂时地夸耀虚假的光荣，这种光荣也会飞快地逝去，因为没有人操心去取得一种对不信仰的东西的知识"①。这深刻说明信仰的重要意义，不仅对于社会如此，对于个人更是至关重要。当代中国，八千九百多万中共党员、十三亿多人的信

---

① ［德］弗里德里希·包尔生：《伦理学体系》，何怀宏等译，中国社会科学出版社1988年版，第362页。

仰问题是头等重要的理论与实践问题。习近平同志多次强调要坚定马克思主义信仰，共产党员要做共产主义远大理想和中国特色社会主义共同理想的坚定信仰者和忠实践行者。在纪念长征胜利80周年讲话中，习近平同志强调长征是一次理想信念的伟大远征。崇高的理想，坚定的信念，永远是中国共产党人的政治灵魂。党和红军几经挫折而不断奋起，历尽苦难而淬火成钢，归根到底在于心中的远大理想和革命信念始终坚定执着，始终闪耀着火热的光芒。风雨浸衣骨更硬，野菜充饥志越坚；官兵一致同甘苦，革命理想高于天。① 在风雨如磐的长征路上，崇高的理想，坚定的信念，激励和指引着红军一路向前。"信仰的力量是无穷的，信仰纯洁是共产党人最根本的纯洁"，"保持思想纯洁最重要的是保持对共产主义的坚定信仰，对中国特色社会主义的坚定信念。我们既要脚踏实地地办好今天的事情，又不能忘记远大目标。党员和党的干部有了这样的理想信念，无论从事什么样的工作，都会有一种崇高的使命感和神圣感。革命战争年代无数共产党人为了革命的成功，南征北战、流血牺牲，靠的正是坚定的政治信仰。和平建设时期，无数共产党人为了社会主义事业，艰苦奋斗、无私奉献，靠的还是坚定正确的政治信仰。改革开放以来，无数的共产党人为了国家富强和民族振兴，顽强拼搏、勇往直前，靠的仍然是坚定正确的政治信仰"②。现在一些党员干部出了这样那样的问题，说到底是信仰迷茫，精神迷失。领导干部应该有铁一般的信仰，铁一般的信念。一百多年来，正是由于强大的信仰，中华民族才能百折不挠，奋勇前进，历经磨难，不断壮大。

　　从当前马克思主义信仰状态看，马克思主义信仰呈现出弱化的状态。从最近几十年的情况来看，信仰危机是不争的事实。一方面，东欧剧变、苏联解体，整个社会主义运动跌入低谷，甚至有些人认为马克思主义已经过时了，像美国的学者福山提出了"历史终结"论，这给广大人民群众的社会主义、共产主义信念带来巨大冲击。一些人

---

　　① 习近平：《在纪念长征胜利80周年大会上的讲话》，《人民日报》2016年10月22日第2版。
　　② 习近平：《扎实做好保持党的纯洁性各项工作》，《求是》2012年第6期。

思想上的存疑、困惑开始动摇，甚至放弃自己的信仰。另一方面，在市场经济条件下，一些人受功利心的驱使，把物质利益的追求放在了第一位，"金钱至上主义"冲击着人们的精神家园，信仰的大厦摇摇欲坠。

伴随信仰危机而来的就是道德危机。所以，反思当前一系列道德问题，积极弘扬马克思主义信仰，为人们树立崇高的精神追求，有着极其重要的现实意义。人是一种精神的存在物，因而总是要追求意义的世界，其心灵世界也要建立在意义的根基上，否则，失去意义支撑的世界将是一个混乱失调的世界。信仰则是人心灵的依托，是一种方向，是生命前行的力量源泉。马克思主义信仰是站在人类信仰历史发展的制高点上来实现全人类的解放，为人们树立了崇高的精神追求。只有当人们对此有深刻的认识，在日常生活实践中深刻体悟到马克思主义信仰的重要性，并自觉自愿地信仰马克思主义，作一名坚定的马克思主义信仰者。这样，人们对善的渴求与美好的道德愿景才有真正的支撑力量。弘扬马克思主义信仰，首先要解决真懂、真信的问题。习近平同志在哲学社会科学工作座谈会上指出，坚持以马克思主义为指导，首先要解决真懂、真信的问题。现实生活中"也有一些同志对马克思主义理解不深、理解不透，在运用马克思主义立场、观点、方法上功力不足。社会上也存在一些模糊甚至错误的认识。有的认为马克思主义已经过时，中国现在搞的不是马克思主义；有的说马克思主义是一种意识形态说教，没有学术上的学理性和系统性。实际工作中，在有的领域中马克思主义被边缘化、空泛化、标签化，在一些学科中'失语'、教材中'失踪'、论坛上'失声'"① 等等。习近平同志谈到的这些问题在一些人群中不同程度地存在着，我们应该认真对待，高度重视。对待马克思主义信仰，不能仅仅停留在口号上，而是要真正入心入脑，最终落实在行动上。这就要求对马克思主义有深刻的认知，"知是行之始，行是

---

① 《习近平主持召开哲学社会科学工作座谈会强调 结合中国特色社会主义伟大实践加快构建中国特色哲学社会科学》，《人民日报》2016年5月18日第1版。

知之成","知"是"行"的开端,"信"介于"知"与"行"之间,最后成于"行",三者的关系可以概括为"知之愈深,信之愈坚,行之愈切"。因此,解决"真信"的问题,首先要从"真知"即"真懂"入手。要搞清楚,弄明白,什么是马克思主义?马克思主义的真精神是什么?现实生活中,一些人对马克思主义认识不够,一知半解,人云亦云。这就导致其在为人处事各个方面跑偏、出格,最后触及的不仅仅是道德问题,甚至是违法犯罪。所以,让其信,必先让其知,知就是熟知马克思主义理论,马克思主义在中国的新发展,马克思主义的立场、观点、方法,马克思主义的真精神,等等。通过不断地熟知,最终使马克思主义入心入脑,成为自觉自愿的信仰。为此,要在以下两个方面下功夫。一方面,要进一步推动马克思主义中国化、时代化、大众化。这就要求在社会实践中坚持和发展马克思主义,用中国人民喜闻乐见的民族语言来阐述马克思主义理论,使之成为具有中国特色、中国风格、中国气派的马克思主义。同时要适应时代发展的需要,把握时代脉搏,从不断变化的社会历史过程中汲取营养,不断丰富和发展马克思主义。更根本的是要使马克思主义大众化,让人能够自觉自愿地接受,得到其认可。同时,对于那些认为共产主义遥不可及,不如过好当下的现实主义态度,我们可以立足于中国特色社会主义共同理想以及"中国梦"的方面去引导,因为,它上可跃迁到共产主义信仰,下可渗透到现实生活的具体信念之中,能够坚持这些相对低一层次的理想信念,其实也就是在坚持、坚守、坚定马克思主义信仰。另一方面,要对马克思主义的真精神研究懂,弄明白。客观地说,以往我们在对马克思主义的宣传教育方面过于僵化教条,有些东西并不是马克思主义的本义。加之近年来国内外社会环境发生了巨大的变化,这使人们对马克思主义的认识存在偏差或者误解,以至于放弃了崇高。马克思主义的真精神体现在多个方面:一是马克思主义坚定地为人民谋利益的立场。马克思主义始终站在人民的立场,一切为了人民,只有对此悟透了,才能更好地体会马克思主义"解放全人类"的责任担当与崇高境界。这种大爱不同于一般的宗教,宗教教派之间有分歧、矛盾冲突，宗教的爱是有狭隘性的。二是马克思主义的自由全面发展思想。强调"每个人的自由发展是一切人自由发展的条件"。每个人的自由发展是前提，这样最终实现一切人自由发展，在物化异化的社会中，人并没有达到自由全面发展的状态。按照马克思的说法，物化的人、异化的人还不是真正意义上的人，人是一种自由、自觉的存在，只有在个人经过全面发展达到自由个性的阶段，人方能称得上真正的人。现代社会物质、金钱、科技、权力等往往左右着人，人不但没有成为其主人，往往成为其奴隶。可见，我们距离自由全面发展还有很长的路要走。实现人的自由全面发展是我们不懈的终极价值追求。三是马克思主义哲学思想。长期以来受"苏联教科书"的影响，人们对马克思主义哲学的认识存在很大的偏差。如物质第一就是唯物主义，唯物主义就是好的；相反，精神第一就是唯心主义，唯心主义的就不好，这就造成了一种重物质轻精神的现象，今天人们的精神世界出了问题，与此都有一定的关系。而且这种说教让人感觉哲学很枯燥，实际上这并不是真正意义上的马克思主义哲学。这种认识偏差在一定程度上使人们对马克思主义哲学产生怀疑，进而影响对马克思主义的态度，影响对马克思主义的信仰。这需要我们从马克思主义原著中好好地体会辩证唯物主义和历史唯物主义的一些本真思想。例如群众史观强调人民群众是历史的创造者，所以，中国的改革、发展要紧紧依靠人民，坚持把实现好、维护好、发展好最广大人民根本利益作为出发点和落脚点。此外，精神的能动性、实践的观点等都是需要我们认真思考研究的。恩格斯曾说，要掌握马克思主义，应当根据原著来研究理论，而不是根据第二手材料来进行研究。习近平同志也要求党员干部多读原著，精读马克思主义经典的代表性著作，追本溯源，把握马克思主义基本原理。唯物史观的系列观点以及唯物辩证法等都需要我们细细研读，深入领会。而且，马克思主义不是故步自封、封闭的体系，而是与时俱进，随着社会不断发展的理论体系。只有对马克思主义有了全面深刻的认知，才能对马克思主义有高度的认可，不断增强对中国特色社会主义的道路自信、理论自信、制度自信、文化自信。

只有在认知上下足了功夫，做到"真懂"，才能够更加笃信马克思主义的科学性和道义性。这样，在实践中才会自觉坚持运用马克思主义理论，始终同党和人民站在一起，自觉做共产主义远大理想和中国特色社会主义共同理想的坚定信仰者和忠实践行者。

二 构筑儒学与马克思主义相融合的现代精神家园

儒学信仰（"天人合一"信仰）在历史上为人提供了安身立命之基，成为道德的精神生活上的根据，具有重要的作用。然而，"五四"新文化运动以来，儒学遭遇了颠覆性的破坏，"儒家伦理的这种话语权威被各种现代性道德思潮所消解，成为一种'弱势话语'甚至几近'失语'（如'文革'时期）"[①]。即便如此，儒学并没有销声匿迹，儒学作为一种传统不可能完全与现实割裂，它作为一种历史的积淀渗透于每一个炎黄子孙的血液之中，表现其言行举止。正如李泽厚先生所说："真正的传统是已经积淀在人们的行为模式、思想方法、情感态度中的文化心理结构。儒家孔学的重要性正在于它已不仅仅是一种学说、理论、思想，而是溶化浸透在人们生活和心理之中了，成了这一民族心理国民性格的重要因素。……传统既然是活着的现实存在，而不只是某种表层的思想衣装，它便不是你想扔掉就能扔掉、想保存就能保存的身外之物。"[②] 这充分说明儒学的影响力依然存在。然而，随着时代的变迁，人的生存方式、生活观念发生了巨大的变化，儒学的影响力还有多大，还能持续多久，生命力在哪里，这些问题是摆在我们面前的现实问题。作为价值系统的"软体"——儒学一直处于游离的状态，用余英时的话讲"死而不亡"。今天儒家思想建制化已经不可能，儒家思想与传统建制分手以后，则尚未找到现代的传播方式，儒家也不能效仿基督教的教会的方式，历史文化背景已大不同了。"但是由于儒家在中国有两千多年的历史，凭借深厚，取精用宏，它的游魂在短期内不会散尽的。

[①] 万俊人：《比照与透析：中西伦理学的现代视野》，广东人民出版社1998年版，第463页。

[②] 李泽厚：《中国现代思想史论》，东方出版社1987年版，第42—43页。

只要一部分知识分子,肯认真致力于儒家的现代诠释,并获得民间的社会支持与合作,则在民间社会向公民社会转化的过程中儒家仍能开创新的精神资源。"[1] 所以,儒学要重新焕发活力就必须实现创造性的现代转化。儒学的现代转化是大势所趋,这种转化过程仅仅依靠儒学自身是不可能实现的,必须从外部吸收新鲜的文化养料,以提供生存发展的动力,这样儒学才能充满生机与活力。马克思主义作为外来文化恰恰满足了儒学的这种需求。马克思主义传入中国以后,也必须同中国的实际相结合,实现马克思主义的中国化。马克思主义中国化不仅要与中国革命和建设的具体实际相结合,而且要"与中国历史文化相结合,从根本上讲,就是与中华民族的民族精神相结合,就是吸取、融入中华民族的民族精神,同时又赋予中华民族的民族精神以新的活力和新的内容。只有做到民族精神方面的结合,马克思主义才真正内化成了中华民族的灵魂,才真正地中国化了"[2]。马克思主义要与中国传统文化相结合,而儒学正是传统文化的集中体现,所以,马克思主义要与儒学相结合。这样,马克思主义才有了生存的文化土壤,从而采用"喜闻乐见"的民族形式,形成"中国风格""中国气派"的马克思主义。可见,传统儒学要现代化,马克思主义要中国化,这"两化"的趋势,使两者的结合不仅尤为必要而且成为可能。中国共产党从成立之日起就开启了马克思主义中国化的历程,一部中国共产党的发展历史就是马克思主义中国化的历史。时至今日,马克思主义中国化的任务并未完结,继续推进马克思主义中国化、时代化、大众化仍是当前一项重大工程。马克思主义中国化必须与中国传统文化相结合,正如习近平同志讲道,我们的道路自信、理论自信、制度自信,根本的是文化自信,文化自信是更基础、更广泛、更深厚的自信。由此可见,马克思主义中国化必须根植于中华传统文化。"历史和现实都表明,一个抛弃了或者背叛了自己历史文化的民族,不仅不可能发展起来,而且很

---

[1] 余英时:《现代儒学的回顾与展望生活》,生活·读书·新知三联书店2012年版,第265页。
[2] 许全兴:《论马克思主义与中国传统文化相结合》,《党的文献》2009年第3期。

可能上演一幕幕历史悲剧。""中华优秀传统文化是我们最深厚的文化软实力，也是中国特色社会主义植根的文化沃土。"[①] 从马克思主义中国化的两大理论成果毛泽东思想和中国特色社会主义理论体系来看，无不体现着中华传统文化的基因。作为中国传统文化主体的儒学体现得比较明显。因此，随着中国特色社会主义进入新时代，马克思主义中国化、时代化、大众化必将向纵深发展。马克思主义与儒学的融合是必经的一个重要历史阶段，这样才能形成具有鲜明民族特色的理论形式，因为越是民族的，就越是世界的，中国可以更好地为世界提供中国方案、中国智慧和中国经验。中华民族伟大复兴必然是以中华优秀文化为支撑的。

儒学与马克思主义融合十分必要。一方面，从儒学自身来看，儒学已失去作为传统社会意识形态主体化的地位，作为制度化的儒学已经解体，目前在社会上存在的儒学只能称为精神价值性的儒学。传统儒学精神有附着的载体，今天缺失依附载体的儒学，其作用发挥势必受到影响。当前，我国意识形态领域主体思想是马克思主义，从依附载体角度看，要求儒学与马克思主义不断融合。实现中华民族伟大复兴，文化复兴是其应有之义。儒学可以在弘扬优秀传统文化的大潮中，通过融合创新，不断吸收新鲜的血液焕发生机和活力。儒学思想强调"道统"和传承，缺乏批判精神，儒学要发展、创新就要从马克思主义那里吸收批判的精神。批判精神是马克思主义所固有的，"不想教条式地预测未来，而只是希望在批判旧世界中发现新世界"[②]。这种批判精神正是儒学在发展过程中需要借鉴和吸收的，从而正确审视自我，弥补不足。另一方面，马克思主义毕竟是外来思想，马克思主义传入中国以后必须同中国的实际相结合，实现本土化。这不仅要求马克思主义与中国革命、建设和改革的实践相结合，而且要与中国的历史文化相结合，这是马克思主义得以中国化的文化土壤。用中国的语言形式形象地表达马克思主义思想，用中国的文化

---

　　① 《习近平主持召开哲学社会科学工作座谈会强调 结合中国特色社会主义伟大实践加快构建中国特色哲学社会科学》，《人民日报》2016 年 5 月 18 日第 1 版。

　　② 《马克思恩格斯全集》第 1 卷，人民出版社 1956 年版，第 416 页。

思想去解读马克思主义的精神实质，这样马克思主义才能为更多的人理解和接受，马克思主义才能由被动传播到主动消化。所以，马克思主义只有同作为中国传统文化主体的儒学实现真正的融合，才能使中国人民从心底接受，形成中国化的马克思主义。正如毛泽东同志认为的那样，"马克思列宁主义来到中国之所以发生这样的作用，是因为中国的社会条件有了这种需要，是因为同中国人民革命的实践发生了联系，是因为被中国人民所掌握了。任何思想，如果不和客观的实际的事物相联系，如果没有客观存在的需要，如果不为人民群众所掌握，即使是最好的东西，即使是马克思列宁主义，也是不起作用的"①。同时，从马克思主义理论自身来看，马克思主义并不是自我封闭的理论体系，它是开放的，与时俱进是其理论自身的本质要求，列宁说："马克思主义的最本质的东西，马克思主义的活的灵魂，就在于具体地分析具体的情况。"② 由此可见，儒学与马克思主义融合既是两种思想自身实现更好发展的现实需要，同时也是中国社会发展的内在需要，是助推中华民族实现伟大复兴的支撑动力，是中国站在历史发展的制高点上，为世界更好发展提供中国智慧、中国方案不可或缺的思想文化源泉。因此，儒学与马克思主义融合发展是大势所趋。

儒学与马克思主义融合不仅必要，而且从两种思想自身的价值、特性来看，在价值取向、现实关切等方面具有相通的契合点，从而使得相互融合成为可能。马克思主义与儒学存在着某种契合性，对此杜维明认为，马克思主义与中国传统思想有某种同构的关系，"特别是和儒学的那种注重实践、那种强烈的道德理想主义、强烈的社会意识、历史感受，有不少可以找到结合点的地方。所以，形形色色的西方思想在中国几乎都是昙花一现，只有马克思主义真正进入中国社会，并取得了相当的成功"③。张岱年也认为中国文化中有许多历史唯物主义的因素，如人道主义、大同的社会理想等，马克思主义很容

---

① 《毛泽东选集》第4卷，人民出版社1991年版，第1515页。
② 《毛泽东选集》第1卷，人民出版社1991年版，第312页。
③ 杜维明：《儒家传统的现代转化》，中国广播电视出版社1992年版，第82页。

易在中国的土壤里生根。① 此外，李泽厚把马克思主义的实践性格与中国人民救国救民的需要联系起来，认为中国人重行动而富于历史意识，无宗教信仰却有治平理想，这种传统精神和文化心理结构，使人们比较容易接受马克思主义。②

首先，从实践的品性看，马克思主义与儒学都体现了实践的特质。纵观马克思主义，实践性是贯穿其中的主线。马克思是一个伟大的革命家，改造旧世界，建立新世界是马克思始终不渝的奋斗目标。正如马克思在《〈黑格尔法哲学批判〉导言》中指出："批判的武器当然不能代替武器的批判，物质的力量只能用物质的力量来摧毁。"③"在实践方面，共产党人是各国工人政党中最坚决、始终起推动作用的部分"④，马克思不是经院式的思想家，他对现实生活有着深刻的关切，"从前一切唯物主义（包括费尔巴哈的唯物主义）的主要缺点是：对对象、现实、感性，只是从客体的或者直观的形式去理解，而不是把它们当作感性的人的活动，当作实践去理解，不是从主体方面去理解"⑤。所以，只有从实践中才能厘清各种关系，"全部社会生活在本质上是实践的，凡是把理论引向神秘主义的神秘东西，都能在人的实践中以及对这个实践的理解中得到合理的解决"⑥。所以，马克思说，以往的"哲学家们只是用不同的方式解释世界，问题在于改变世界"⑦。相比于马克思主义的实践特性，儒学以经世致用、实用理性为根本特点，"注重实践的东西在中国是很容易被接受，因为它与中国几千年来的文化传统很接近。以马克思主义来讲，他主张哲学的任务是批判世界，改变世界的，它也是很强调实践。儒家的'尽心''知天'根本是要改变世界，解释并非它的长处。这正是中国知识论比较

---

① 张岱年、程宜山：《中国文化与文化论争》，中国人民大学出版社1990年版，第190页。
② 李泽厚：《中国现代思想史论》，东方出版社1987年版，第150页。
③ 《马克思恩格斯选集》第1卷，人民出版社1995年版，第9页。
④ 同上书，第285页。
⑤ 同上书，第54页。
⑥ 同上书，第56页。
⑦ 同上书，第57页。

不发达的原因。中国人讲'天',但是很少去搞清楚'天'是什么,而是讲'尽性',尽自己的性就能知他人的性,尽人之性就是尽物之性,也就能知'天'。中国人并不注重知识如何形成的"①。儒学试图对人的日常生活,对人的行为和活动施加直接的影响,特别强调理论的实践或实用品格,重现实。在儒家传统文化中,没有什么绝对神秘异己的外在力量,天与人都是同质的,"体用一源,显微无间"②,"天性"即"人性","天理"即"人理",所以,人能为天地立心,而不是天地为人立心,"吾心即是宇宙,宇宙即是吾心",这种"天人合一"的境界具体到现实生活中就体现在人的积极"有为"方面,君子自强不息,知其不可为而为之。从个人道德修养入手,形成了由家到国、由伦理到政治、由个人到社会的内圣外王之路。这就是《大学》讲的格物、致知、诚意、正心、修身、齐家、治国、平天下。所以,儒学自始至终关注的是人、人事、现世,而并非专注于对世界的解释。"从《易传》《中庸》到董仲舒到宋明理学……人的地位就当然是'参天地,赞化育',不是屈从在客观目的观或人格神的主宰之下;相反天地的存在倒是统一于服从于'人活着'这一根本主题。"③儒学肯定现实生活的世界观,道在伦常日用之中,百姓日用而不知。孔子本人也是非常重视人事的,提出"不语怪力乱神","未能事人,焉能事鬼"。人只须在身体力行中体会"道",运用"道"。熊十力认为,"中国人头脑重实践而不乐空想。故其睿圣者,恒于人伦日用中真切体会,而至于穷神至化,是得真实证解,而冥应真理者也"④。中国的儒学并不是有些人所说的"书斋"式学问或单纯的道德实践,它是以"救民于水火",实现国治民安为目标的。躬行践履,知行合一,正如荀子所言:"不闻不若闻之,闻之不若见之,见之不若知之,知

---

① 余英时:《现代儒学的回顾与展望》,生活·读书·新知三联书店 2012 年版,第 79 页。

② 李泽厚:《实用理性与乐感文化》,生活·读书·新知三联书店 2008 年版,第 166 页。

③ 同上书,第 182 页。

④ 熊十力:《十力语要》,中华书局 1996 年版,第 278 页。

之不若行之。"① 中国儒家的知识分子向来是以"为天地立心,为生民立命,为往圣继绝学,为万世开太平"为使命的。在儒家思想看来,"现实世界是非常不完善的,最好的世界有待于通过人们努力去创造和复兴。……去创造一个不同于现实世界的理想世界,在地上建立天国,实现大同太平,这构成了中国士大夫知识分子伟大的使命感"②。所以,在实践性方面,儒学与马克思主义是具有一致性的。"中国传统哲学作为古代实践哲学的典范与马克思主义哲学作为现代实践哲学的典范,存在思维方式上的相近性或亲和性。"③

其次,从终极价值取向看,都提出了近似的理想社会形态。马克思主义从诞生之日起就把解放全人类作为奋斗的终极价值目标。"如果我们选择了最能为人类福利而劳动的职业,那么,重担就不能把我们压倒,因为这是为大家而献身;那时我们感到的就不是可怜的、有限的、自私的乐趣,我们的幸福将属于千百万人,我们的事业将默默地,但是永恒发挥作用地存在下去,而面对我们的骨灰,高尚的人们将洒下热泪。"④ 马克思主义始终站在劳动人民的立场上,号召全世界被压迫被奴役的人们团结起来,推翻压迫阶级的统治,实现个人的解放,建立自由人的联合体。马克思主义从生产力与生产关系这一基本矛盾入手,分析了人类社会发展的基本规律,共产主义社会是人类社会发展的终极价值形态。儒学与马克思主义解放全人类的情怀具有某种意义上的一致性,都体现了对人的主体地位的尊重。儒学本身就是关于人的学问,他始终体现着对人的关切。儒家尤其重视人的价值,天地人三才,其核心是人,人是天地间最宝贵的,凸显了人的价值与尊严。《尚书·泰誓》言"天视自我民视,天听自我民听","民为邦本,本固是图"⑤,孟子提出"民为贵,社稷次之,君为轻"。在

---

① 《荀子·儒效》。
② 李泽厚:《实用理性与乐感文化》,生活·读书·新知三联书店2008年版,第248页。
③ 王南湜:《追寻哲学的精神:走向实践哲学之路》,北京师范大学出版社2006年版,第347页。
④ 《马克思恩格斯全集》第40卷,人民出版社1982年版,第7页。
⑤ 《尚书·五子之歌》。

儒家思想中，平天下，实现天下大同一直是儒者孜孜以求的共同社会理想。大同社会就是"大道之行也，天下为公，选贤与能，讲信修睦。故人不独亲其亲，不独子其子，使老有所终，壮有所用，幼有所长，矜寡孤独、废疾者皆有所养；男有分，女有归；货，恶其弃于地也，不必藏于己；力，恶其不出于身也，不必为己。是故谋闭而不兴，盗窃乱贼而不作，故外户而不闭，是谓大同"①。大同社会，天下为公，财产公有，各尽其能，人民丰衣足食，自由平等。尽管当时提出的这种社会理想与共产主义社会有一定的差异，但表达的基本价值理念是一致的，实现人的自由、平等和社会的高度发展等。

最后，都体现了博大的包容性。马克思主义是迄今为止最具影响力和生命力的理论学说，这除了其理论自身的魅力以外，还与马克思主义的包容性密不可分。马克思主义提出的解放全人类的目标，超越了国界、种族、宗教等条件的限制，它不仅仅是为了它的祖国和民族，而是为了全人类。由此可见，马克思主义彰显的博大情怀。儒学的包容性体现在历史上儒、释、道能够相互融合，即便是与外来思想也能够很好地相处，并逐渐为儒学所感染，甚至同化。历次少数民族入主中原，由于其自身文化的局限性，最终都被儒学文化同化。儒学思想始终彰显着"厚德载物""民胞物与"心存仁义胸怀天下的品性。这正是儒学思想的最高境界，宇宙万物一体，天人合一。马克思主义传入中国并很快为人们所接受，这与早期马克思主义者受儒学思想深刻影响有一定的关系，例如陈独秀、李大钊、毛泽东等人都是对儒学有深入研究和厚重功底的。对此，李泽厚也认为，"中国的知识分子之所以接受这种理性主义的马克思主义哲学，却又仍然与中国'天人合一'传统的心理文化积淀有关。因为论证自然—社会发展的必然规律的'天道'与共产党必然胜利的'人道'沟通合一，由于中国有这种宇宙观（天）与人生观（人）合一的观念根底，更容易使人信仰和景从。也可以说，这仍然是在实现'天命之谓性，率性之谓道，修道之谓教'的'天人合一'的教育修养传统。可见，'天人

---

① 《礼记·礼运》。

合一'早不止是哲学家们专业的抽象话语,数千年传统已使它成为中国人意识和无意识的深层心理结构"①。

马克思主义传入中国以后中国化的过程,实质上就已经开始了与儒学的不断融合。当时马克思主义最早传入中国的时候,就是用"大同"社会来定义共产主义思想以便于人们理解和接受的。我们党初期在加强党性教育时,经常批判性地使用儒学经典加以诠释,例如刘少奇在《论共产党员的修养》中以孔子为例"吾十有五而志于学,三十而立,四十而不惑,五十而知天命,六十耳顺,七十而从心所欲不逾矩",用孔子的话来说明,即便这样的贤者也不承认自己是天生的圣人,我们每个人更应加强自我的修养。举例孟子关于历史上有担当大任的都必须经历一个艰苦磨炼过程,来说明党员要加强自我修养,"必先苦其心志,劳其筋骨,饿其体肤……所以,动心忍性,增益其所不能"。同时,他还引用孟子"人皆可以为尧舜"的话来说明每个党员都应该自觉像马克思列宁看齐,所以,党员干部要做到"吾日三省吾身""慎独"等,不断加强自我反省,为共产主义事业"杀身成仁""舍生取义"。②毛泽东用"实事求是"这一中国古语概括了整个马克思主义理论的精髓。毛泽东在对中国革命过程中的经验、教训总结的基础上,对马克思主义真谛有了深刻的领悟,提出了实事求是的思想路线。实事求是集中体现了中国儒家实用理性、经世致用的思想,反对空谈、玄想,强调知行合一,重视现实功用的特质。所以李泽厚认为,中国传统"实用理性"的特色是"不使思想走向远离实际的抽象玄想,也不使人排斥思想,轻易陷入非理性的情感迷狂,而是强调'道在伦常日用之中','以实事程实功',关注实际效用,重视世间关系,不依凭超验或先验的理性(rationality)或反理性,而是要求从经验中概括出合理性(reasonableness)。'实用理性'要求理性渗入日常生活之中,以'合情合理''通情达理'等原则来指导、判断和规范人们的行为活动,维持和延

---

① 李泽厚:《历史本体论》,生活·读书·新知三联书店 2003 年版,第 240 页。
② 《刘少奇选集》上卷,人民出版社 1981 年版,第 101 页。

续社会个体的生存、生活和生命"①。儒学思想的这种联系实际、注重经验、求真务实、合情合理的思维方式，体现的就是主观与客观相统一、实事求是的精神。作为马克思主义中国化的两大理论成果，其理论精髓就是实事求是，实事求是的思想路线是指导中国革命、建设和改革取得成功的思想武器。坚持实事求是就是坚持马克思主义，所以，邓小平指出，"马克思、恩格斯创立了辩证唯物主义和历史唯物主义的思想路线，毛泽东同志用中国语言概括为'实事求是'四个大字"②。儒学与马克思主义能够结合，并形成这两大理论成果，关键在于有一个恰当的契合点即"实事求是"。高文新教授认为，中国特色社会主义理论体系的哲学基础是同马克思实践精神相一致的实事求是精神。从中国共产党成立到成立新中国，再到改革开放的伟大实践，实事求是始终是中国革命和建设实践的指导思想。③ 实事求是作为中国的传统哲学思想与马克思主义的实践哲学精神有着相通之处，尽管马克思主义没有"实事求是"的字眼，但实事求是的思想是马克思主义的精髓。许全兴认为，"毛泽东思想中的有些内容并非来自马克思主义，而是直接源于中华民族的优秀传统"④。毛泽东对传统文化有着深厚的感情，他说："我们是马克思主义的历史主义者，我们不应当割断历史。从孔夫子到孙中山，我们应当给以总结，承继这一份珍贵的遗产。"⑤ 当然，继承并不是固守传统，要结合中国的具体环境和特点批判性地吸收。他对"实事求是"的继承与创新就是一个很好的说明。他对中国传统的"实事求是"批判创新，赋予新的内涵，从而用来解决中国的实际问题。毛泽东没有教条地照搬马克思列宁主义，而是结合中国的实际探索出一条适合中国的道路——农村包围城市。毛泽东始终强调把马克思主义与我国的具体特点相结

---

① 李泽厚：《实用理性与乐感文化》，生活·读书·新知三联书店2008年版，第268页。
② 《邓小平文选》第2卷，人民出版社1994年版，第278页。
③ 高文新：《中国特色社会主义的人类性意义》，《吉林大学社会科学学报》2010年第1期。
④ 许全兴：《论马克思主义与中国传统文化相结合》，《党的文献》2009年第3期。
⑤ 《毛泽东选集》第2卷，人民出版社1991年版，第534页。

合，应用于中国的具体环境，离开中国特点谈马克思主义就是抽象空洞的马克思主义。"空洞抽象的调头必须少唱，教条主义必须休息，而代之以新鲜活泼的、为中国老百姓所喜闻乐见的中国作风和中国气派。"① 邓小平也一向重视"实事求是"，"文革"后他倡导和支持了"实践是检验真理的唯一标准"的大讨论，重新确立了实事求是的思想路线。所以，高文新教授认为，虽然儒家在经历了几次批判之后，表面看似退出了中国社会，"但是，实际上，它始终存在于中国人的精神生活中，始终是中华民族特有的生存方式，我们从毛泽东思想和邓小平理论中就可以看到它的存在"②。当我们把视线转向儒学，不难发现在现实世界中仍然存在着许多儒学思想的影子。例如强烈的现实主义情怀，通过现实世界来体现它的高远境界。"它一方面和现实人生所碰到的世界有千丝万缕的联系；一方面它又有非常深远的而且可以普遍化的理想境界，并且把这理想境界提升到天人合一、万物一体的高度。"③ 儒学充分体现的立足现实，经世致用，"躬行践履"，"知行合一"精神，"道在人伦日用之中"，"百姓日用而不知"。

　　实际上，毛泽东同志在中国革命和建设的过程中，把传统文化中的心性学说和马克思主义的人类解放说有机结合起来，把实现中国人民的解放事业作为执着追求的信仰，所以提出了"问苍茫大地，谁主沉浮？"的时代之问，表达了"天若有情天亦老，人间正道是沧桑"的人生感悟。中国共产党始终代表着广大人民群众的根本利益，走在时代前列，践行着全心全意为人民服务的宗旨。毛泽东同志常讲，我们是为人民服务的，"人总是要死的，但死的意义有不同。中国古时候有个文学家叫做司马迁的说过：'人固有一死，或重于泰山，或轻于鸿毛'，为人民利益而死，就比泰山还重"④。毛泽东在《愚公移山》一文中讲到，中国人民要有信心，中国是中国人民的。他把这则

---

① 《毛泽东选集》第 2 卷，人民出版社 1991 年版，第 534 页。
② 高文新：《中国传统哲学宗教的特点与新哲学的建构》，《吉林大学社会科学学报》2004 年第 6 期。
③ 杜维明：《儒家传统的现代转化》，中国广播电视出版社 1992 年版，第 195 页。
④ 《毛泽东选集》第 3 卷，人民出版社 1991 年版，第 1004 页。

故事作为信仰教育的寓言,告诉人们要有愚公移山的精神。愚公带领子子孙孙移山的壮举最终感动了上帝,后来上帝派了两个神仙把山背走了。他说:"现在也有两座压在中国人民头上的大山,一座叫做帝国主义,一座叫做封建主义。中国共产党早就下了决心,要挖掉这两座山。我们一定要坚持下去,一定要不断地工作,我们也会感动上帝的。这个上帝不是别人,就是全中国的人民大众。"① 这种心里始终装着人民,一切为了人民,在为人民服务的过程中同时体现着高尚的社会理想和纯洁的理想人格的精神,与践行人间正道获得的神圣体验与精神满足没有什么两样。实际上,我们坚信的马克思主义、共产主义理想信念,用儒学的"天人合一"信仰来诠释也是一致的,"理想、信念、宗旨是共产党人的'天理'和'王道'"②,这"天理""王道"实际上就是人间正道,即人道——全心全意为人民服务之道,同时也是对马克思主义、共产主义的信仰之道。这就是儒学与马克思主义信仰两者蕴含的内在逻辑,也是马克思主义中国化的最高境界。由此可见,马克思主义与儒学思想不仅具有融合的必要性、可能性,而且在融合的具体实践方面取得了初步的成效。当下,深入推进马克思主义中国化、时代化、大众化的过程,也是开启马克思主义与儒学深度融合的过程。

儒学与马克思主义融合不仅取得重大的实践和理论成就,而且为当代中国人的精神家园建设提供了美好蓝图。儒学现代化与马克思主义中国化的结合过程其实就是马克思主义不断融入中华民族的精神血脉、文化气质,在中国文化土壤中扎根、生长的过程。同时也是儒学不断从外部吸收新鲜养分实现创造性转化的过程。"儒家的现代出路在于日常人生化"③,把儒家的价值渗透于现代人的"人伦日用"之中,重回"百姓日用而不知"的境界。两者相互补充,共

---

① 《毛泽东选集》第 3 卷,人民出版社 1991 年版,第 1102 页。
② 王岐山:《巡视是党内监督战略性制度安排 彰显中国特色社会主义民主监督优势》,《人民日报》2017 年 7 月 17 日第 2 版。
③ 余英时:《现代儒学的回顾与展望生活》,生活·读书·新知三联书店 2012 年版,第 256 页。

同熔铸中国人自己的精神家园。从当前精神家园建设来看，中国特色社会主义共同理想就是一个初步的探索模式。这个共同理想就是在中国共产党的领导下坚定地走新时代中国特色社会主义道路。"它上可跃迁到共产主义信仰的最高极态，下可渗透到现实生活的具体信念之中。"① 中国特色社会主义共同理想的特点在于它是体现中国具体实践，体现中国传统文化的社会主义理想信念。在价值取向多元化的今天，各种价值观相互冲突，导致人们的价值判断迷茫。焦虑、空虚、浮躁的心理涤荡着游动不安的灵魂。确立中国特色社会主义共同理想，就为人们提供了共同的价值追求和价值目标。"中国特色社会主义共同理想把各个阶层、各个群体的共同愿望有机结合在一起，经过实践的检验，有着广泛的社会共识，具有令人信服的必然性、广泛性和包容性，具有强大的感召力、亲和力和凝聚力"②。当然，中国特色社会主义共同理想是现阶段的一个近期目标，它的总方向是共产主义。随着社会的发展，还将不断完善，人们的精神家园也会不断殷实。

三　积极引导宗教信仰与社会主义道德建设相适应

对于宗教信仰我们既不能遮蔽，更不能回避，关键是坚持用马克思主义宗教观，正确看待宗教，发挥其积极成分，使其与社会主义道德建设相适应。我国宪法第三十六条明文规定："中华人民共和国公民有宗教信仰自由。任何国家机关、社会团体和个人不得强制公民信仰宗教或者不信仰宗教，不得歧视信仰宗教的公民和不信仰宗教的公民。国家保护正常的宗教活动。任何人不得利用宗教进行破坏社会秩序、损害公民身体健康、妨碍国家教育制度的活动。宗教团体和宗教事务不受外国势力的支配。"做好宗教工作，要依法管理宗教事务。习近平同志在全国宗教会议上强调，"我们实行宗教信仰自由政策，出发点和落脚点是要最大限度把广大信教和不信教群众团结起来。积

---

① 陈晏清、荆学民：《中国社会信仰的危机与重建》，《江海学刊》1998 年第 4 期。
② 刘建军：《中国特色社会主义共同理想是社会主义核心价值体系的主题》，《高校理论战线》2007 年第 4 期。

极引导宗教与社会主义社会相适应就是要引导信教群众热爱祖国,热爱人民,维护国家统一和民族团结,积极践行社会主义核心价值观,弘扬中华文化,努力把宗教教义同中华文化相融合……为实现中华民族伟大复兴的中国梦贡献力量"①。

目前,我国主要有五大宗教,分别是佛教、道教、基督教、伊斯兰教、天主教,信教人数近两亿②,根据国务院新闻办公室发布的2018年《中国保障宗教信仰自由的政策和实践》白皮书统计,宗教团体约5500个,宗教教职人员约38万余人,宗教活动场所14.4万处。对于我国宗教现状,我们应该有客观准确的认识。宗教是一种比较复杂的社会现象,要充分认识到宗教的本质及其产生、发展、消亡的客观规律,认识到宗教存在的长期性。从目前的情况看,新中国成立六十多年,改革开放三十多年,老百姓物质生活丰富了,教育水平提高了,还是有一部分人选择信仰宗教。在一些宗教传统影响比较深厚的西部少数民族地区,有的宗教氛围仍然比较浓厚,先富起来的东南沿海地区,信教人数也出现了较快增长的现象。为什么会出现这种现象呢?国家宗教局局长王作安认为,根据马克思主义宗教观,宗教存在和发展的根源要到宗教赖以生存的社会经济基础中去寻找。我国现阶段信教人数出现较快增长,原因很复杂。有"文革"结束后出现的宗教恢复性增长,也有对外开放条件下外来宗教的影响,但最主要的原因,还是要从我国经济社会发展中去分析。我国尚处在社会主义初级阶段,尽管总体来说人民物质文化水平在提高,但还是很不平衡、不充分的。特别是改革开放以来,社会处于转型期,各个方面都在发生深刻变化,新老问题叠加,新旧思想碰撞,各类矛盾交织,社会分层,利益分化,人们的价值取向趋于多元。面对复杂多变的社会矛盾,面对各不相同的人生际遇,有些人会选择到宗教中去寻求庇护和慰藉。由此可见,经济社会发展中的深刻矛盾以及不平衡性,使宗

---

① 习近平:《在全国宗教工作会议上强调发展中国特色社会主义宗教理论　全面提高新形势下宗教工作水平》,《人民日报》2016年4月24日第1版。
② 王作安:《做好新形势下宗教工作的行动指南》,《人民日报》2016年8月7日第5版。

教获得了新的发展空间。①

　　面对不断扩大的宗教信仰群体,我们要顺势而为,积极引导。习近平同志指出:"随着社会生产力发展、文明进步、人们思想觉悟提高,宗教存在的基础和条件将逐步减少,最终是要消亡的,但这将是一个十分漫长的历史过程。""历史启示我们,决不要做违背历史规律的事。"② 我们要以科学的态度看待宗教,进行有效地管理和正确引导,积极引导宗教与社会主义社会相适应。

　　因此,我们不能忽视信教群众的宗教信仰对于其道德生成的重要力量。习近平同志也谈到,"作为一种文化,我注意看宗教方面的著作,宗教在劝人向善方面有很多智慧,有很多有益的阐述"③。换句话说,这一部分人的道德素养与其宗教信仰有直接的关系,如果能够正确认识,积极引导,则会产生良好的道德效应。相反,引导不好就会产生恶劣的影响。同时,信教群众对其他非宗教信仰者也有或多或少的影响,这些潜在的影响也是不能忽视的。在中国这样一个人口众多,信仰比较复杂的国家,如何发挥信仰对于道德的积极作用是一个比较重要的问题。信仰可以多样化,有宗教信仰,也有非宗教信仰。关键在于如何去引导,使其发挥正向的道德激励功能。王晓朝教授认为:"道德的归宿是信仰,但宗教信仰不是道德的唯一宿主,因为信仰化与神圣化并不完全等于宗教化。历史上任何一种系统宗教都有其相应的道德规范,而这些规范都已经融入信仰体系。宗教道德之所以能起作用,就在于信仰这种意识形式所起的保证作用。不能带来道德力量的宗教信仰是不可思议的。不能带来道德力量的非宗教信仰也是不可思议的。道德的归宿是信仰,至于这个宿主是宗教信仰还是非宗教信仰,视具体文化环境而定。"④ 可见,信仰什么并不重要,关键

---

　　① 《积极引导宗教与社会主义社会相适应——国家宗教局局长王作安答本报记者问》,《学习时报》2015年5月11日第A1版。

　　② 同上。

　　③ 《把祖国的新疆建设得越来越美好——习近平同志新疆考察纪实》,《人民日报》2014年5月4日第1版。

　　④ 王晓朝:《宗教基础十五讲》,北京大学出版社2003年版,第273—274页。

在于它是否能够引导人们向善的一面，从各自的信仰中汲取伦理资源与实践动力。而且，信仰者必须有良好的心态和正确的方法指导，始终保持与社会主义建设大方向相一致。习近平同志强调："宗教不仅是一种社会意识形态，还是一种特殊的文化现象。比如，浩如烟海的宗教典籍，丰富了传统文化宝库；智慧深邃的宗教哲学，影响着民族文化精神；深刻完备的宗教理论，强化了某些道德规范的功能。"[1]要深入挖掘宗教中的积极元素，调动宗教界人士和信教群众在促进经济社会发展中的积极作用。"无论是在抗震救灾中，还是在支持办好北京奥运会方面，中国各宗教都有非常出色的表现，受到社会各界高度赞誉。我们深信，在社会主义现代化过程中，各宗教在净化人心、注重道德、服务社会、促进和谐方面，将起到积极的作用。"[2]

通过对西方传统道德的宗教信仰基础的梳理，我们已经认识到宗教信仰对于道德的形上支撑价值，在此不再复述。但是对于当前我国宗教信仰状况及其在道德方面应发挥的积极作用，我们还是有必要明确的。这样才能够正确地对待宗教信仰的合理成分，以服务于社会主义道德建设。一段时期以来，我们在对待宗教信仰的认识上存在误区，甚至把宗教看作敏感的政治问题，避而不谈。中国社会科学院世界宗教研究所卓新平教授认为，在文明冲突和文明对话中，宗教曾发挥过重要的作用。宗教在许多文化中都有其代表性意蕴与重要地位。然而，宗教在当代中国新文化的构建中仍处于边缘地段，人们对文化是否应涵括宗教内容也非常谨慎、极为敏感。中国改革开放的过程，同时也是人们经济上"脱贫"、文化上"脱愚"和精神上"脱敏"的过程。如果宗教不能达到真正"脱敏"，中国社会的和谐构建则很难完成。[3] 王作安根据这些年宗教工作实践经验认为，宗教界至少可以在这十个方面发挥积极作用：疏解心理压力、提升道德素养、促进民

---

[1] 习近平：《干在实处，走在前列——推进浙江新发展的思考与实践》，中共中央党校出版社2013年版，第264页。
[2] 王作安：《宗教信仰自由在中国》，《中国宗教》2009年第3期。
[3] 《浙大研讨中国信仰缺失对策，呼吁对宗教"脱敏"》，http://fo.ifeng.com/special/zjll/news/detail_2011_06/04/6830019_0.shtml。

族团结、增进社会和谐、从事公益慈善活动、弘扬传统文化、参加经济建设、保护生态环境、促进祖国统一、开展民间外交等。① 所以，道德建设也依然需要宗教的"脱敏"，而不是拒斥。认识上的误区会阻碍对宗教信仰在道德建设功能方面的开发和利用。实际上，在信仰弱化、工具理性膨胀的今天，我们应当改变以往对待宗教信仰简单否定的态度，而应从中汲取有益的伦理资源。在某种意义上，宗教能够帮助人们克服人生有限与无限的张力矛盾。万俊人教授认为，宗教作为现代道德的一种文化资源是必要的，"从古至今，人类心中的宗教情结从来就未曾泯灭，即使现代社会不再公开认可宗教作为社会意识形态权威的合法性，也仍然给信仰自由留有余地，而现代人更没有指望现代'规范伦理'能够解决他们所有的道德问题。人们依旧保留着对某种完善或完美的理想，也依旧愿意并有能力让自己的眼光穿越熙熙攘攘的市场和花花绿绿的纸钱霓虹，而这一切都因为或部分因为保持着一种不可舍弃的生活信念的缘故。在此意义上说，宗教所能提供的信念资源也是现代道德所需要的，即使这不一定是后者所无法拒绝的，也是它在现时代所应当容忍的"②。我们国家在对待宗教信仰问题上采取信仰自由的政策，有信仰宗教的自由，也有不信仰宗教的自由。实行政教分离，保护正常的宗教活动与合法权益，不干涉宗教内部事务，各宗教坚持独立自主自办的原则，引导宗教与社会主义社会相适应，"这种适应，并不要求宗教信徒放弃有神论的思想和宗教信仰，而是要求他们在政治上热爱祖国，拥护社会主义制度，拥护共产党的领导；同时，改革不适应社会主义的宗教制度和宗教教条，利用宗教教义、宗教教规和宗教道德中的某些积极因素为社会主义服务"③。从我国宗教倡导的伦理道德看，弃恶扬善，服务社会、造福人类等都反映了对真善美的向往与追求，这是与社会主义精神文明建

---

① 《积极引导宗教与社会主义社会相适应——国家宗教局局长王作安答本报记者问》，《学习时报》2015年5月11日第A1版。
② 万俊人：《比照与透析：中西伦理学的现代视野》，广东人民出版社1998年版，第490—493页。
③ 《新时期宗教工作文献选编》，宗教文化出版社1995年版，第254页。

设完全一致的。在此意义上,我们应进一步从宗教中挖掘整理积极向上的内容,尤其是"现代道德所需要的宗教的信仰文化资源"①。积极引导宗教与社会主义社会相适应,一个重要的任务就是支持我国宗教坚持中国化方向。要用社会主义核心价值观来引领和教育宗教界人士和信教群众,弘扬中华民族优良传统,用团结进步、和平宽容等观念引导广大信教群众,支持各宗教在保持基本信仰、核心教义、礼仪制度的同时,深入挖掘教义教规中有利于社会和谐、时代进步、健康文明的内容,对教规教义作出符合当代中国发展进步要求、符合中华优秀传统文化的阐释。② 当然,整个社会道德水平的提高不可能完全依靠人们的宗教信仰,但是具有宗教信仰的那部分群体倒可以通过信仰来提高其道德境界,释放正能量,并扩大其道德效应,这才是我们的初衷。

---

① 万俊人:《比照与透析:中西伦理学的现代视野》,广东人民出版社1998年版,第496页。
② 《习近平在全国宗教工作会议上强调发展中国特色社会主义宗教理论全面提高新形势下宗教工作水平》,《人民日报》2016年4月24日第1版。

结语　道德形上价值基础的意义、难题与出路

借用奥地利作家弗朗茨·M. 乌克提茨的一句话"恶为什么这么吸引我们？"我想那是因为恶的动力比善更充足。反过来也如此，如果是"善为什么这么吸引我们？"那同样要给善更多的动力，给善一种支撑的力量。当然，这里并不是否定人道德的自觉、自律与崇高，而是在为其增添永恒的动力和保障。道德自身并不是完全自足的，道德是有条件的，道德的价值需要依赖它自身以外的价值才能得到实现，这个价值就是道德的终极价值，即道德的形上支撑价值。

道德需要支撑，经济的、政治的、法律的、制度的等方面的支撑，这些都是形下的，也是必要的。但道德更需要形上的精神价值支撑。这种形上的精神价值或终极价值是什么？那就是信仰。历史是一面镜子，从历史中可以找到更多的答案与确证。中西传统道德都是建立在一定的信仰基础之上的，这对现实道德有着重要的启示意义。在西方宗教文化中，由于人性恶预设前提，人只能依赖上帝的恩典与救赎，上帝作为形上的超越的信仰成为人灵魂的真正寄托，成为道德的深厚根基。与西方传统道德的宗教信仰基础相比，中国传统道德建立在"天人合一"信仰基础之上，人性即"天性"、人道即"天道"、人德即"天德"，人与天具有本质的同一性，"天人合德"。"天人合一"的心性学为传统道德提供了本体论的价值依据，使人的道德有了内在精神生活上的根据。所以，人们践行道德就是行"天道"，在道德实践过程中就能够获得神圣性的超越体验与精神满足。可见，中国

传统道德是有着深厚的精神底蕴的。如果把其仅仅理解为简单的道义论或者说为了道德而道德的迂腐行为，这显然是一种粗糙的、浅薄的认识，没有体会到传统道德的精神意蕴。中国传统道德不仅有血有肉，更有精神，只有懂得了这一点，才能理解为什么在几千年的历史长河中，它能够经久不衰？为什么它能够有如此广泛而持久的影响力。道德有了内在精神生活上的根据，人们的道德就不再是受制于他律的被动行为，而是发自固有的道德心性的自律行为，一种真正的道德自觉。通过对中西传统道德的信仰基础比较、分析与梳理，自然可以清晰地看到中西传统道德的建构理路。中西方在道德建构逻辑理路方面都解决了道德的形上根源问题，都为道德提供了形上的支撑价值，使善有了终极意义的支撑。然而，回顾中国百余年文化选择的历史，就不难理解当前中国社会道德状况的文化根源。当道德与信仰经历了几次大的离合波折以后，人们似乎一下子走到了新的"十字路口"，何去何从，又一次面临艰难的抉择。"返本开新"是任何一个国家和民族在发展困顿期所要经历的共同之路。因此，从历史中探寻传统道德建构的逻辑理路与方法论的指导意义是当前社会主义道德建设的必然选择。长期以来，我们给道德太多的期望，同时也给它增加了太多的负担。现代人崇高价值隐退、信仰缺失，在没有了终极关怀寄托的情况下，游动不安的灵魂没有了栖息之所，一颗本有的敬畏之心也被遮蔽，结果导致突破底线伦理的事件屡屡发生。为此，加强信仰建设是当前一项迫切而又艰巨的任务。这就要求积极弘扬马克思主义信仰的主旋律，并尝试性地构筑儒学与马克思主义相结合的现代精神家园。对待宗教信仰也应改变以往盲目、武断的态度，而应积极引导与社会主义社会相适应，深入挖掘当前道德所需要的"宗教的信仰文化资源"，为社会主义道德建设服务。社会主义道德建设只有沿着信仰的逻辑进路前行，才能充分彰显善的支撑力量，"让'溺水'的道德成功上岸！"[①]

---

① 邓青波：《让"溺水"的道德成功上岸》，《中国青年报》2011年10月18日第2版。

当然，说与做、知与行是完全不同的两回事，如何在实践操作层面得到落实，还有一定的难度。特别是面对当前马克思主义信仰弱化的事实，如何进一步弘扬马克思主义信仰，使其成为主体自觉的信仰，还需要积极探索新路径。碎片化的儒学还需要加以整合，使儒学的价值渗透于现代人的"人伦日用"之中，重回"百姓日用而不知"的境界。儒学与马克思主义的融合关键在于结合点的恰当与否，它直接影响到两者融合的效果，因此，随着社会实践的发展，还需进一步推进儒学与马克思主义的深度融合。

毕竟时代、环境不同了，理论上的可行性与现实操作性的衔接还有一定的难度。限于个人研究能力和水平，本书对上述问题研究还不到位，仅做了初步尝试性的探索，但却是直面现实道德问题思考的结果，希冀起到抛砖引玉之功效，更是一种祈望——社会各界共同努力、关切、化解。

参考文献

马克思主义经典著作

《马克思恩格斯选集》第1—4卷，人民出版社1995年版。

《马克思恩格斯全集》第1、2、8、20、23、42、46卷，人民出版社1956、1957、1961、1971、1972、1979年版。

《毛泽东选集》第1—4卷，人民出版社1991年版。

《毛泽东文集》第1—8卷，人民出版社1993、1996、1999年版。

《邓小平文选》第1—3卷，人民出版社1994、1993年版。

《刘少奇选集》上下卷，人民出版社1981年版。

国外哲学、伦理学著作

[奥] 弗朗茨·M.乌克提茨：《恶为什么这么吸引我们》，万怡等译，社会科学文献出版社2001年版。

[德] 恩斯特·卡西尔：《人论》，甘阳译，上海译文出版社1985年版。

[德] 费尔巴哈：《基督教的本质》，荣震华译，商务印书馆1984年版。

[德] 弗里德里希·包尔生：《伦理学体系》，何怀宏等译，中国社会科学出版社1988年版。

[德] 海德格尔：《路标》，孙周兴译，商务印书馆2001年版。

[德] 汉斯－维尔纳·格茨：《欧洲中世纪生活》，王亚平译，东方出

版社2002年版。

[德] 黑格尔：《法哲学原理》，范扬译，商务印书馆1979年版。

[德] 黑格尔：《黑格尔早期神学著作》，贺麟译，商务印书馆1988年版。

[德] 黑格尔：《历史哲学》，王造时译，生活·读书·新知三联书店1956年版。

[德] 亨利希·海涅：《论德国》，薛华等译，商务印书馆1980年版。

[德] 卡尔·雅斯贝斯：《生存哲学》，王玖兴译，上海译文出版社2005年版。

[德] 康德：《单纯理性限度内的宗教》，李秋零译，中国人民大学出版社2003年版。

[德] 康德：《道德形而上学原理》，苗力田译，上海人民出版社2005年版。

[德] 康德：《康德论上帝与宗教》，李秋零译，中国人民大学出版社2004年版。

[德] 康德：《实践理性批判》，韩水法译，商务印书馆2009年版。

[德] 马克斯·舍勒：《价值的颠覆》，曹卫东译，中国人民大学出版社1997年版。

[德] 马克斯·舍勒：《死·永生·上帝》，孙周兴译，中国人民大学出版社2003年版。

[德] 马克斯·韦伯：《新教伦理与资本主义精神》，于晓、陈维纲等译，陕西师范大学出版社2006年版。

[德] 尼采：《道德的谱系·善恶之彼岸》，谢地坤等译，漓江出版社2003年版。

[德] 尤尔根·哈贝马斯：《对话伦理学与真理的问题》，沈清楷译，中国人民大学出版社2005年版。

[法] 爱弥儿·涂尔干：《道德教育》，陈光金等译，上海人民出版社2006年版。

[法] 爱弥儿·涂尔干：《宗教生活的基本形式》，梁渠东译，上海人民出版社2006年版。

［法］齐格蒙特·利奥塔：《后现代道德》，莫伟民译，学林出版社 2001 年版。

［法］让 - 皮埃尔·韦尔南：《古希腊的神话与宗教》，杜小真译，生活·读书·新知三联书店 2001 年版。

［古罗马］奥古斯丁：《三位一体》，应枫译，上海人民出版社 2005 年版。

《古希腊罗马哲学》，北京大学哲学系外国哲学史教研室编译，商务印书馆 1982 年版。

［古希腊］亚里士多德：《尼各马可伦理学》，廖申白译，商务印书馆 2003 年版。

［荷兰］彼得·李伯庚：《欧洲文化史》（上、下），赵复三译，上海社会科学院出版社 2004 年版。

［加、瑞士］秦家懿、孔汉斯：《中国宗教与基督教》，吴华译，生活·读书·新知三联书店 2003 年版。

［美］阿尔伯特·甘霖：《基督教与西方文化》，赵中辉译，北京大学出版社 2005 年版。

［美］阿尔文·普兰丁格：《基督教信念的知识地位》，邢滔滔等译，北京大学出版社 2004 年版。

［美］埃里希·弗洛姆：《为自己的人》，孙依依译，生活·读书·新知三联书店 1988 年版。

［美］埃里希·弗洛姆：《占有还是生存》，关山译，生活·读书·新知三联书店 1988 年版。

［美］奥尔森：《基督教神学思想史》，吴瑞诚、徐成德译，北京大学出版社 2003 年版。

［美］保罗·蒂里希：《蒂里希选集》，何光沪等译，上海三联书店 1999 年版。

［美］保罗·蒂利希：《文化神学》，陈新权等译，工人出版社 1988 年版。

［美］布尔特曼等：《生存神学与末世论》，李哲汇等译，上海三联书店 1995 年版。

［美］布鲁斯·雪莱：《基督教会史》，刘平译，北京大学出版社 2003 年版。

［美］查尔斯·坎默：《基督教伦理学》，中国社会科学出版社 1994 年版。

［美］大卫·雷·格里芬：《后现代科学》，马季方译，中央编译出版社 2004 年版。

［美］大卫·雷·格里芬：《后现代宗教》，孙慕天译，中国城市出版社 2003 年版。

［美］康纳德·帕尔玛：《为什么做个好人很难》，黄少婷译，上海社会科学院出版社 2010 年版。

［美］露丝·本尼迪克特：《文化模式》，王炜译，生活·读书·新知三联书店 1988 年版。

［美］罗德尼·斯达克、罗杰尔·芬克：《信仰的法则——解释宗教之人的方面》，中国人民大学出版社 2004 年版。

［美］马克·加利：《圣法西兰斯和他的世界》，周明译，北京大学出版社 2005 年版。

［美］尼布尔：《人的本性与命运》，谢秉德译，香港基督教文艺出版社 1995 年版。

［美］塞缪尔·亨廷顿：《文明的冲突与世界秩序的重建》，周琪等译，新华出版社 2005 年版。

［美］斯特伦：《人与神——宗教生活的理解》，金泽等译，上海人民出版社 1991 年版。

［美］汤姆·L. 彼彻姆：《哲学的伦理学》，雷克勒等译，中国社会科学出版社 1990 年版。

［美］梯利：《西方哲学史》，葛力译，商务印书馆 1979 年版。

［美］威廉·巴雷特：《非理性的人——存在主义哲学研究》，段德智译，上海译文出版社 1992 年版。

［美］威廉·詹姆士：《宗教经验种种》，尚建新译，华夏出版社 2005 年版。

［美］亚瑟·史密斯：《中国人德行》，张梦阳、王丽娟译，新世界出

版社 2005 年版。

［美］约翰·罗尔斯：《正义论》，何怀宏、何包刚、廖申白译，中国社会科学出版社 2003 年版。

［美］詹姆斯·雷切尔斯：《道德的理由》，杨宗元译，中国人民大学出版社 2009 年版。

［日］池田大作、［英］威尔逊：《社会与宗教》，梁鸿飞等译，四川人民出版社 1991 年版。

［瑞士］C. G. 荣格：《寻求灵魂的现代人》，苏克译，贵州人民出版社 1987 年版。

［英］A. 麦金太尔：《伦理学简史》，龚群译，商务印书馆 2004 年版。

［英］A. 麦金太尔：《三种对立的道德探究观》，万俊人等译，中国社会科学出版社 1999 年版。

［英］A. 麦金太尔：《追寻美德》，宋继杰译，译林出版社 2008 年版。

［英］G. R. 埃文斯：《中世纪的信仰》，茆卫彤译，北京大学出版社 2005 年版。

［英］阿诺德·汤因比：《历史研究》，刘北成等译，上海人民出版社 2005 年版。

［英］爱德华·吉本：《罗马帝国衰亡史》（上、下），商务印书馆 2006 年版。

［英］安东尼·吉登斯：《现代性的后果》，田苗译，译林出版社 2011 年版。

［英］安东尼·吉登斯：《现代性与自我认同》，赵旭东译，生活·读书·新知三联书店 1998 年版。

［英］布伦达·阿尔蒙德：《探索伦理学——通向善恶王国的旅行》，刘余莉、杨宗元译，中国社会科学出版社 2002 年版。

［英］德里克·帕菲特：《理与人》，王新生译，上海译文出版社 2005 年版。

［英］狄金森：《希腊的生活观》，华东师范大学出版社 2006 年版。

［英］罗素：《西方哲学史》，何兆武等译，商务印书馆 1982 年版。

［英］迈克尔·基恩：《耶稣》，李瑞萍译，北京大学出版社 2005 年版。

［英］麦格拉斯：《基督教文学经典选读》（上）（下），苏欲晓等译，北京大学出版社 2003 年版。

［英］麦克斯·缪勒：《宗教学导论》，陈观胜等，上海人民出版社 2010 年版。

［英］欧若拉·奥尼尔等：《美德伦理和道德要求》，徐向东译，江苏人民出版社 2008 年版。

［英］齐格蒙特·鲍曼：《后现代伦理学》，张成岗译，江苏人民出版社 2003 年版。

［英］乔治·弗兰克尔：《道德的基础》，王雪梅译，国际文化出版公司 2006 年版。

［英］乔治·摩尔：《伦理学原理》，长河译，上海人民出版社 2005 年版。

［英］唐·库比特：《后现代宗教哲学》，朱彩虹等译，浙江大学出版社 2008 年版。

国内哲学、伦理学著作

《论语》。

《中庸》。

《孟子》。

蔡仁厚：《心体与性体义旨述引》，台湾学生书局 1979（民国六十八年）年版。

蔡尚思：《中国现代思想史资料简编》，浙江人民出版社 1982 年版。

蔡元培：《中国伦理学史》，商务印书馆 1999 年版。

曹广乐：《道德与神圣》，宗教文化出版社 2008 年版。

陈嘉明：《现代性与后现代性十五讲》，北京大学出版社 2006 年版。

陈建明、何除：《基督教与中国伦理道德》，四川大学出版社 1997 年版。

陈来：《古代宗教与伦理——儒家思想的根源》，生活·读书·新知三联书店 1996 年版。

陈少峰：《中国伦理学史》（上）（下），北京大学出版社 1996 年版。

陈卫平、郁振华：《孔子与中国文化》，贵州人民出版社 2000 年版。

陈曦文：《基督教与中世纪西欧社会》，中国青年出版社 1999 年版。

陈学明：《时代的困境与不屈的探索》，黑龙江人民出版社 2007 年版。

陈瑛：《中国伦理思想史》，人民出版社 1985 年版。

陈战国：《比较伦理学》，中国文化书院 1987 年版。

陈真：《当代西方规范伦理学》，南京师范大学出版社 2006 年版。

成中英：《从中西互释中挺立》，中国人民大学出版社 2005 年版。

戴茂堂、江畅：《传统价值观念与当代中国》，湖北人民出版社 2001 年版。

邓晓芒：《中西文化比较十一讲》，湖南教育出版社 2007 年版。

董进泉：《西方文化与宗教裁判所》，上海社会科学院出版社 2004 年版。

董世峰：《价值：哈特曼对道德基础的构建》，光明日报出版社 2006 年版。

杜丽燕：《爱的福音——中世纪基督教人道主义》，华夏出版社 2005 年版。

杜维明：《杜维明全集》（第 3 卷），武汉出版社 2002 年版。

杜维明：《儒家传统的现代转化》，中国广播电视出版社 1992 年版。

杜维明：《现代精神与儒家传统》，生活·读书·新知三联书店 1997 年版。

樊浩：《伦理精神的价值生态》，中国社会科学出版社 2001 年版。

樊浩：《中国伦理精神的历史建构》，江苏人民出版社 1992 年版。

樊浩：《中国伦理精神的现代建构》，江苏人民出版社 1997 年版。

樊志辉：《内在与超越之间》，黑龙江人民出版社 2002 年版。

方汉文：《西方文化概论》，中国人民大学出版社 2006 年版。

冯平：《评价论》，东方出版社 1995 年版。

冯天策：《信仰导论》，广西人民出版社 1992 年版。

冯天策：《信仰：人类的精神家园》，济南出版社 2000 年版。

冯友兰：《人生哲学》，广西师范大学出版社 2005 年版。

冯友兰：《新理学》，生活·读书·新知三联书店 2007 年版。

冯友兰：《中国哲学史》，中华书局 1961 年版。

傅佩荣：《儒家与现代人生》，上海三联书店 2007 年版。

傅有德：《跨宗教对话中国与西方》，中国社会科学出版社 2004 年版。

高晨阳：《中国传统思维方式研究》，兰州大学出版社 2003 年版。

高国希：《道德哲学》，复旦大学出版社 2005 年版。

高恒天：《道德与人的幸福》，中国社会科学出版社 2004 年版。

高清海、胡海波等：《人的"类生命"与"类哲学"》，吉林人民出版社 1998 年版。

高文新：《马克思理论基本范畴研究》，吉林大学出版社 2007 年版。

高文新：《欧洲哲学史研究》，人民出版社 2016 年版。

葛晨虹：《中国特色的伦理文化》，河南人民出版社 2003 年版。

葛兆光：《中国思想史》，复旦大学出版社 2004 年版。

龚宝善：《德育原理》，国立编译馆出版 1978（中华民国六十七年）年版。

龚宝善：《现代伦理学》，台湾中华书局 1978（中华民国六十七年）年版。

龚道运：《道德形上学与人文精神》，上海人民出版社 2009 年版。

《古希腊罗马哲学》，北大哲学系编译，生活·读书·新知三联书店 1957 年版。

郭齐勇：《中国儒学之精神》，复旦大学出版社 2009 年版。

（汉）班固：《汉书》，中华书局 1975 年版。

（汉）司马迁：《史记》，中华书局 1982 年版。

何光沪、许志伟：《对话二：儒释道与基督教》，社会科学文献出版社 2001 年版。

何光沪、许志伟：《对话：儒释道与基督教》，社会科学文献出版社 1998 年版。

何光沪:《言有尽》,山东友谊出版社 2005 年版。
何光沪:《有心无题》,生活·读书·新知三联书店 1997 年版。
何怀宏:《道德、上帝与人》,北京大学出版社 2010 年版。
何怀宏:《良心与正义的探求》,黑龙江人民出版社 2004 年版。
贺麟:《文化与人生》,商务印书馆 2002 年版。
贺毅:《中西文化比较》,冶金工业出版社 2008 年版。
侯外庐:《中国思想通史》(第 1 卷),人民出版社 1957 年版。
黄慧珍:《信仰与觉醒》,人民出版社 2007 年版。
黄建中:《比较伦理学》,国立编译馆出版 1961(中华民国五十年)年版。
黄明理:《社会主义道德信仰研究》,人民出版社 2006 年版。
黄振定:《上帝与魔鬼——西方善恶概念的历史演变》,湖南大学出版社 2003 年版。
焦国成:《对中国传统文化反思的反思》,上海人民出版社 1990 年版。
焦国成:《中国伦理学通论》(上),山西教育出版社 1997 年版。
金生鈜:《德性与教化》,湖南大学出版社 2003 年版。
(晋)陈寿:《三国志》,中华书局 2007 年版。
荆学民:《当代中国社会信仰论》,人民出版社 2008 年版。
荆学民:《人类信仰论》,上海文化出版社 1992 年版。
荆学民:《社会转型与信仰重建》,山西教育出版社 1999 年版。
景海峰:《新儒学与二十世纪中国思想》,中州古籍出版社 2005 年版。
兰喜并:《老子解读》,中华书局 2006 年版。
黎鸣:《问人性》(上下册),中国社会科学出版社 2004 年版。
黎鸣:《问天命》,团结出版社 1996 年版。
李昌军:《中西伦理思想比较》,吉林人民出版社 2006 年版。
李德顺:《价值学大词典》,中国人民大学出版社 1995 年版。
李萍:《伦理学基础》,首都经济贸易大学出版社 2004 年版。
李秋零:《实践理性批判》(注释本),中国人民大学出版社 2011

年版。

李素菊：《青年信仰与宗教文化》，东方出版社 2009 年版。

李天平：《全球问题与德育》，华中科技大学出版社 2002 年版。

李向平：《信仰但不认同》，社会科学文献出版社 2010 年版。

李养正：《道教与中国社会》，中国华侨出版公司 1989 年版。

李泽厚：《历史本体论》，生活·读书·新知三联书店 2006 年版。

李泽厚：《伦理学纲要》，人民日报出版社 2010 年版。

李泽厚：《论语今读》，商务印书馆 2004 年版。

李泽厚：《实用理性与乐感文化》，生活·读书·新知三联书店 2009 年版。

李泽厚：《新版中国古代思想史论》，天津社会科学院出版社 2008 年版。

李泽厚：《中国古代思想史》，天津社会科学院出版社 2003 年版。

李泽厚：《中国近代思想史》，天津社会科学院出版社 2003 年版。

李泽厚：《中国现代思想史论》，东方出版社 1987 年版。

李泽厚：《中国现代思想史》，天津社会科学院出版社 2003 年版。

李中华：《中国文化概论》，华文出版社 1994 年版。

梁漱溟：《东西文化及其哲学》，商务印书馆 2000 年版。

梁漱溟：《东西文化及其哲学》，商务印书馆 2009 年版。

梁漱溟：《人生的三路向：宗教、道德与人生》，当代中国出版社 2010 年版。

梁漱溟：《中国文化要义》，学林出版社 1987 年版。

林存阳、刘中建：《中国之伦理精神》，四川人民出版社 2000 年版。

刘红星：《先秦与古希腊》，上海古籍出版社 1999 年版。

刘建军：《马克思主义信仰论》，中国人民大学出版社 1998 年版。

刘建军：《追问信仰》，河北人民出版社 1998 年版。

刘师培：《伦理学教科书》，国学保存会编译馆 1906 年版。

刘述先：《儒家思想开拓的尝试》，中国社会科学出版社 2001 年版。

刘小枫：《中国文化的特质》，生活·读书·新知三联书店 1990 年版。

刘智锋：《道德中国》，中国社会科学出版社2001年版。

刘宗坤：《等待上帝还是等待戈多》，中国社会科学出版社1996年版。

卢风：《启蒙之后》，湖南大学出版社2003年版。

吕大吉：《宗教学通论新编》（上、下），中国社会科学出版社2002年版。

罗秉祥、万俊人：《宗教与道德之关系》，清华大学出版社2003年版。

罗国杰、宋希仁、焦国成：《中国传统道德·规范卷》，中国人民大学出版社1996年版。

蒙培元：《中国心性论》，台湾学生书局1990（民国七十九年）年版。

牟宗三：《道德理想主义》，台湾学生书局1992年版。

牟宗三：《生命的学问》，台湾三民书局1970年版。

牟宗三：《宋明儒学的问题与发展》，华东师范大学出版社2004年版。

牟宗三：《心体与性体》，上海古籍出版社1999年版。

牟宗三：《中国哲学的特质》，上海古籍出版社1997年版。

启良：《20世纪中国思想史》，花城出版社2009年版。

启良：《西方文化概论》，花城出版社2000年版。

启良：《真善之间》，花城出版社2003年版。

钱广荣：《中国道德国情论纲》，安徽人民出版社2002年版。

钱穆：《国史大纲》（上）（下），商务印书馆2005年版。

钱穆：《中国历代政治得失》，生活·读书·新知三联书店2005年版。

钱逊、陈瑛：《中国传统道德·理论卷》，中国人民大学出版社1996年版。

任建东：《道德信仰论》，宗教文化出版社2004年版。

任剑涛：《道德理想主义与伦理中心主义》，东方出版社2003年版。

沈善洪、王凤贤：《中国伦理学说史》，人民出版社2005年版。

施正康、陈达凯：《衍续与嬗代——中国传统价值漫论》，文汇出版社

1998年版。

（宋）范晔：《后汉书》，中华书局2005年版。

宋希仁：《西方伦理思想史》，中国人民大学出版社2004年版。

宋志明：《现代新儒学的走向》，北京师范大学出版社2009年版。

孙通海译注：《庄子》，中华书局2007年版。

孙毅：《个体的人——祁立果的基督教生存论思想》，中国社会科学出版社2004年版。

檀传宝：《信仰教育与道德教育》，教育科学出版社1999年版。

唐大潮等：《劝善书》，中国社会出版社2003年版。

唐君毅：《人文精神之重建》（二），广西师范大学出版社2007年版。

唐君毅：《人文精神之重建》（一），广西师范大学出版社2007年版。

唐君毅：《生命存在与心灵境界》，学生书局1986年版。

唐君毅：《文化意识与道德理性》，中国社会科学出版社2005年版。

唐君毅：《中国文化之精神价值》，广西师范大学出版社2005年版。

唐凯麟：《伦理学》，高等教育出版社2003年版。

唐凯麟：《西方伦理学名著》，江西人民出版社2000年版。

唐凯麟、张怀承：《儒家伦理道德精粹——成人与成圣》，湖南大学出版社2003年版。

唐贤秋：《道德的基石——先秦儒家诚信思想研究》，中国社会科学出版社2004年版。

唐逸：《理性与信仰——西方中世纪思想史》，广西师范大学出版社2005年版。

田海平：《西方伦理精神——从古希腊到康德时代》，东南大学出版社1998年版。

万俊人：《比照与透析：中西伦理学的现代视野》，广东人民出版社1998年版。

万俊人：《思想前沿与文化后方》，东方出版社2002年版。

万俊人、唐文明：《20世纪西方伦理学经典（Ⅲ）伦理学限阈：道德与宗教》，中国人民大学出版社2004年版。

万俊人：《现代性的伦理话语》，黑龙江人民出版社2002年版。

汪少伦：《伦理学体系》，商务印书馆 1944（中华民国三十三年）年版。

江受宽：《孝经译注》，上海古籍出版社 2004 年版。

王臣瑞：《伦理学》，台湾学生书局 1970（民国五十九年）年版。

王利器：《颜氏家训集解》，中华书局 2002 年版。

王晓朝：《基督教与帝国文化》，东方出版社 1997 年版。

王晓朝：《宗教学基础十五讲》，北京大学出版社 2003 年版。

王月清：《中国佛教伦理研究》，南京大学出版社 2002 年版。

王岳川：《后现代主义文化与美学》，北京大学出版社 1992 年版。

王泽应：《道家伦理道德精粹——自然与道德》，湖南大学出版社 2003 年版。

王振林：《人性、人道、人伦——西方伦理道德问题研究》，中国社会科学出版社 2011 年版。

韦政通：《儒家与现代中国》，上海人民出版社 1990 年版。

韦政通：《中国伦理学史》，商务印书馆 2004 年版。

韦政通：《中国文化与现代生活》，中国人民大学出版社 2005 年版。

魏长礼：《道德信仰与自我超越》，河南人民出版社 2006 年版。

魏英敏：《伦理、道德问题再认识》，北京大学出版社 1990 年版。

魏英敏、王泽应：《新伦理学教程》，北京大学出版社 2003 年版。

翁绍军：《信仰与入世——现代宗教伦理面面观》，湖北教育出版社 1999 年版。

吾淳：《中国社会的伦理生活》，中华书局 2007 年版。

吴江：《中国封建意识形态研究》，兰州大学出版社 2003 年版。

肖群忠：《伦理与传统》，人民出版社 2006 年版。

肖群忠：《孝与中国文化》，人民出版社 2001 年版。

徐爱国等：《西方法律思想史》，北京大学出版社 2006 年版。

徐大同：《西方政治思想史》，天津教育出版社 2004 年版。

徐复观：《中国人性论史》，华东师范大学出版社 2005 年版。

徐行言：《中西文化比较》，北京大学出版社 2004 年版。

徐以骅：《基督教学术：宗教、道德与社会关怀》（第 2 辑），上海古籍出版社 2004 年版。

杨昌栋：《基督教在中古欧洲的贡献》，社会科学文献出版社 2000 年版。

杨国荣：《伦理与存在》，译林出版社 2010 年版。

杨慧林：《基督教的底色及文化延伸》，黑龙江人民出版社 2002 年版。

杨慧林：《追问上帝——信仰与理性的辩难》，北京教育出版社 1999 年版。

杨慧林：《罪恶与救赎》，东方出版社 1995 年版。

杨乐强：《走向信仰间的和谐》，中国社会科学出版社 2009 年版。

杨明：《宗教与伦理》，译林出版社 2010 年版。

姚新中：《儒教与基督教——仁与爱的比较研究》，中国社会科学出版社 2002 年版。

叶孟理：《欧洲文明的源头》，华夏出版社 2000 年版。

衣俊卿：《现代性焦虑与文化批判》，黑龙江人民出版社 2007 年版。

阴法鲁、许树安：《中国古代文化史》，北京大学出版社 2003 年版。

余英时：《内在超越之路》，中国广播电视出版社 1992 年版。

俞吾金：《传统重估与思想移位》，黑龙江人民出版社 2007 年版。

郁龙余：《中西文化异同论》，生活·读书·新知三联书店 1989 年版。

元永浩：《天人合一的生存境界——从西方形而上学到中国形上境界》，吉林人民出版社 2006 年版。

袁明：《美国文化与社会十五讲》，北京大学出版社 2004 年版。

张岱年、程宜山：《中国文化与文化论争》，中国人民大学出版社 1990 年版。

张岱年：《中国哲学大纲》，中国社会科学出版社 1982 年版。

张怀承：《佛家伦理道德精粹——无我与涅槃》，湖南大学出版社 2003 年版。

张君劢：《新儒家思想史》，中国人民大学出版社 2006 年版。

张庆熊：《基督教神学范畴——历史的和文化比较的考察》，上海人民出版社 2003 年版。

张世英:《新哲学讲演录》,广西师范大学出版社 2004 年版。

张世英:《中西文化与自我》,人民出版社 2011 年版。

张万起、刘尚慈:《世说新语译注》,中华书局 2006 年版。

张锡勤、柴文华:《中国伦理道德变迁史稿》,人民出版社 2008 年版。

张永义:《墨子与中国文化》,贵州人民出版社 2001 年版。

张载:《张载集》,中华书局 2006 年版。

张志刚:《宗教哲学研究》,中国人民大学出版社 2003 年版。

赵敦华:《基督教哲学 1500 年》,人民出版社 2004 年版。

赵敦华:《人性和伦理的跨文化研究》,黑龙江人民出版社 2004 年版。

赵建敏:《天主教研究专辑》,宗教文化出版社 2004 年版。

赵林:《神旨的感召——西方文化的传统与演进》,武汉大学出版社 1993 年版。

赵林:《西方宗教文化》,武汉大学出版社 2005 年版。

赵林:《协调与超越:中国思维范式探讨》,武汉大学出版社 2005 年版。

赵汀阳:《论可能生活》,生活·读书·新知三联书店 1994 年版。

郑家栋:《断裂中的传统》,中国社会科学出版社 2001 年版。

智怀:《中国人的信仰》,团结出版社 2010 年版。

中国社科院世界宗教研究所:《宗教·道德·文化》,宁夏人民出版社 1988 年版。

周辅成:《西方伦理学名著选辑》,商务印书馆 1987 年版。

周秋光、曾桂林:《中国慈善简史》,人民出版社 2003 年版。

周振甫:《诗经译注》,中华书局 2005 年版。

周振甫:《周易译注》,中华书局 2005 年版。

周中之、黄伟合:《西方伦理文化大传统》,上海文化出版社 1991 年版。

朱贻庭、张锡勤:《中国传统道德·理论卷名言卷》,中国人民大学出版社 1996 年版。

朱贻庭:《中国传统伦理思想史》，华东师范大学出版社 2004 年版。

卓新平:《神圣与世俗之间》，黑龙江人民出版社 2004 年版。

外文著作

Anton C. Pegis ed. , *Basic Writing of Saint Thom-as Aquinas*. New York: Random House Inc. , 1945.

Clifford Geertz, *The Interpretation of Cultures*, Basic Books, NY, 1973.

David Nivison, *The Ways of Confucianism*, ch. 2, open Court, 1966.

David O. Brink. *Moral realism and the foundations of ethics.* published by Cambridge University Press, 1989.

Henry Hazlitt. *The Foundations of Morality.* published by Van Nostrand Co. , 1964.

Hubben, Dostoevsky, Kierkegaard, Nietzsche, and Kafka: Four Prophets of Our Destiny Collier Macmillan Publishers, 1962.

John Bishop, *Believing by faith.* Published in the United States by Oxford University Press Inc, New York, 2007.

John M. Rist. *Real Ethics Reconsidering the Foundations of Morality.* published by the Press Syndicate of the University of Cambridge. 2004.

Jones and G. Terry ed. , *New Essays on Dostoevsky Garland Pub.* Inc. , 1991.

Jones ed. , *New Essays on Dostoevsky*, Cambridge University Press, 1983.

J. Leatherbarrow ed. , *The Cambridge Companion to Dostoevskii*, Cambridge University Press, 2002.

J. Rawls, *Lecture On the History of Moral Philosophy.* Harvard University Press, 2000.

Karl Barth, *Dogmatics in Outline.* New York: Harper & Row Publishers, 1970.

Paul Tillich, *Dynamics of Faith.* New York: Harper and Row Publishers, 1975.

Thomas Aquinas, *Summa Theologiae*. London: Ox-ford University Press, 1996.

论文

邓晓芒：《中西信仰观之辨》，《东南学术》2007 年第 2 期。

杜维明：《社会"病"了，但"元气"尚存》，《国际先驱导报》2010 年 7 月 16 日第 20 版。

高文新：《对〈基督教经典译丛〉总序的几点讨论》，《社会科学战线》2010 年第 11 期。

高文新：《论中国传统哲学与文化的世俗性》，《吉林大学社会科学学报》2002 年第 5 期。

高文新：《中国传统哲学宗教的特点与新哲学的建构》，《吉林大学社会科学学报》2004 年第 6 期。

高文新：《中国特色社会主义的人类性意义》，《吉林大学社会科学学报》2010 年第 1 期。

关健英：《儒家道德形上学的论述元点、价值依据及对其的追问》，《哲学研究》2010 年第 3 期。

卢风：《现代人为什么不重视美德》，《道德与文明》2010 年第 2 期。

罗国杰：《论"五四"以来的中国革命道德》，《高校理论战线》2000 年第 1 期。

万俊人：《人为什么要有道德？》（上、下），《现代哲学》2003 年第 1—2 期。

万俊人：《信仰危机的"现代性"根源及其文化解释》，《清华大学学报》（哲学社会科学版）2001 年第 1 期。

杨泽波：《从以天论德看儒家道德的宗教作用》，《中国社会科学》2006 年第 3 期。

张世英：《道德与宗教》，《江苏社会科学》2005 年第 2 期。

后　　记

　　最初步入伦理学领域的研究是在本科毕业留校任教马克思主义伦理学课程的时候，但由于当时知识储备有限，研究还比较肤浅。经过十几年教学、科研的历练，我对一些问题的看法逐渐由简单走向成熟，这实质就是一个做学问的过程。

　　伦理学研究离不开对现实道德问题的关切，我曾经有过无数次对现实道德困境问题的彷徨和思考，现实道德到底出了什么问题？怎么去解决？一直希冀能从伦理学中找到答案。为此，我还在硕士学习阶段做了关于人的道德选择问题的硕士论文，尽管从主体和客体两个方面做了大量深入的研究，并提出了一些具体的措施，但总感觉还是头痛医头、脚痛医脚，并没有找准问题的症结和根本的破解之道。步入博士阶段以后，我的恩师——吉林大学博士生导师高文新教授给了我悉心的指导，让我逐渐拨云见日，大获启发。老师告诉我要静下心来，耐得住寂寞，坐得住板凳，认认真真地读一些中西方伦理学原著。读原著实质就是和历史上的大思想家对话，一定要读进去，吃透其中的精神。反复读、反复想，即使笨读笨想也会悟出深刻的道理。老师醍醐灌顶的话语让我受益匪浅，从那以后我就开始在中西方伦理学原著研读方面下功夫，在这个过程中不断探索问题的研究点，尤其是对今天缺乏形上学的道德说教效果的思虑，开启了我新的研究方向，从以往对道德形下的研究转移到形上层面的思考。从中西方传统道德发展历程来看，无论西方的宗教信仰，还是中国的"天人合一"信仰，实质上都为人的道德提供了形上的价值支撑。正是在此意义上，我们愈发被传统社会"道在人伦日用之中","百姓日用而不知"的伟大智慧而折服。反观今天的道德缺少的正是这样一种价值支撑，以此为研究切入点，把对中西传统道德的信仰基础比较研究作为论文的研究方向。当然我也深知课题研究的复杂性，每当我担心自己有限的知识难以驾驭课题庞大的知识体系时，老师总能给我信心和勇气。每当我陷入思维困惑、研究迷途的时候，老师总能一语道破真谛，廓清我的研究思路。这让我深刻体会到"导师"的真正意义。

前前后后历经近十年的时间终于完成了该书的写作，从博士论文动笔算起，时至今日，也可谓十年磨一剑。期间虽有三年的时间从事于政务，耽搁了写作的进程，但一直没有停止对该问题的思考，时间和经历拓展了视野，积累了经验，深化了认知，参透了一些问题，觉悟了一段人生，回过头来再续前文，别有一番滋味和体会。本书在博士论文基础上修改、完善，基本的体系框架修改不大，主要在相关内容方面进行了充实，并融入了一些最新的观点、表述和个人体悟。在对中西传统道德比较研究过程中，中西传统道德建构逻辑理路方面具有相同的思维路数，充分体现了人类共同的智慧，正所谓大道至简、大道相通。联系个人做学问、从政、为人的过程，道理也是一样的，为学、为政、为人应其道如一。这些年的学习、工作、生活，尤其整个写作的过程，让我对此体悟得更加深刻。

本书写作得益于我的博导高文新教授的精心指导，高老师的很多思想启发了我的写作思路。老师渊博的学识、深厚的文化底蕴、严谨的治学态度、高尚的人格深深地感染着我，"高山仰止，景行行止，虽不能至，然心向往之"。虽然博士毕业已经六年了，但老师每每有新思想、新观点都第一时间和弟子们分享，参悟人生、开启思想，犹如一盏明灯始终为我们指明努力前行的方向。在此对我的恩师表示衷心的感谢！

感谢东北师范大学胡海波教授，中山大学马天俊教授，吉林大学吴宏政教授、贾忠海教授、穆艳杰教授、李桂花教授，辽宁大学叔贵峰教授，沈阳大学李广昌教授在博士论文写作和答辩过程中给予的宝贵建议，这些都为本书的进一步写作提供了宝贵的思想资源和研究方法。

　　感谢东南大学陈爱华教授、复旦大学高国希教授在论文方面给予的指点！

　　感谢中国社会科学出版社大力支持，使得本书能与大家见面。感谢田文等同志为本书的出版付出的辛勤劳动和学术支持。

　　感谢我的爱人王晓红女士在我写作过程中做了大量的后勤工作，使我没有后顾之忧专心写作。而且，在书稿校对阶段，充分发挥其汉语言文学功底，从修辞、语法、字词等方面进行全方位校对。

　　自己深知才学疏浅，虽然尽力做了一些研究，明确了一些问题的研究方向，但研究的还不够彻底，仍需继续努力。

李华忠
2018 年 1 月 18 日于茶山博园